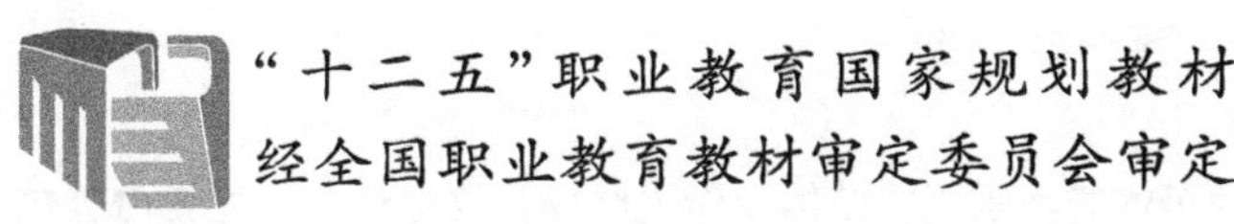

Chengshi Guidao Jiaotong Cheliang Zhidong Xitong

城市轨道交通车辆制动系统

（第二版）

刘柱军　佟关林　**主　编**
韩文军　陈建虹　**副主编**
董鑫汇[北京京港地铁有限公司]　**主　审**

人民交通出版社股份有限公司
China Communications Press Co.,Ltd.

内 容 提 要

全书共13个单元,全面介绍了城市轨道交通车辆制动系统的结构和作用原理及故障检修。主要内容包括城市轨道交通车辆制动系统概述、供风系统、基础制动装置、动力(电)制动系统、EP2002制动系统、HRDA数字指令式制动系统、微机控制直通式电空制动系统、EP09制动系统、KBGM模拟式电气指令制动系统、KBWB模拟式电气指令制动系统、$EPAC_2$制动系统、ERV制动系统和国产液压制动系统、制动系统和制动部件的检修及常见故障处理。

本书为高职和中职院校城市轨道交通车辆专业教学用书,可作为职业技能培训或自学用书,也可供从事城市轨道交通运营、检修、驾驶等领域管理人员和工程技术人员学习参考。

*本书配有多媒体助教课件,任课教师可通过加入职教轨道教学研讨群(QQ群:129327355)索取。

图书在版编目(CIP)数据

城市轨道交通车辆制动系统 / 刘柱军,佟关林主编.
—2版.—北京:人民交通出版社股份有限公司,
2017.4

"十二五"职业教育国家规划教材

ISBN 978-7-114-13638-2

Ⅰ.①城… Ⅱ.①刘… ②佟… Ⅲ.①城市铁路-铁路车辆-车辆制动-高等职业教育-教材 Ⅳ.①U239.5
②U260.13

中国版本图书馆CIP数据核字(2017)第012165号

"十二五"职业教育国家规划教材

书　　名:**城市轨道交通车辆制动系统**(第二版)
著 作 者:刘柱军　佟关林
责任编辑:司昌静　袁明喜
出版发行:人民交通出版社股份有限公司
地　　址:(100011)北京市朝阳区安定门外外馆斜街3号
网　　址:http://www.ccpcl.com.cn
销售电话:(010)59757973
总 经 销:人民交通出版社股份有限公司发行部
经　　销:各地新华书店
印　　刷:北京虎彩文化传播有限公司
开　　本:787×1092 1/16
印　　张:13.75
字　　数:335千
版　　次:2013年5月　第1版
2017年4月　第2版
印　　次:2024年6月　第8次印刷　总第11次印刷
书　　号:ISBN 978-7-114-13638-2
定　　价:39.00元

前言

QIANYAN

城市轨道交通是城市公共客运交通的骨干，是大众化、大运量、独立专用轨道的城市客运系统，对城市的社会经济发展起到了重要的促进作用。我国近年来大力支持发展城市轨道交通事业，轨道交通规划项目获批数量和运营线路里程快速增加，“十三五”时期的建设步伐很快，到2020年底运营里程已超过6000km。因此，城市轨道交通系统急需大批车辆运用检修方面的人才。

为适应目前职业教育“校企合作、工学结合”的人才培养模式和新的教育教学改革需要，本书由具有丰富轨道交通岗前培训经验的教师和地铁公司的专家共同编写。本书作为全国职业教育城市轨道交通专业规划教材使用以来，于2015年被教育部评为“十二五”职业教育国家规划教材，根据评审专家的要求，此次又做了较大幅度的修改，增加了城市轨道车辆 $EPAC_2$ 制动系统、ERV 制动系统及液压制动系统等新技术的内容。书中针对城市轨道交通车辆检修岗位的需求，从基本概念和基础理论入手，全面系统地阐述了城市轨道交通车辆制动系统的相关内容，具有很强的针对性和实用性。

本书由黑龙江铁道职业学校刘柱军担任主编并负责全书统稿，温州市地铁运营公司佟关林担任第二主编，黑龙江第二技师学院韩文军和济南市技师学院陈建虹担任副主编；本书由北京京港地铁有限公司专家董鑫汇主审。为方便教师和学生的教与学，每单元配有适量的习题，同时配有电子课件，使用者可在人民交通出版社网站下载。

本书在编写过程中得到北京地铁、中国铁道科学研究院、长沙鹏扬教学设备有限公司、天津维科车辆有限公司等单位在技术资料方面的支持，在此表示由衷的感谢。同时，在编写过程中参阅了大量专业书籍和杂志的专题文章，在此对其作者一并致谢。

由于编者水平有限，书中不足之处在所难免，敬请读者批评指正。

编　者

2016年10月

目录

MULU

单元1 城市轨道交通车辆制动系统概述

教学目标

(1)掌握制动系统的基本概念;
(2)掌握车辆制动系统的分类;
(3)了解城市轨道交通车辆制动系统应具备的条件。

建议学时

8学时

单元1.1 制动的基本概念和制动系统的重要作用

一、基本概念

1.列车制动系统和列车制动装置

为使列车能实施制动停车和降低行驶速度而安装于列车上的一整套制动装置,总称为列车制动装置。有时,制动与制动装置均简称为闸。实施制动简称为上闸,也可简称为下闸;使制动得到缓解简称为松闸。

在铁路上,制动装置可分为机车制动装置和车辆制动装置。由于城市轨道交通车辆与铁路车辆的编组形式不同,一般都采用动力分散型的动车组形式,由动车和拖车组成,因此可分为动车制动装置和拖车制动装置。城市轨道交通车辆操纵全列车制动的设备,安装在列车两端的带驾驶室的头车上。头车既可以是拖车(T)也可以是动车(M),我国城市轨道交通车辆头车一般是拖车。

一套列车制动装置至少包括两个部分,即制动控制部分和制动执行部分。制动控制部分由制动信号发生与传输装置以及制动控制装置组成。制动执行部分通常称为基础制动装置,包括闸瓦制动、盘形制动、磁轨制动等不同方式。

过去由于列车上安装的制动装置比较简单、直观,而且用压缩空气传递制动信号,因此称其为一套制动装置。但是随着轨道交通车辆技术的发展,制动装置中越来越多地采用了电气信号和电气驱动设备。微机和电子设备的出现使制动装置变得无触点化和集成化,并且使制动控制功能融入了其他电路,不能独立划分。因此,将具有制动功能的电子线路、电气线路和空气制动控制部分归结为一个系统,统称为列车制动系统。

当以压力空气作为制动信号传递和制动力控制的介质时,该制动装置称为空气制动控制系统,又称空气制动机。以电气信号来传递制动信号的制动控制系统,称为电气指令式制动控制系统,其制动力的提供可以是压力空气、电磁力、液压能等方式。

现代轨道交通车辆的制动系统是由动力制动系统、空气制动系统以及指令和通信网络系统3部分组成的。

1)动力制动系统

动力制动系统,一般与牵引系统连在一起形成主电路,包括再生反馈电路和制动电阻器,将动力制动产生的电能反馈给供电接触网或消耗在制动电阻器上。

2)空气制动系统

空气制动系统,由供气部分、控制部分和执行部分等组成。供气部分有空气压缩机组、空气干燥器和风缸等;控制部分有电—气转换阀(EP)、紧急阀、称重阀和中继阀等;执行部分有闸瓦制动装置和盘形制动装置等。

3)指令和通信网络系统

指令和通信网络系统,既是传送驾驶指令的通道,也是制动系统内部数据交换及制动系统与列车控制系统进行数据通信的总线。

2. 制动作用和缓解作用

(1)制动。人为地制止物体的运动,包括使其减速、阻止其运动或加速运动,均可称为制动。

(2)缓解。对已经施行制动的物体,解除或减弱其制动作用,均可称为缓解。

对于运动着的列车,欲使其减速或停车,就要根据需要施加于列车一定大小的与其运动方向相反的外力,以使其实现减速或停车作用,即施行制动作用;列车制动停车后到再次起动加速前或运行途中限速制动后到再次加速前均要解除制动作用,即施行缓解作用。

3. 制动的实质

(1)能量的观点:将列车的动能变成别的能量或转移走。

(2)作用力的观点:制动装置产生与列车运行方向相反的力,使列车尽快减速或停车。

4. 制动机

制动机是指产生制动原动力并可进行操纵和控制的部分设备。

5. 制动力

制动力是指由制动装置产生的与列车运行方向相反的外力。

对轨道交通机车车辆而言,制动力是制动时由制动装置产生作用后而引起的钢轨施加于车轮的与列车运行方向相反的力。

6. 基础制动装置

基础制动装置是指传送制动原动力并产生制动力的制动执行装置。

7. 制动距离

制动距离是指从驾驶员施行制动的瞬间起(将制动手柄移至制动位)到列车速度降为零时列车所行驶的距离。制动距离是综合反映列车制动装置的性能和实际制动效果的主要技术指标。

上海地铁规定:列车在满载乘客的条件下,在任何运行初速度下,其紧急制动距离不得超过180m。广州地下铁道总公司规定的制动距离见表1-1。

广州地铁规定的制动距离　　表1-1

初速度(km/h)	常用制动距离(m)	紧急制动距离(m)
80	234	200
60	136	118
40	65	56

二、城市轨道交通车辆制动系统的制动模式

根据车辆的运行要求,制动系统采用以下几种制动模式。

1. 常用制动

常用制动是指在正常情况下为调节或控制列车速度(包括进站停车)所施行的制动。其特点是:作用比较缓和,制动力可以连续调节,制动过程中能够根据车辆载荷自动调整制动力(当常用制动力最大时称为常用全制动)。

2. 紧急制动

紧急制动是在列车遇到紧急情况或发生其他意外情况时,为使列车尽快停车而实施的制动,其制动力与快速制动相同。其特点是:作用比较迅速,而且将列车制动能力全部使用,采用故障导向安全的设计原则,即"失电制动、得电缓解"。紧急制动时考虑了脱弓、断钩、断电等故障情况,故只采用空气制动,而且停车前不可缓解,在尽可能减小冲动的情况下不对冲动进行具体限制。

3. 快速制动

快速制动是为了使列车尽快停车而实施的制动。其制动力高于常用全制动(上海、广州轨道交通快速制动力高于常用全制动22%)。这种制动方式是在紧急情况下,制动系统各部分作用均正常时所采取的一种制动方式,其特点是与常用制动相同,制动过程可以施行缓解。

受冲击率极限的限制,主控制器手柄回"0"位,可缓解,具有防滑保护和载荷修正功能。

4. 保压制动(停车制动或保持制动)

保压制动是为了防止车辆在停车前的冲动,使车辆平稳停车,通过ECU内部设定的执行程序来控制。

第一阶段:当列车制动到速度8km/h,DCU(牵引控制单元)触发保压制动信号,同时输出给ECU。这时,由DCU控制的电制动逐步退出,而由ECU控制的空气制动来替代。

第二阶段:接近停车时(列车速度0.5km/h),一个小于制动指令(最大制动指令的70%)的保压制动由ECU开始自动实施,即瞬时地将制动缸压力降低。如果由于故障,ECU未接收到保压制动触发信号,ECU内部程序将在8km/h的速度时自行触发。

5. 弹簧停放制动

为防止车辆在线路停放过程中发生溜逸,城市轨道交通车辆设置停放制动装置。停放制动是列车停车后,为使列车维持静止状态所采取的一种制动方式。停放制动通常是将弹簧停放制动器的弹簧压力通过闸瓦作用于车轮踏面来形成制动力。停放制动也称停车制动或弹簧停车制动,但在地铁列车中,停车制动是另外一个概念,所以为了区分,称停放制动较好。库内停车时可以解决制动缸压力会因管路漏泄,无压力空气补充而逐步下降到零,使车辆失去制动力的停放问题。在正常情况下,弹簧力的大小不随时间而变化,由此获得的制动力能满足列车较长时间断电停放的要求。弹簧停放制动的缓解风缸充气时,停放制动缓解;弹簧停放制动的缓解风缸排气时,停放制动施加;还附加有手动缓解的功能。

三、制动系统的重要作用

对轨道交通来讲,制动系统有着非常重要的作用。制动系统作用的可靠性是列车行车安全的基本保证。列车因故障不能行驶时不会有什么危险,若在运行中因制动装置故障不能停车,则后果是不堪设想的。所以我国和谐号 CRH 动车组列车的制动控制系统设计理念是故障导向安全,采用多级制动控制方式和制动能力冗余设计。安全第一,“不止不行”。对现代轨道交通而言,制动的重要作用早就不仅仅是安全的问题了,制动已经成为限制列车运行速度和牵引力进一步提高的重要因素。现代轨道交通列车正朝着高速重载方向发展,运行速度越高,牵引力越大,需要的制动力也就越大。如果只提高运行速度及牵引力而没有更大功率的制动装置来保证,其高速重载就不可能实现。所以,制动装置的重要作用在于:一方面使列车在任何情况下减速或停车,确保行车安全;另一方面也是提高列车运行速度、提高牵引力(即提高轨道交通运输能力)的重要手段。从安全的目的出发,一般列车的制动功率要比驱动功率大 5 ~10倍。列车的制动能量与行驶速度成二次方关系,速度 200 ~300km/h 动车组的制动能量是普通列车的 4 ~9 倍。可见,能力强大的制动装置对于保证列车高速、重载、安全运行有着至关重要的意义。衡量一个国家的轨道交通水平,首先要看能制造多大牵引力的机车。而牵引与制动是互相促进的,没有先进的制动技术就没有现代化的轨道交通。

单元 1.2　城市轨道交通车辆制动系统的发展历程

一、城市轨道交通车辆制动系统的发展

随着 20 世纪初科学技术的发展,制动技术逐步发展为空气制动。我国旅客列车空气制动机最早使用 L_3型客车制动机,L_3是一种客车三通阀,新中国成立后对其进行改造命名为 GL_3型客车三通阀。20 世纪 60 年代末,国内开始研制新型客货车制动机——103 型货车分配阀和 104 型客车分配阀。104 型客车分配阀于 1975 年通过原铁道部的技术鉴定,在客车上得到全面推广使用,从此 GL_3型三通阀停止生产。1989 年原铁道部又通过 F_8型客车分配阀技术鉴定,104 型和 F_8型空气制动机成为我国旅客列车使用的主型制动机,可混编使用。所谓的空气制动机就是用压力空气作为制动的动力来源,并用压力空气的压力变化来实现列车的制动和缓解作用的制动装置。这种空气制动机被广泛应用于铁路、地铁、轻轨、独轨等轨道交通车辆

上。我国20世纪60年代末开通的北京地铁,用的均为国产车,配备自制的制动机产品,如使用DK型电空制动机,它是由电磁阀组和制动阀控制的空气制动。它的特点是在扳动制动阀手柄进行空气制动的同时,装在制动阀上面的电气制动控制器相应地发生作用。这时,空气制动和电气控制作用同时产生,当电制动失效时空气制动还能发生作用。DK型电空制动机空气制动部分是在铁路客车原LN型空气制动机的基础上加以改造的,主控机构先期直接采用GL_3型三通阀。由于城市轨道交通车辆空重车质量相差较大,所以加装了空重车调整装置,基础制动装置为踏面制动。后来对DK型电空制动机进行了进一步改进,仿照客车分配阀设计了膜板分配阀,在操作灵活性和可靠性方面与GL_3型三通阀相比有了较大的提高。但DK型制动系统在电阻制动与空气制动的匹配上采用切换方式,因而制动力控制性能较差。

最近几十年来,由于电力电子、变流技术和微机技术的发展,使电气指令式制动控制系统不断改进、发展,大功率电力电子元件的出现使电气再生制动成为可能,微机技术的应用使制动防滑系统更加精确和完善。数字式电气制动机开发从20世纪70年代开始,由长春客车厂与铁道科学研究院合作研究开发地铁车辆用的SD型数字式直通电空制动机。此项技术是传统的轨道机车车辆制动机在地铁上的一个飞跃。该制动系统缩短了空走时间和制动距离,改善了车辆制动的一致性,其性能比较先进:列车导线传递PWM(脉宽调制)控制信号,手控15级,自动驾驶64级,车辆制动机解码,电气制动优先,电—空制动相互匹配。它具有制动压力准确、传输速度快、操作方便以及可实现空气制动与电气制动自动配合的优点。这项技术在凸轮变阻车、斩波调压车、斩波调阻车上得到了广泛应用。但采用这种控制技术,动力制动系统的制动力在制动初期上升较慢,而列车快要停车时又衰减较快,需要空气制动力进行补充。该制动系统较DK型自动式电磁空气制动系统在动力制动与空气制动的配合、制动和缓解的一致性上,与控制动力制动能力的充分运用上存在着改进的空间,而且在实践中,控制阀的性能受材料和工艺的影响极大,所以SD型电空制动机系统已被逐步淘汰。

我国已修建了几千公里城市轨道交通线路。这些轨道交通线路上的轨道交通车辆的制动系统大都采用微机控制直流电空制动系统。其原理基本相同,但在具体的实施方法上有所区别,主要有以下几种形式。

(1)以上海地铁和广州地铁1、2号线为代表的德国克诺尔公司的城市轨道车辆制动系统。它是目前国内A型车上运用最广的制动系统。该系统为模拟式制动系统,制动指令采用PWM信号或网络信号,它们被传递到每个车辆的微机制动控制单元。微机制动控制单元一般单独设置在车厢内。而空气制动控制单元由两块气动集成板和风缸等组成,分别固定在车辆底架下,系统结构紧凑。目前深圳、南京地铁车辆和大连轻轨车辆,甚至部分国内试制的高速电动车组上也采用了该制动系统。

(2)以北京地铁、天津地铁为代表的B型车上采用较多的是日本纳博克公司生产的HRDA数字指令式制动系统。该系统为数字式制动系统,即常用制动指令采用3根指令线编码,共7级。微机制动控制单元与空气制动控制单元集成在一起,固定于车辆底架下面。由于采用了流量比例阀进行EP控制,因此空气制动控制单元较为简单。在武汉轻轨和重庆单轨等项目上也采用了此制动系统。基础制动根据车辆的不同有所区别。

(3)以上海地铁3号线、5号线为代表的英国原西屋制动机公司(现为克诺尔英国子公司)的微机控制直通电空制动系统。该系统按整车模块化原则设计,集成度较高。它将微机制动控制单元、空气制动控制单元、风缸、风源等除必须安置在转向架附近的部件外,全部在一个安装架上集成安装,方便运用维护。该系统同样采用 PWM 信号传递制动指令,为模拟式制动系统。EP 转换采用 4 个开关电磁阀闭环控制的方法。

(4)德国克诺尔公司生产的架控式 EP2002 制动系统。该系统目前得到了广泛应用。所谓架控式,就是在一个转向架上装一个 EP2002 阀,一个 EP2002 阀只控制一个转向架。如果一个 EP2002 阀出现故障,只需切除一个转向架上的空气制动控制,使故障对列车运行的影响减至最小。我国广州地铁 3 号线是世界上第一个使用 EP2002 制动系统的用户。

(5)我国架控式 EP09 制动系统。广州地铁公司与中国铁道科学研究院在 2008 年 12 月开始研制开发的架控式 EP09 制动系统,在 2010 年 8 月 10 日通过专家评审,现已在广州地铁 3 号线、北京地铁 15 号线上装车使用,性能可靠。

(6)法国法维莱公司设计生产的车控式 EPAC LitC 和架控式 EPAC 制动系统。该系统用于我国上海地铁 6 号线、8 号线、13 号线,深圳地铁 4 号线,南京地铁南延线,哈尔滨地铁 1 号线上。EPAC2 制动系统是基于单管的电空制动系统。该系统可以实现车控和架控两种方案。EPAC2 是一个紧凑的制动单元,能根据收到的制动命令实现电空常用制动和紧急制动。

(7)中车集团株洲机车厂和美国西屋制动机公司联合研制的车控式 ERV 制动系统和架控式 IERV 制动系统。该制动系统首次在我国城市轨道交通车辆上批量使用,其中 ERV 制动系统已应用于我国长沙地铁 2 号线车辆上。经过运用考验完全满足我国地铁车辆的制动需要。

地铁车辆制动系统是地铁的关键部件,具有完全自主知识产权的 EP09 制动系统的研制成功,是在变压变频交流传动系统、微处理器模拟直通电空制动系统上的一项重大突破,彻底打破了国外技术垄断,为我国城市轨道交通车辆制动系统国产化做出了突出贡献。

二、地铁制动系统形式的选择

常用的地铁制动系统主要有数字式和模拟式两种形式。二者的主要区别在于制动指令的传输方式上。

数字式制动系统是将驾驶控制器或列车自动驾驶(ATO)系统传来的制动指令信号,通过代表不同意义的信号线输出信号(如开关指令)来划分成不同的制动等级,控制后部车辆制动装置。制动指令(制动力指令值)是有级传输的,常用制动指令划分越细,所需要的信号线越多,如 SD 型制动系统采用 7 级模板阀控制,即通过驾驶控制器发出的开关信号,控制 3 个电磁阀不同的开关组合,产生 7 个等级的制动控制压力。

模拟式制动系统是用模拟量作为制动指令,通常是将驾驶控制器或 ATO 系统传来的制动指令信号,经编码器后,以脉宽调制(PWM)信号形式或直流电压方式等,经列车指令控制线传到后部车辆,脉宽调制信号以占空比的大小代表不同的制动指令。制动指令(制动力指令值)是无级传输的。上海地铁、广州地铁及北京地铁新型车均采用了模拟式制动系统。

1. 常用的数字式制动系统的特点

(1)反应迅速,可靠性好。

(2)电信号没有临界限制,制动力一般只根据荷载变化进行调整。

(3)除了信号传给系统外,其他部分结构较为简单。

(4)有些数字式制动系统如空气运算型等,空气制动与动力制动的混合使用比较困难,特别适合于动力制动和空气制动单独使用的地铁列车。

(5)由于制动指令是有级传输的,与列车自动驾驶系统一起使用的适应性不如模拟式制动系统。

2. 模拟式制动系统的特点

(1)指令传输系统简单。

(2)由于采用微机控制,能方便地增加诸如根据荷载变化进行控制、减速度控制和减速度微分控制等功能。能够控制列车或列车基本单元内的制动力分配,如动力制动剩余制动力可用于拖车制动,也可对动力制动和空气制动进行防滑控制,不必另设防滑控制单元。

(3)能够适应空气制动和动力制动的混合作用。

(4)由于制动指令是无级传输的,能对制动系统精确控制,所以能更好地适应列车自动驾驶的要求。

现在的数字式制动系统除了指令传输外,其余部分的结构和功能应可以与模拟式相同或相近,如混合使用、适应自动驾驶(ATO)等。但是,对于数字式而言,无论如何其制动指令是有级传输的,控制得越精确,信号线就越多,信号传输系统越复杂,也越容易发生故障。模拟式的信号传输系统简单,而且从理论上讲,可以做到无级传输,有利于精确控制。而地铁列车一个重要特点就是要求停车准确,所以制动力的精确控制非常重要。因此,模拟式制动系统更适用于地铁列车。采用模拟式制动系统应是我国地铁列车制动系统的发展方向。

三、地铁车辆一般制动设计原则

(1)电制动为主。

(2)紧急制动由空气制动提供。

(3)车辆停放时的制动由弹簧力提供,压缩空气缓解。

(4)在电制动力不足情况下,动车与拖车分别根据各自车辆所接收的制动指令,同时施加空气制动。

(5)在紧急制动过程中如果电制动失效,空气制动将代替电制动,且根据车辆载质量施加适量的空气制动。

(6)低速运行时,由空气制动代替电制动,实施保持制动使列车停车。

(7)当车辆需要运行时,保持制动由牵引指令进行缓解,并随着车辆牵引力的不断增大,保持制动逐渐缓解,可以防止牵引力不足时,制动完全缓解造成的车辆后退。

单元1.3　城市轨道交通车辆制动机的种类

一、按照制动时列车动能的转移方式分类

按照制动时列车动能的转移方式不同,城市轨道交通车辆制动机可以分为摩擦制动机和动力制动机。

1. 摩擦制动机

摩擦制动机通过摩擦副的摩擦将列车的运动动能转变为热能,消散于大气,从而产生制动作用。城市轨道交通车辆常用的摩擦制动机主要有闸瓦制动机、盘形制动机和轨道电磁制动机。

1)闸瓦制动机

闸瓦制动机又称踏面制动,是一种最常用的制动机,如图 1-1 所示。制动时闸瓦压紧车轮,轮、瓦之间发生摩擦,将列车的运动动能通过轮、瓦摩擦转变为热能,消散于大气中。

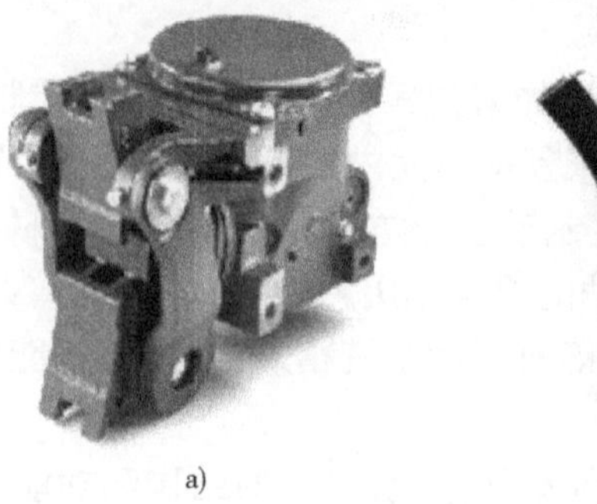

a) b)

图 1-1 城市轨道交通车辆上采用的单元风缸式闸瓦制动机

2)盘形制动机

盘形制动机(见图 1-2)是在车轴上或在车轮辐板侧面安装制动盘,用制动夹钳使两个闸片(用合成材料制成)紧压制动盘侧面,通过摩擦产生制动力,把列车动能转化为热能,消散于大气从而实现制动。制动盘安装在车轴上的称为轴盘式;制动盘安装在车轮侧面的称为轮盘式。非动力转向架一般采用轴盘式;动力转向架由于轴身上装有齿轮箱,安装制动盘困难,所以采用轮盘式。

a)轴盘式整体制动盘

b)轮盘式制动盘在车轮上安装情况

c)安装轮盘式制动盘的轮对

d)制动盘安装实物图

图 1-2 盘形制动装置示意图

3)轨道电磁制动机

轨道电磁制动机,又称磁轨制动机,如图1-3所示。在转向架构架侧梁下通过升降风缸安装有电磁铁,电磁铁下设有磨耗板,以电操纵并作为动力来源。制动时,将导电后起磁感应的电磁铁放下压紧钢轨,使它与钢轨发生摩擦而产生制动。其优点是制动力不受轮轨间黏着的限制,不易使车轮滑行。但重力较大,从而增加了车辆的自重。在高速旅客列车上与空气制动机并用(特别是在紧急制动时),可缩短制动距离。如北京地铁机场线由于列车运行速度较高,最高时速可达100km,该车组上装有轨道电磁制动机。

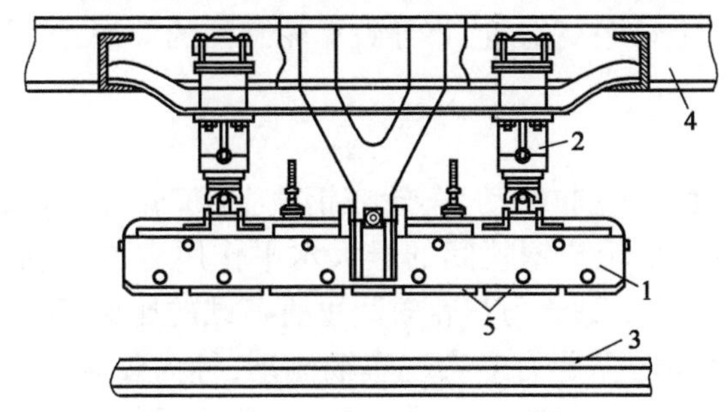

图1-3　磁轨制动机

1-电磁铁;2-升降风缸;3-钢轨;4-构架侧梁;5-磨耗板

2. 动力制动机

动力制动机也称电制动机。列车制动时,将牵引电动机变为发电机,使动能转化为电能,对这些电能不同处理方式形成了不同方式的动力制动。城市轨道交通车辆上采用的动力制动机的形式主要有再生制动机和电阻制动机,这些都是采用非接触式制动方式。

1)再生制动机

再生制动机是把列车的动能通过牵引电动机转变为发电机发电,再使电能反馈回电网,可给相邻运行的列车提供电能。显然,再生制动机比电阻制动机更加经济,既节约能源,又减少制动时对环境的污染,并且基本上无磨耗。因此,20世纪90年代后在各国的动车组和城市轨道交通车辆上获得了广泛应用。

2)电阻制动机

电力机车、电传动的内燃机车、带动力驱动的动车组和城市轨道车辆(动车)等,在制动时,使自励牵引电动机变为他励发电机,将发出的电能消耗于电阻器上,采用强迫通风,使热量消散于大气而产生制动作用。高速行驶时制动力大,低速行驶时制动效率降低,所以与空气制动同时使用。电阻制动一般能提供较稳定的制动力,但车辆底架下需要安装体积较大的电阻箱,从而增加了车辆的自重。

二、按照列车制动力的获取方式分类

按照列车制动力获取方式的不同,城市轨道交通车辆制动机可分为黏着制动机与非黏着制动机。

1. 黏着制动机

黏着制动时,(以闸瓦制动机为例)车轮与钢轨之间有如下3种可能的状态。

1)纯滚动状态

纯滚动状态,即车轮与钢轨的接触点无相对滑动,车轮在钢轨上做纯滚动。这时,车轮与闸瓦之间为动摩擦,车轮与钢轨之间为静摩擦;车轮与钢轨之间可能实现的最大制动力是轮轨之间的最大静摩擦力。这是一种难以实现的理想状态。

2)滑行状态

滑行状态,即车轮在钢轨上滑行,此时车轮与钢轨之间的摩擦为列车制动力。这是一种必须避免的事故状态,由于滑动摩擦系数远小于静摩擦系数,因此一旦发生这种工况,制动力将大大减小,制动距离会延长;同时车轮在钢轨上长距离滑行,将导致车轮踏面的擦伤,危及行车安全。

3)黏着状态

列车制动时,车轮与钢轨的接触处既非静止,也非滑动,车轮在钢轨上滚动的同时又有滑动趋势,这种状态称为黏着状态。黏着状态下车轮与钢轨间的最大水平作用力称为黏着力。制动时,可能实现的最大制动力不会超过黏着力。黏着力与轮轨间垂直荷载的比值,称为黏着系数。依靠黏着滚动的车轮与钢轨黏着点之间的黏着力来实现车辆制动,称为黏着制动。黏着制动时,为了能获得较大的制动力,需要具有较高的黏着系数。然而,黏着系数受列车运行速度、气候条件、轮轨表面状态以及是否采取增大黏着措施等诸多因素的影响,是一个有很大离散性的参数。所以,目前尚未有统一的黏着系数的理论计算公式。轮轨间的黏着系数随列车运行速度的提高而下降,各国都采用大量的试验来获得经验公式,比如日本新干线的黏着系数公式为:

$$\psi = 27.2/(v+85)\text{(干燥表面)} \tag{1-1}$$

$$\psi = 13.6/(v+85)\text{(潮湿表面)} \tag{1-2}$$

日本既有线黏着系数公式为:

$$\psi = 0.24 \times (1-0.0078v)/(1-0.24v) \tag{1-3}$$

式中:v——列车运行速度,km/h。

铁道科学研究院在进行了大量的试验研究后,提出了我国干线列车(速度120km/h以下)的黏着系数公式为:

$$\psi = 0.0624 + 45.6/(v+260)\text{(干燥表面)} \tag{1-4}$$

$$\psi = 0.0405 + 13.55/(v+120)\text{(潮湿表面)} \tag{1-5}$$

式中:v——列车运行速度,km/h。

随着机车车辆技术的发展,该公式会有所变化。

2. 非黏着制动机

列车制动时,制动力大小不受黏着力的限制,称为非黏着制动。由于系统制动力不从轮轨之间获取,因此它可以获得较大的制动力。

显然,在上面介绍的制动机种类中,闸瓦制动机、盘形制动机、电阻制动机和再生制动机均属于黏着制动机;而磁轨制动机属于非黏着制动机。

三、按照制动源动力分类

在目前列车所采用的制动方式中,制动机的源动力主要有压缩空气的压力和电磁力。以压缩空气为源动力的制动机称为空气制动，如闸瓦制动机、盘形制动机等；以电磁力为源动力的制动机称为电制动机，如动力制动机、轨道电磁制动机、轨道涡流制动机、旋转涡流制动机等。此外，还有机械制动机、液压制动机、翼板制动机等。

1. 自动空气制动机

自动空气制动机是以压缩空气为动力来源，用空气压力的变化来操纵的制动机，其应用最为广泛。我国的机车车辆均采用这种制动机。

自动空气制动机的特点是制动管减压制动，增压缓解。因此，当列车分离时，制动机可发生制动作用，实现自动停车。由于这种制动机构造和作用都比较完善，目前我国车辆上使用的各型空气制动机，如货车用120型制动机和客车用104型、F8型制动机等，都采用这种形式。

2. 电空制动机

电空制动机是以压缩空气作为动力来源，用电操纵的制动机。一般是在空气制动机的基础上加装电磁阀等电气控制部件，用电来操纵制动机的作用。它可以提高列车前后部车辆制动和缓解作用的一致性，减少车辆间的冲击，使制动距离显著缩短，所以，许多高速列车都采用这种制动机。为防止电控系统发生故障使列车失去制动控制，现今的电空制动机仍保留着压缩空气操纵装置，以备在电控系统发生故障时，能自动地转为压缩空气操纵。目前，我国铁路客车使用的电空制动机主要有104型电空制动机和F_8型电空制动机两种形式。城市轨道交通车辆电空制动机有KBGM（德国克诺尔公司）和KBWB（英国原西屋公司）模拟式电空制动机、架控式EP2002和EP09制动机等。

3. 轨道涡流制动机

轨道涡流制动机与磁轨制动机很相似，也是把电磁铁悬挂在转向架侧梁下面同侧的两个车轮之间。不同的是，轨道涡流制动机的电磁铁在制动时只放到离轨道面7～10mm处，而不会与钢轨发生接触。轨道涡流制动原理如图1-4所示。轨道涡流制动是利用电磁铁和钢轨的相对运动使钢轨感应出涡流，产生电磁吸力作为制动力，并把列车的动能转换为热能消散于大气。作为非黏着制动方式的轨道涡流制动具有对钢轨无磨耗、高速时制动力大、制动力可控制，可使常用制动的作用在结冰时没有任何失效的危险等优点。因此，在高速列车上，涡流轨道制动机，比磁轨制动机，得到更多地采用。如德国300km/h的ICE_3型高速动车组的拖车每台转向架上就采用了两组涡流轨道制动机及两组轴盘式铸钢盘形制动机；上海磁浮列车的制动控制系统采用的是轨道直线涡流制动机。

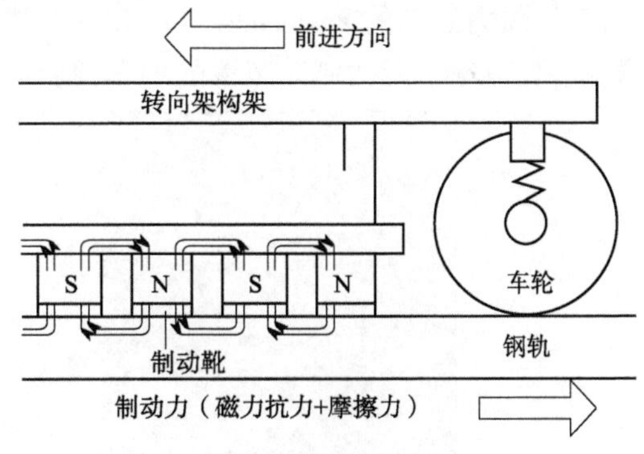

图1-4　轨道涡流制动原理

4. 旋转涡流制动机

旋转涡流制动机是利用电磁感应产生制动力，将制动圆盘作为可旋转的导体安装在车轴上，电磁铁固定在转向架上，并应防止其转动。旋转涡流制动原理如图1-5所示。制动时金属盘在电磁铁形成的磁场中旋转，盘的表面被感应出电涡流，产生电磁吸力，金属盘上产生的电磁吸力与其转动方向相反，从而产生制动作用。这种制动方式广泛应用于日本新干线100系、

300 系和 700 系动车组的拖车上。

5. 液压制动机

为了确保行车安全,在高速动车组上都装有传统的空气制动系统。但是空气制动系统有质量大、体积大和响应速度慢等缺点。为了实现轻量化和高响应特性,而将空气制动部件改进为液压部件。液压制动的控制过程如图 1-6 所示。制动电子控制单元将制动指令、电制动的反馈信号和液压传感器信号进行计算、处理。液压制动系统由装在车体上的制动电子控制单元和装在转向架上的电液制动装置构成。与空气制动相比,质量可减小1/3左右。如北京地铁机场线采用电液盘型制动机和磁轨制动机混合制动,电制动优先。

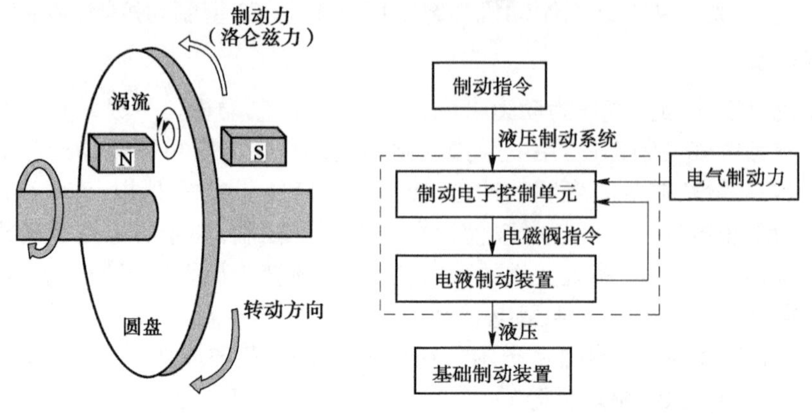

图 1-5　旋转涡流制动原理　　　　图 1-6　液压制动的控制过程

6. 翼板式空气制动机

翼板式空气制动机(见图 1-7)尚处于试验之中,采用从车体上伸出翼板来增加空气阻力的制动方式。若翼板的位置适当,动车组运行时的空气阻力可增加 3 ~4 倍。2006 年日本研制出利用空气阻力制动的 Fastech360S 型和其改进 Fastech360Z 型制动机,并已通过时速 400km 的安全测试,装有空气阻力制动装置的列车,制动距离在时速 360km 与时速 275km 大致相同。

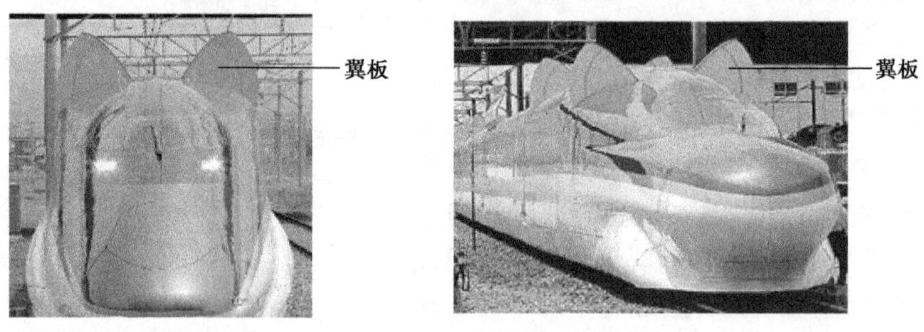

图 1-7　翼板式空气制动机

四、按照总体控制方式分类

按照总体控制方式,城市轨道交通车辆制动机分为车控式制动机、架控式制动机、轴控式制动机 3 种形式。

制动系统制动力的控制以单辆车、转向架或者车轴为最小单元进行控制,称为总体控制。

制动过程中，根据制动力最小控制单元的不同，对应的控制方式也不一样。以单辆车、转向架或车轴为制动力控制最小单元，分别称作车控式制动机、架控式制动机、轴控式制动机。例如，车控式制动机是指进行制动力控制的系统制动力以车为控制单元进行计算和控制，而架控式制动机则以转向架为单元进行控制。车控式制动机为当前高速列车和城市轨道交通车辆制动机的主流；架控式制动机以 EP2002 和 EP09 为典型。

1. 车控式制动机

图 1-8 所示为车控式制动机系统示意图，图 1-9 所示为车控式制动机系统原理图。

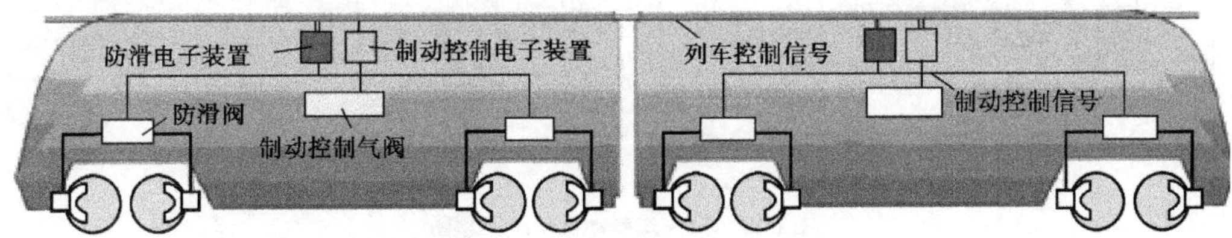

图 1-8　车控式制动机系统示意图

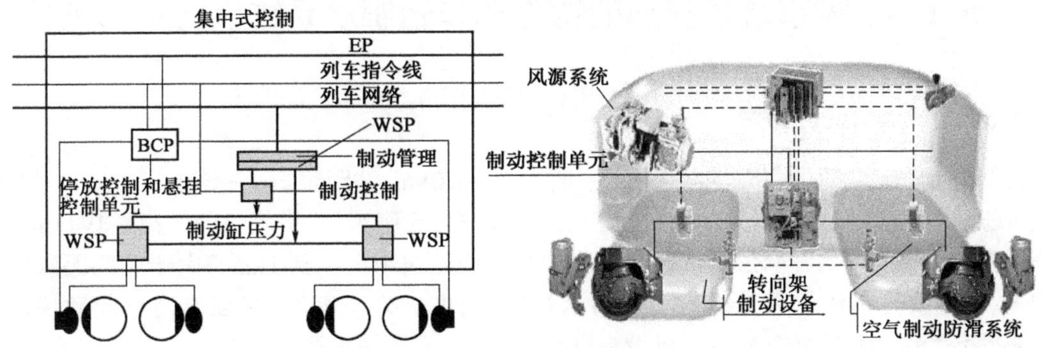

图 1-9　车控式制动机系统原理图

车控式（集中式）制动机包括集中气动控制、集中电子控制和本车转向架气动控制阀。制动控制的实现是由一个电子控制单元（包括制动控制电子装置和防滑电子装置）控制一节车的两个转向架。

2. 架控式制动机

架控式制动控制的实现是由一个电子控制单元控制一个转向架（见图 1-10）。如德国克诺尔公司生产的 EP2002 制动系统以及铁道科学研究院与广州地铁公司共同研制的 EP09 制动机都是采用架控式。

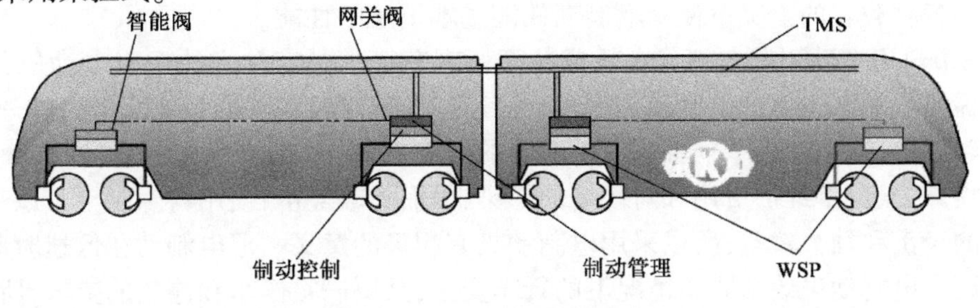

图 1-10　架控式制动机系统示意图

架控式(分布式)制动机将制动控制和带气动阀的制动管理电子装置结合在每个转向架上的单个机电一体化包(EP2002 阀)中,如图 1-11 所示。

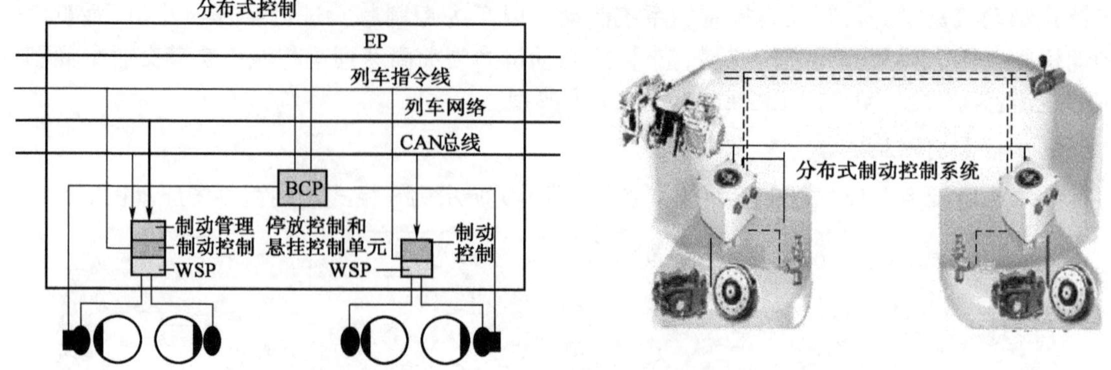

图 1-11　架控式制动机系统原理图

单元 1.4　城市轨道交通的特点和车辆制动系统应具备的条件

一、城市轨道交通的特点

(1)城市轨道交通的每条路线不长,一般在 20 ~ 30km;站距很短,一般在 1 ~ 2km。如北京地铁 1 号线从四惠东站到苹果园站,全长 31.04km,有 26 座车站,平均站间距离1.194km;而哈尔滨地铁 1 号线全长 17.44km,共有 18 座车站,平均站间距离不到 1km。由于站间距离短,列车加速、减速及停车比较频繁。为了提高运行速度,增加列车密度,必须使列车起动快、制动快、制动距离短。由于地铁车站一般设有屏蔽门,所以停车精度要求也高。这就要求车辆制动装置具有操纵灵活、动作迅速、停车平稳、准确、制动功率和制动力大等特点。

(2)城市轨道列车的乘客量波动大,无乘客时仅车辆自重,相对来说是比较轻的。为了降低能耗,车辆车体的材质采用铝合金和薄壁不锈钢型材,所以自重较小。而车辆坐、立乘客均满载时总质量却很大,乘客在总质量中占相当份额,如地铁系统的 A 型车辆定员为 310 人,而在超员的情况下(AW_3工况下,9 人/m^2)每节车辆装载旅客达 430 人左右。因此,乘客量对车辆总质量有较大的影响,容易引起制动效能的变化。而制动效能又是表征制动能力的重要参数,制动效能如变化大,对列车制动时保证一定的减速度、防止车轮滑行及减轻车辆间纵向冲动都是不利的。因此,在城市轨道交通动车组制动系统中都设有空重车自动调整装置,使制动系统具备在各种载客的工况下使车辆制动效能基本恒定的性能。

(3)城市轨道电动列车在部分车辆或甚至所有车辆上具有独立的牵引电动机,这就为采用电制动提供了基本条件。电制动功率大,尤其是在较高速度范围内,能承担大部分的制动负荷,可以满足城市轨道交通车辆轴制动功率大的要求;电制动是非摩擦制动,没有摩擦副零件的磨耗和噪声,减少了维护费用和对环境的污染,因而比较经济;使用再生制动可以节约能源,具有一定的经济和社会效益,所以采用电制动具有积极的意义。但电制动在低速时制动力小,而且要保证在电制动失效和紧急情况下的行车安全,又要满足停车和停放的要求,所以摩擦制动是一种必备的制动方式。在几种制动方式同时安装和使用时,要充分发挥它们的最佳作用,需要一套完善的制动控制装置来控制，使它们协调配合。

(4)城市轨道交通行车密度大，乘客要求候车时间短，且快速安全，运营时间长，留给轨道交通线路和车辆的检修作业的时间很短，因而采用较强的轨道结构部件，采用整体道床的较多。车辆的日常维修(日检)一般都在夜间进行。

(5)我国拥有轨道交通的城市都是国际化程度较高、社会经济发展较快、人口密度较大(城区人口在300万人以上)、城市交通出行存在一定困难的城市。如我国的北京、天津、上海、广州等城市的城市轨道交通发展得比较早。具有建成一条线或正在开始第二条线建设城市轨道交通的城市有南京、深圳、重庆、武汉、长春、大连、沈阳、西安、长沙、哈尔滨、杭州、苏州、温州等城市。

二、城市轨道交通车辆的制动系统应具备的条件

(1)操纵灵活，制动减速度大，作用灵敏可靠，车组前后车辆的制动、缓解一致。

(2)具有足够的制动能力，保证车组在规定的制动距离内停车。

(3)对新型的城市轨道交通车辆，一般要求具有电制动功能，并且在正常制动过程中，应尽量充分发挥电制动能力，以减少对城市环境的噪声污染和降低运行成本。同时，还应具有电制动与摩擦制动协调配合的制动功能。

(4)制动系统应保证列车在长大下坡道上制动时，其制动力不会衰减。

(5)电动车组各车辆的制动能力应尽可能一致，制动系统应根据乘客量的变化，具有空重车调整能力，以减少制动协调配合的制动功能。

(6)具有紧急制动能力。遇有紧急情况时，能使列车在规定距离内安全停车。紧急制动作用除可由驾驶员操纵外，必要时还可由行车人员利用紧急按钮进行操纵。

(7)城市轨道交通列车在运行中发生诸如列车分离、降弓、断电、制动系统故障等危及行车安全的事故时，应能自动启动紧急制动装置。

复习思考题

1. 名词解释：制动、缓解、列车制动系统、制动力、制动装置、制动距离。
2. 制动装置一般包括哪几部分？
3. 按照制动源动力的不同，车辆制动机有哪些种类？它们各有什么特点？
4. 车辆制动机的基本作用有哪些？
5. 什么是再生制动、电阻制动、黏着制动和非黏着制动？
6. 城市轨道交通有何特点？
7. 城市轨道交通车辆制动系统应具备哪些条件？
8. 城市轨道交通车辆制动系统有哪些制动模式？
9. 城市轨道交通车辆制动系统的组成有哪些？

单元 2　供风系统

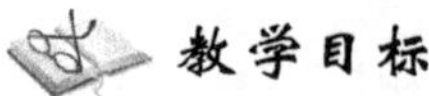

(1)了解活塞式空气压缩机结构及工作原理；

(2)掌握螺杆式空气压缩机结构及工作原理；

(3)掌握空气干燥器工作原理；

(4)掌握风源系统及管路系统的组成。

建议学时

12 学时

单元2.1　空气压缩机组

供风系统是向整个列车提供压缩空气的风源。它不仅针对空气制动系统，而且也为其他用风部件提供风源，如风动塞拉门、风喇叭(汽笛)、受电弓风动控制、车钩操作风动控制设备、空气弹簧及刮水器等。供风系统供给的压缩空气为用风设备的驱动提供动力，而压缩空气的净化和干燥处理是不可或缺的，其目的是除去压缩空气中所含有的灰尘、杂质、油滴和水分等，保证制动系统及其他用风设备能长时间可靠地工作。为了得到清洁、干燥的压缩空气，一般供气系统主要由空气压缩机组、二次冷却器、空气干燥器、风缸、压力传感器、压力控制器、安全阀等空气管路辅助元件组成。

将其他形式的能量转换成气压能的设备，称为空气压缩机(也称空压机)。按其可输出压力的大小，分为低压(0.2～1.0MPa)、中压(1.0～10MPa)、高压(大于10MPa)3大类；按其工作原理，分为容积型(通过缩小单位质量气体体积的方法来获得压力)和速度型(通过提高单位质量气体的速度，并使动能转化为压力能来获得压力)。速度型又因气流流动方向和机轴方向夹角不同，分为离心式(方向垂直)和轴流式(方向平行)。

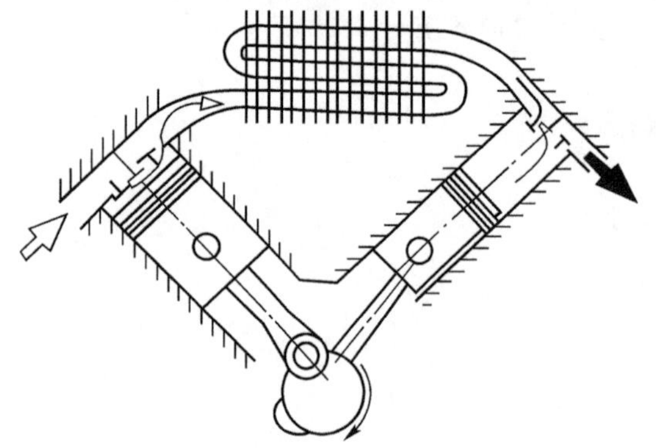

图 2-1　活塞式空气压缩机

常见的低压、容积式空压机按结构不同，可分为活塞式空气压缩机、叶片式空气压缩机、螺杆式空气压缩机，如图 2-1～图 2-3 所示。其基本原理是由一个可变的密闭空间的变化产生吸排气，加上适当的配流机构来完成工作过程。但由于空气无自润滑性而必须另设润滑，从而带来了空气中混有污油的问题。

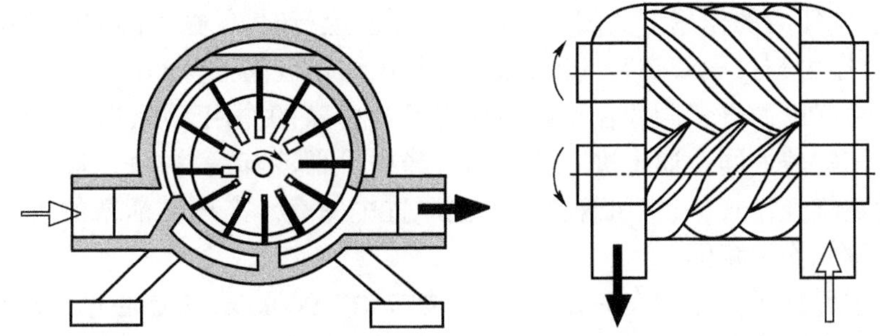

图2-2 叶片式空气压缩机　　　　图2-3 螺杆式空气压缩机

城市轨道交通车辆采用的空气压缩机要求具有噪声低、振动小、结构紧凑、维护方便、环境实用性强的特点，其直流驱动电动机已逐渐被交流电动机驱动取代。目前，城市轨道交通车辆中采用的主要有活塞式空气压缩机和螺杆式空气压缩机两种。

一、活塞式空气压缩机

1. 构造组成

活塞式空气压缩机，由固定机构、运动机构、进/排气机构、中间冷却装置和润滑装置等几部分组成。其中，固定机构包括机体、气缸、气缸盖；运动机构包括曲轴、连杆、活塞；进/排气机构包括空气滤清器、气阀；中间冷却装置包括中间冷却器（简称中冷器）、冷却风扇；润滑装置包括润滑油泵、润滑油路等，如图2-4所示。

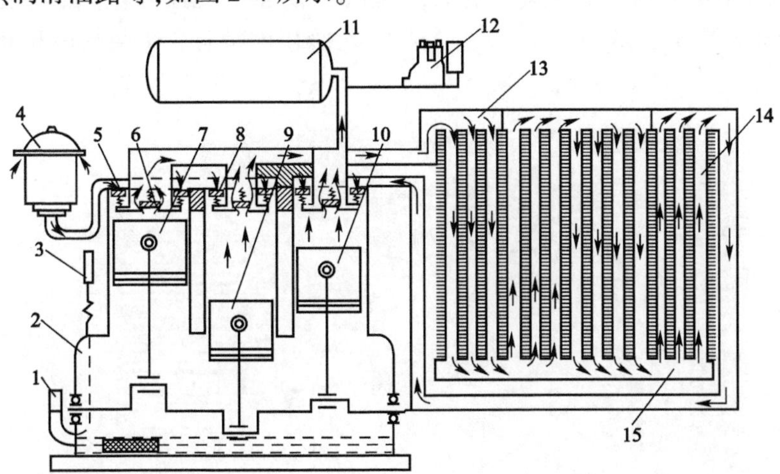

图2-4 活塞式空气压缩机作用原理

1-润滑油泵；2-机体；3-油压表；4-空气滤清器；5、8-进气阀片；6-排气阀片；7、9-低压缸活塞；10-高压缸活塞；11-主风缸；12-压力控制器；13-上集气箱；14-散热管（中冷器）；15-下集气箱

2. 工作原理

电动机通过联轴器驱动空气压缩机曲轴转动，曲柄连杆机构带动高、低位置3个活塞同时在气缸内做上下往复运动。由于曲轴中部的3个轴颈在轴向平面内互成120°，两个低压缸活

塞和一个高压缸活塞分别相隔120°转角。当低压缸活塞下行时,活塞顶面与缸盖之间形成真空,经空气滤清器的大气推开进气阀片(进气阀片弹簧被压缩)进入低压缸,此时排气阀在弹簧和中冷器内空气压力的作用下关闭。当低压缸活塞上行时,气缸内的空气被压缩,其压力大于排气阀片上方压力与排气阀弹簧的弹力之和时,压缩排气阀弹簧而推开排气阀片,具有一定压力的空气排出缸外,而进气阀片在气缸内压力及其弹簧的作用下关闭。两个低压缸送出的低压空气,都经气缸盖的同一通道进入中冷器。经中冷器冷却后,再进入高压缸,进行第二次压缩,压缩后的空气经排气口、主风管路送入主风缸中储存。高压缸活塞的进、排气作用与低压缸活塞的进、排气作用相同。

在运用中,主风缸压力保持在一定的范围,如750~900kPa,它是通过空压机压力控制器(调压器)自动控制空压机的启动或停止来实现的。当主风缸的压力逐渐增高,达到规定压力上限时,压力控制器切断空压机驱动电动机的电源,使空压机停止工作;而随着设备的用风和管路的泄漏等,使主风缸的压力逐渐降低,达到规定压力下限时,压力控制器接通空压机驱动电动机的电源,使空压机开始工作,主风缸压力又回升。这样主风缸压力一直被控制在规定的范围之内。

下面是用于城市轨道交通车辆的两种活塞式空气压力机。

(1)VV230/180-2型活塞式空气压缩机,排气量为1500L/min,输出压力为1100kPa,转速为1520r/min,用1500V直流电动机通过弹性联轴器直接驱动。4个气缸(其中3个低压缸的直径95mm,1个高压缸的直径85mm);两级压缩带有2个空气冷却器(中间冷却或后冷却),并用风扇强迫通风。此压缩机的主要特点是它的缸体与曲轴箱不连成一体,这样的设计便于缸套的安装和调换。

(2)VV120/150-1型活塞式空气压缩机,如图2-5所示。此压缩机为3个缸,其中2个缸为低压缸,1个缸为高压缸;3个缸呈“W”形排列,两级压缩带有2个空气冷却器。

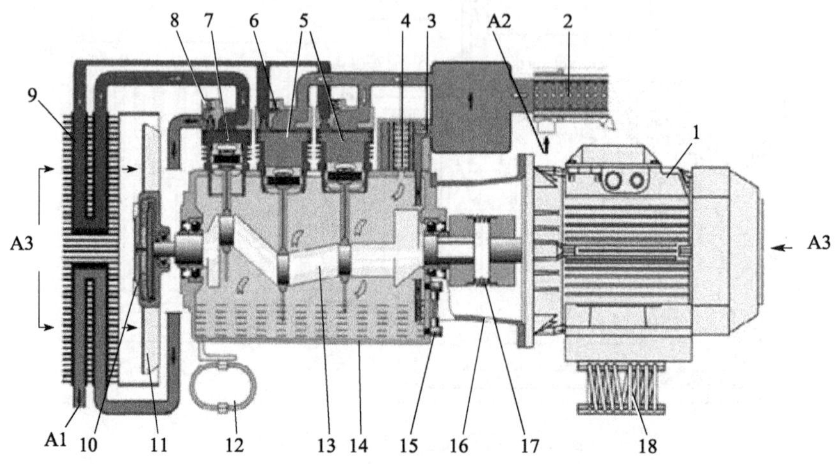

图2-5　VV120型电动空气压缩机

1-驱动电动机;2-进气过滤器;3-呼吸器;4-聚合过滤器;5 低压缸;6-低压阀;7-高压缸;8-高压阀;9-冷却进口;10-黏滞风扇;11-扇叶;12,18-弹性装置;13-曲轴;14-曲轴箱;15-油位观测镜;16-中间凸缘;17-柔性连轴节;A1-空气出口;A2-空气进口;A3-冷却空气

其排气量为920L/min,输出压力为1000kPa,转速为1450r/min,由380V、三相、50Hz交流

鼠笼式异步电动机驱动,电动机与压缩机之间是永久连接,不需要维护;有一个自对中心的凸缘连接,这种布置就不需要在电动机和压缩机之间有很精确的直线连接。其空气过滤器采用过滤纸过滤,其效果较油浴式过滤器好,但应用成本较高。冷却风扇的叶片不直接安装在曲轴端头,是通过温控液力联轴器连接,也称黏性连接。在温度较低时,联轴器内的液体黏度很低,不传递转矩,故可节约能源。该空气压缩机组的一个主要优点是在4.6m距离内噪声的声压级只有64dB(A)。活塞式空气压缩机的应用广泛、技术成熟,可靠性和稳定性好,不需要特殊润滑,性价比高。

二、螺杆式空气压缩机

1.结构组成、功能及其工作原理

1)结构组成

TSAG-0.9ARII型螺杆式空气压缩机组,是专为地铁或轻轨车辆设计的电动空气压缩设备;主要用途是为地铁或轻轨车辆制动系统提供洁净的压缩空气。其结构组成,如图2-6所示。

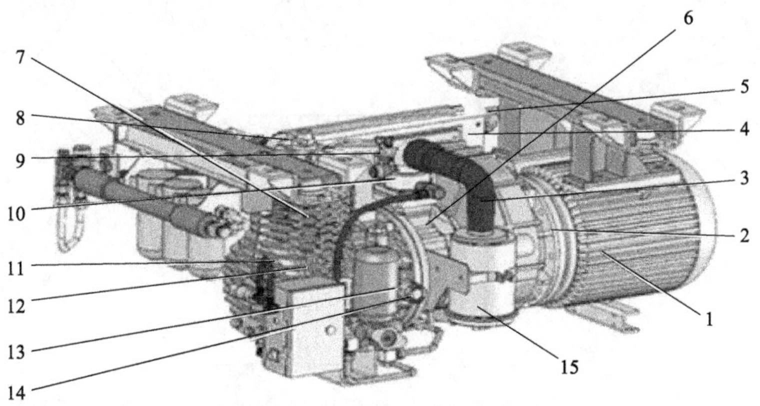

图2-6　TSAG-0.9ARII型螺杆式空气压缩机组的结构

1-电动机;2-中托架;3-蜗壳;4-扩压器;5-冷却器;6-冷却系统;7-机体油气桶部分;8-压力维持阀;9-真空指示器;10-进气阀;11-机头;12-油气筒;13-润滑油过滤器;14-视油镜;15-空气过滤器

TSAG-0.9ARII型螺杆式空气压缩机组由5大主要部件构成:驱动装置、空气压缩机体、风冷却装置、空气净化装置和吊架,它们用螺栓连接在一起组成一个紧凑单元。

2)功能

TSAG-0.9ARII型螺杆式空气压缩机组,其主要部件的功能如下。

(1)驱动装置:三相交流电动机。

(2)空气压缩机体:空气压缩机头装入空气压缩机的油气筒中,油气筒内还装有油分离系统。这个主要组件还另外装有用于过滤、控制和监控润滑油的各元件。

(3)中托架和蜗壳:组成了一个刚性很好的结构,这一结构使组件具有自支撑作用。蜗壳中容纳了离心式风扇,风扇安装在电动机和空气压缩机螺杆组之间的联轴器上。扩压器连接蜗壳与冷却器,冷却器起冷却压缩空气和润滑油的双重作用。这个复合的部件借助离心式风扇供给的冷却空气来交换压缩过程所产生的热量。

(4)吊架:驱动装置、空气压缩机机体及冷却装置3大部件是采用弹性减振垫平稳地吊挂在钢制吊架上,吊架上方有8个安装孔用于与车辆固定。

3)工作原理

螺杆式空气压缩机的工作原理,如图2-7所示。它的主机是双回转轴容积式压缩机,转子为一对互相啮合的螺杆,螺杆具有非对称啮合型面。主动转子为阳螺杆,从动转子为阴螺杆。常用的主副螺杆齿数比因压缩机容量而有所不同,为4:5、4:6或5:6。两个互相啮合的转子在一个只留有进气口的铸铁壳体里面旋转,螺杆的啮合和螺杆与壳体之间的间隙通过精密加工严格控制,并在工作时向螺杆内喷压缩机油,使间隙被密封,并将两转子的啮合面隔离防止机械接触摩擦。另外,不断喷入的机油与压缩空气混合,用来带走压缩过程所产生的热量,维持螺杆副长期可靠地运转。当螺杆副啮合旋转时,它从进气口吸气,经过压缩从排气口排出,得到具有一定压力的压缩空气。

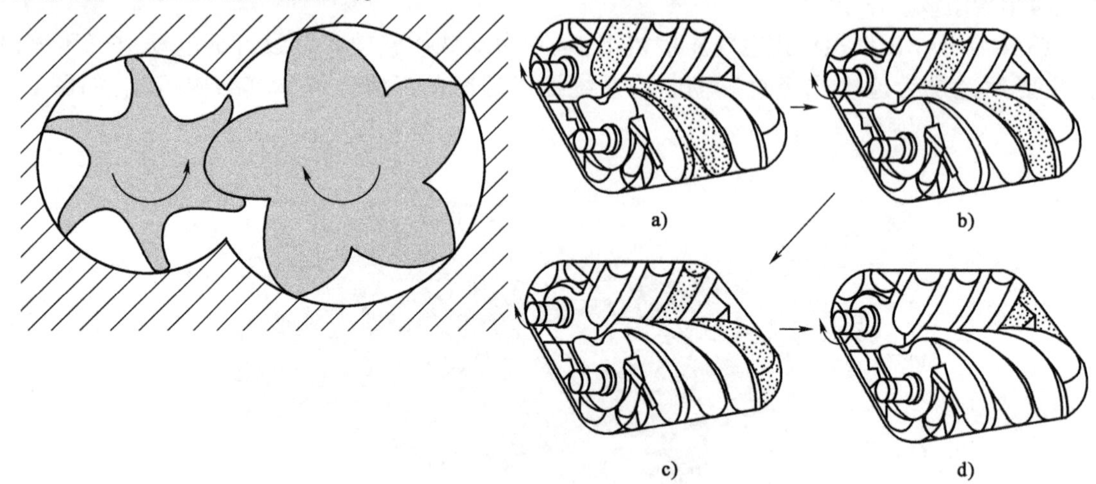

图2-7 螺杆式空气压缩机工作原理

螺杆副是一对齿数比为4:6以特定螺旋角互相啮合的螺杆。其中,阳螺杆(通常作驱动螺杆)为凸形不对称齿,而阴螺杆(常用作从动螺杆)为瘦齿形弯曲齿。两螺杆的齿断面形线是专门设计并经过精密磨削加工的,在啮合过程中两齿间始终保持"零"间隙密贴,形成空气的挤压空腔。

2. 主要技术参数

9×10^5Pa下空气排量0.9m^3/min;再生空气消耗率为15%;额定排气压力9×10^5Pa;干燥后的空气质量:含油量不大于2PPM(ISO 8573-1)、尘埃污染不大于2PPM(ISO 8573-1)、出口相对湿度≤30%;机组工作环境温度-20~45℃;干燥后的排气温度不高于环境+15℃;1m处声压级≤78dB(A);输入电压380V;频率50Hz;启动电流190A;电动机转速1460r/min;压缩机转速1460r/min;压力开关整定值3×10^5Pa;温度开关整定值105℃;润滑油量5.5L。

3. 特点

与活塞式空气压缩机相比,螺杆式空气压缩机具有如下特点。

(1)噪声小、振动小。当螺杆式空气压缩机工作时,旋转部件两个螺杆的运动没有质心位置的变动,因而没有产生振动的干扰力。经精密加工和精密磨削制造的阴、阳螺杆和机壳之间，互相密贴和啮合的间隙是通过喷油实现密封和冷却的，并不产生机械接触和摩擦，因而在工作中噪声低。它的喷油润滑又使噪声强度大大降低，一般不超过85dB(A)。另外，它的空气压缩过程是连续的，不受气阀开闭的制约，所以，压缩空气流动也连续而且平稳、没有脉动。

(2)可靠性高和寿命长。螺杆式空气压缩机工作时除了轴承和轴封等部件外，没有因相对运动而承受摩擦的零部件。阴、阳螺杆和机壳之间并不产生机械接触和摩擦，在工作中不产生磨损。它的这个特点，形成了它的高可靠和免维护。通常螺杆式空气压缩机的检修周期可以保证不短于整车的大修期。

(3)维护简单。在运用中，检查、维修人员只要注意观察螺杆式空气压缩机的润滑油油位不低于油表或视油镜刻线；保证空气滤清器不脏到堵塞的程度，那么空气压缩机就能工作，它不需要给予特别的关照。这也是螺杆式空气压缩机备受青睐的原因。

4. 工作过程

螺杆式空气压缩机的工作过程分为吸气、压缩、排气3个阶段。其流程，如图2-8所示。

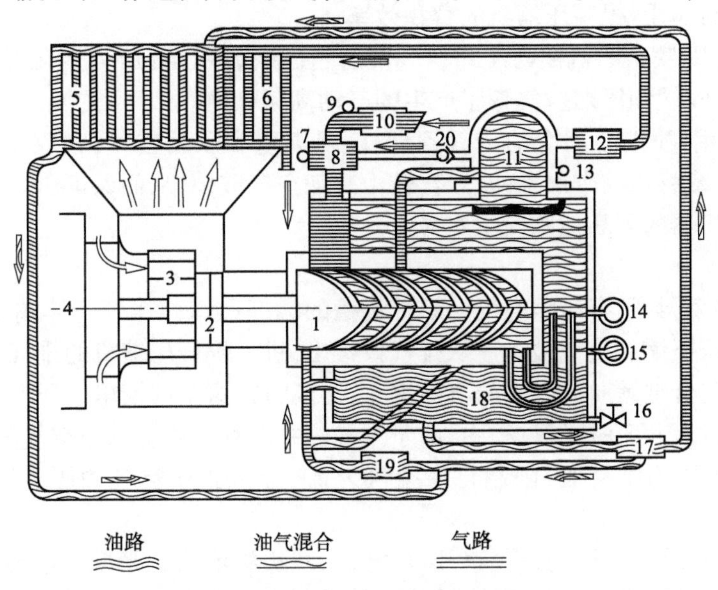

图2-8　螺杆式空气压缩机系统的流程

1-螺杆式空气压缩机；2-联轴器；3-冷却风机；4-电动机；5-空、油冷却器(机油冷却单元)；6-冷却器(压缩空气后冷却单元)；7-压力开关；8-进气阀；9-真空指示器；10-空气滤清器；11-油细分离器；12-最小压力维持阀；13-安全阀；14-温度开关；15-视油镜；16-泄油阀；17-温度控制阀；18-油气筒组成；19-机油过滤器；20-单向阀

1)吸气过程

螺杆安装在壳体内，在自然状态下就有一部分螺杆的沟槽与壳体上的进气口相通。也就是说，在任何时候，无论螺杆式空气压缩机的螺杆旋转到什么位置，总有空气通过进气口充满与进气口相通的沟槽。这是压缩机的吸气过程。

主副两转子在吸气终了时，已经充盈空气的螺杆沟槽的齿顶与机壳腔壁贴合。此时，在齿沟内的空气即被隔离，不再与外界相通并失去相对流动的自由，即被“封闭”。当吸气过程结束后，两个螺杆在吸气口的反面开始进入啮合，并使得封闭在螺杆齿沟里的空气的体积逐渐减小，压力上升，压缩随之开始。

2)压缩过程

随着压缩机两转子的继续转动,封闭有空气的螺杆沟槽与相对的螺杆齿的啮合从吸气端不断地向排气端发展,啮合的齿占据了原来已经充气的沟槽的空间,将在这个沟槽里的空气挤压,体积渐渐变小,而压力则随着体积变小而逐渐升高。空气是被裹带着一边转动,一边被继续压缩的,从吸气结束开始,一直延续到排气口打开之前。当前一个螺杆齿端面转过被它遮挡的机壳端面上的排气口时,在齿沟内的空气即与排气腔的空气相连通,受挤压的空气开始进入排气腔,至此在压缩机内的压缩过程即结束了。这个体积减小压力渐升的过程是压缩机的压缩过程。在压缩过程中,压缩机不断地向压缩室和轴承喷射润滑油。其主要作用如下。

(1)润滑作用:喷入的机油在螺杆的齿面形成油膜,使啮合齿的齿面、齿顶与机壳间不直接接触,不产生干摩擦及由此引起的磨损。

(2)密封作用:润滑油油膜填充了螺杆啮合齿与齿间及齿顶与机壳间的间隙,阻止压缩空气的泄漏,起密封作用,提高压缩机的容积效率。

(3)降噪作用:喷入的机油与压缩空气混合,在油气混合物压力变化时,不可压缩的液态油可以部分地吸收缓和压缩空气膨胀产生的气动高频噪声。

(4)冷却作用:喷入的润滑油接触到螺杆、机壳壁和压缩空气,吸收压缩热并将其带出。通过机外冷却系统将机油带出来的热量,转由冷却空气散掉,从而保证压缩机在理想的工作温度下工作,保证机器的可靠性和使用寿命。

3)排气过程

压缩过程结束,封闭有压缩空气的螺杆沟槽的端部边缘与螺杆壳体端壁上的排气口边缘相通时,受到挤压压缩的空气被迅速从排气口推出,进入螺杆压缩机的排气腔。随着螺杆副的继续转动,螺杆啮合继续向排气端的方向推移,逐渐将在这个沟槽里的压缩空气全部挤出。这是压缩机的排气过程。在排气过程中,由于排气腔并不直接连着压缩空气用户,在它的排气腔出口设置的最小压力维持阀,限制自由空气外流,会使压缩空气的压力继续上升或者受到制约。

螺杆式空气压缩机壳体的进气口开口的大小及边缘曲线的形状,是与螺杆的齿数及螺旋角的角度相关的。而压缩机后端壁上的排气口开口形状(呈现为蝶形)及尺寸也是由压缩机的压缩特性及螺杆的端面齿形所决定的。

这里所讲的螺杆式空气压缩机的工作原理,是以螺杆的一个沟槽为实例展开的,并且把其工作过程分成为吸气、压缩、排气3个阶段,界限清晰地加以介绍。实际上压缩机螺杆的工作转速很快,而且主动螺杆和从动螺杆的每一个沟槽,在运转过程中承担着相同的任务,将它的空腔在进气侧打开吸进空气,然后再将其带到排气侧压缩后排出。这种高速、周而复始的工作,而且螺旋状的前一个沟槽的后面相邻沟槽的同一个工作阶段,尽管有先有后,但实际上是重叠发生的。这形成了螺杆式空气压缩机工作的连续性和供气的平稳性,形成了它的低振动和高效率。

螺杆式空气压缩机的工作循环,是在啮合的螺杆齿和齿沟间,一个接一个周而复始连续不断进行的。而且它的压缩过程只是当齿沟里的空气被挤进排气腔的过程中才完成的,所以没有像活塞压缩机那样的振动和排气阀启闭形成的冲击噪声。

三、空气压缩机组的控制

如图2-9所示,主风缸压力由两个装置(一个压力传感器A_1,一个压力开关A_2)控制,并有安全阀保护。所需的压力信息由压力传感器(A_1)感应并将其传给列车控制单元VTCU,列车控制单元VTCU控制电动机的启停(有的空气压缩机由电子制动控制单元进行控制)。当主风缸压力低于7.5×10^2kPa(可调)时,空气压缩机开始启动。当主风缸压力升到9.0×10^2kPa时,空气压缩机停止工作。压力控制器用作检查压力开关A_2的可靠性,并作TRB模式(列车通信控制限制/备份模式)的备用系统。

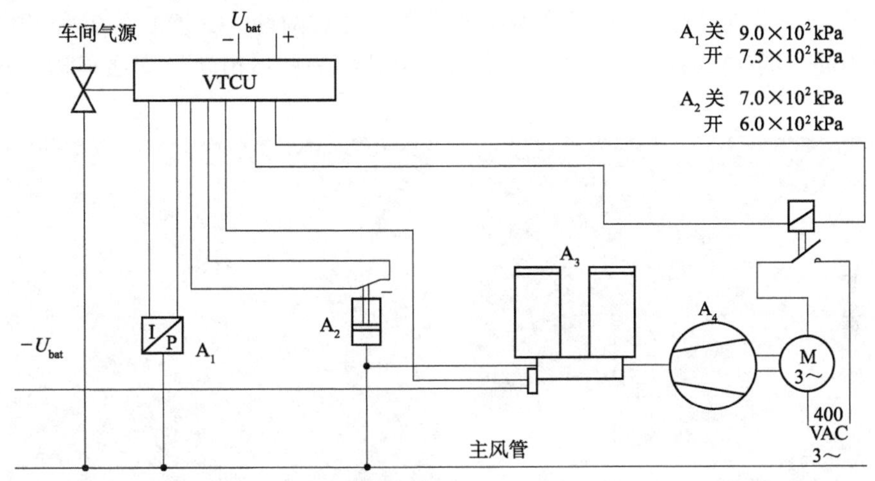

图2-9　空气压缩机控制示意图

A_1-压力传感器;A_2-压力开关;A_3-双塔式空气干燥器;A_4-空气压缩机

由于列车编组中空气压缩机不止一台,为确保它们的均衡使用,避免空气压缩机内产生冷凝水,其运转周期必须大于30%。因此,只有前导单元车上的空气压缩机出现故障或列车压缩空气消耗过大,主风缸压力下降到6.5×10^2kPa以下时,启动第二台空气压缩机。也有的城市轨道交通车辆的空气压缩机采用单双日控制。

当有一台空气压缩机出现故障时,车组列车仍能正常运营,列车性能不会受到影响,但仍在工作的那台空气压缩机输出加倍,设计能满足双倍负荷的要求。

单元2.2　空气干燥器

空气压缩机输出的压缩空气含有较高的水分、油分和机械杂质等,必须经过空气干燥器将其中的水分、油分和机械杂质除去,才能达到车辆上用风设备对压缩空气的要求。液态的水、油微粒及机械杂质在滤清器(或油水分离器)中基本被除去,压缩空气的相对湿度降低(通常相对湿度35%以下)是避免用风过程中出现冷凝水危害的主要方式,它依靠空气干燥器来完成。

空气干燥器的基本原理是:吸附过程是一个平衡反应,即在吸附剂(干燥剂)和与其接触的压缩空气之间湿度趋向于平衡,而相对湿度大的压缩空气与吸附剂的表面接触时,由于吸附剂具有大量微孔,与空气的接触面积大,吸附剂可以大量、快速地吸附压缩空气的水蒸气分子,达到干燥压缩空气的目的;再生过程也是一个平衡反应,用于吸附剂再生的吹扫气体是由较高压力的压缩空气膨胀而来,膨胀时,空气体积增大而压力降低,获得的吹扫气体的相对湿度较低,因而易于“夺”走吸附剂上已吸附的水蒸气分子,使吸附剂恢复干燥状态,达到再生的目的。其特点是在压力下吸附,在大气或负压下再生。所以对任何一种吸附剂来说,它与被吸附的水蒸气的关系是,温度越低,压力越高,单位吸附剂所吸附的水分量就越多;反之,吸附量就少。其原理简言之为“压力吸附与无热再生”。常用的吸附剂有:硅凝胶、氧化铝、活性炭及分子筛等。

空气干燥器一般都是塔式的,可分为单塔式和双塔式两种。其安装位置和外形如图 2-10 所示。图 2-10a)为单塔式;图 2-10b)为双塔式。近几年一些城市轨道交通车辆上开始应用膜式干燥器。

a)单塔式

b)双塔式

图 2-10　空气干燥器安装位置和外形

一、单塔式空气干燥器

1. 结构组成

单塔式(也称单筒式)空气干燥器是一种无热再生作用的干燥器,其结构如图 2-11 所示。它的特点是吸附剂的吸附作用与再生作用在同一干燥筒内进行。由油水分离器、干燥筒、排水阀、电磁阀、再生风缸和消声器等组成。在油水分离器中存有许多拉希格圈(一种用铝片或铜片做成的有缝的小圆筒,见图 2-12)。干燥器则是一个网形的大圆筒,其中盛满颗粒状的吸附剂。

2. 作用原理

空气压缩机工作时,电磁阀(13)失电,活塞下方通过排气阀(15)排向大气,活塞(12)在弹簧力作用下关闭排泄阀(9),而空压机输出的压力空气从干燥塔中部的进口管(Ⅰ)进入干燥塔,首先到达油水分离器(7)。当含有油分和机械杂质的压缩空气经过拉希格圈(8)时,油滴吸附在拉希格圈的缝隙中,机械杂质则不能通过拉希格圈缝隙,这样就将压缩空气中的油分和机械杂质滤去,然后再进入干燥筒内与吸附剂相遇,吸附剂大量地吸收水分,使从干燥筒上方输出的压缩空气的相对湿度降低,达到车辆用风系统的要求。图 2-11

所示的干燥筒下方1/4高度处为装有拉希格圈(8)的油水分离器,而上方3/4高度处为装有吸附剂(6)的空气干燥筒(1)。

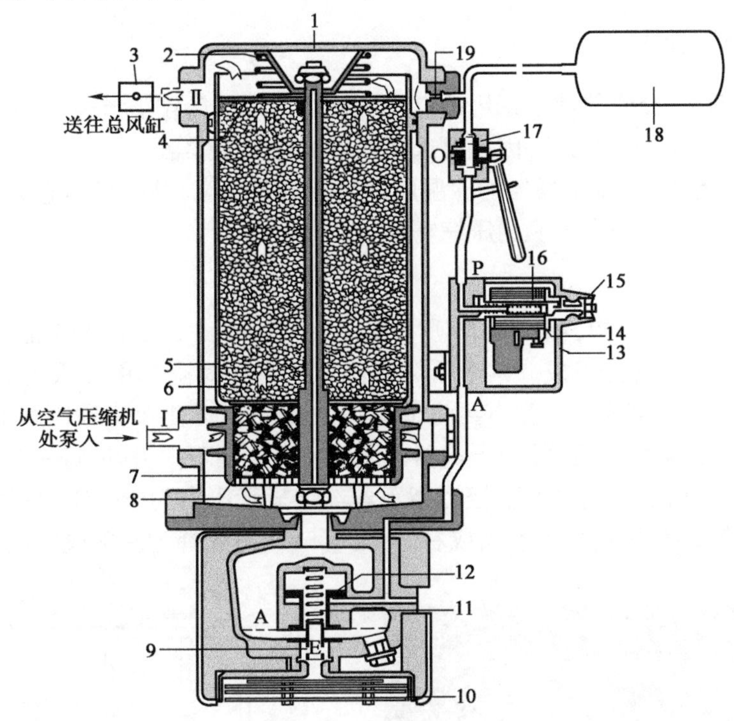

图2-11　单塔式空气干燥器

1-空气干燥筒;2-弹簧;3-单向阀;4-带孔挡板;5-干燥筒体;6-吸附剂;7-油水分离器;8-拉希格圈;9-排泄阀;10-消声器;11-弹簧;12-活塞;13-电磁阀;14-线圈;15-排气阀;16-衔铁;17-带排气的截断塞门;18-再生储风缸;19-节流孔;Ⅰ-进口管;Ⅱ-接口

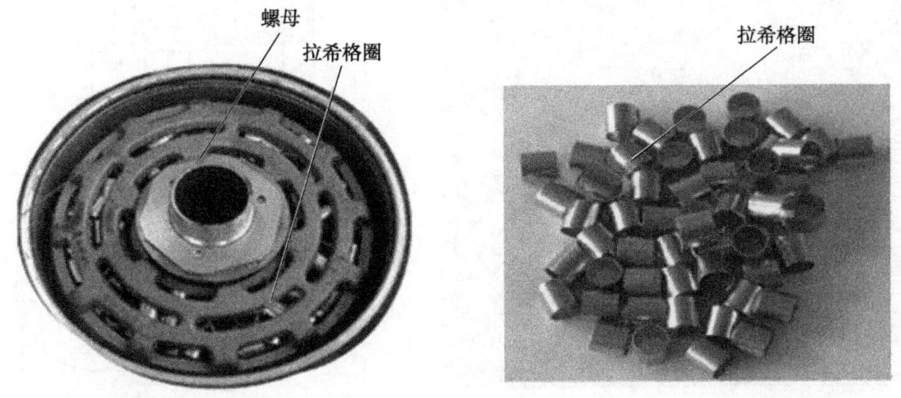

图2-12　拉希格圈

经过干燥的压力空气,一路经过接口Ⅱ及单向阀(3)送往主风缸,单向阀的作用是防止压力空气从主风缸逆流;另一路经节流孔(19)充入再生储风缸(18)。当空气压缩机停止工作的同时电磁阀(13)得电,再生储风缸(18)内的压力空气经过打开的电磁阀向活塞(12)下部充气,活塞上移,打开排泄阀(9),干燥塔内的压力空气迅速排出。这时再生储风缸内的压力空气经节流孔回冲至干燥塔内,从而沿干燥筒、油水分离器一直冲至干燥塔下部的积水积油腔内。在下冲过程中,干燥空气吸收了干燥剂中水分同时还冲下了拉希格圈上的油滴和机械杂质,这样干燥剂再生的同时拉希格圈也得以清洗。

二、双塔式空气干燥器

相对于直流传动车,交流传动车选用的空气压缩机的排气量较小,它停止工作的间隙不能满足单塔式干燥器再生所需的时间,因此要选用双塔式空气干燥器。

双塔式(又称双筒式)空气干燥器的除湿原理与单塔式完全相同,只是它设有两个轮流除湿的干燥塔,可以连续向外输出干燥的压缩空气。

1. 结构组成

双塔式空气干燥器的结构,如图2-13所示。它由干燥筒(1)、干燥器座(5)、双活塞阀(4)、电磁阀(3)四个主要部分组成。两个干燥筒除了装有干燥空气用的吸附剂外,在其下部均装有油水分离器。干燥器座上设置有再生节流孔、2个止回阀、1个旁通阀和1个预控制阀。电磁阀和电子循环控制器相配合,控制干燥器的干燥和再生循环。另外,每一个干燥筒还有一个压力指示器(2),干燥筒的工作状态;压力指示器红针显示压力为干燥工况;相反,红针复位则为再生工况。进气口 P_1 可选择为前面或右侧,出气口 P_2 可选择为左侧或右侧。

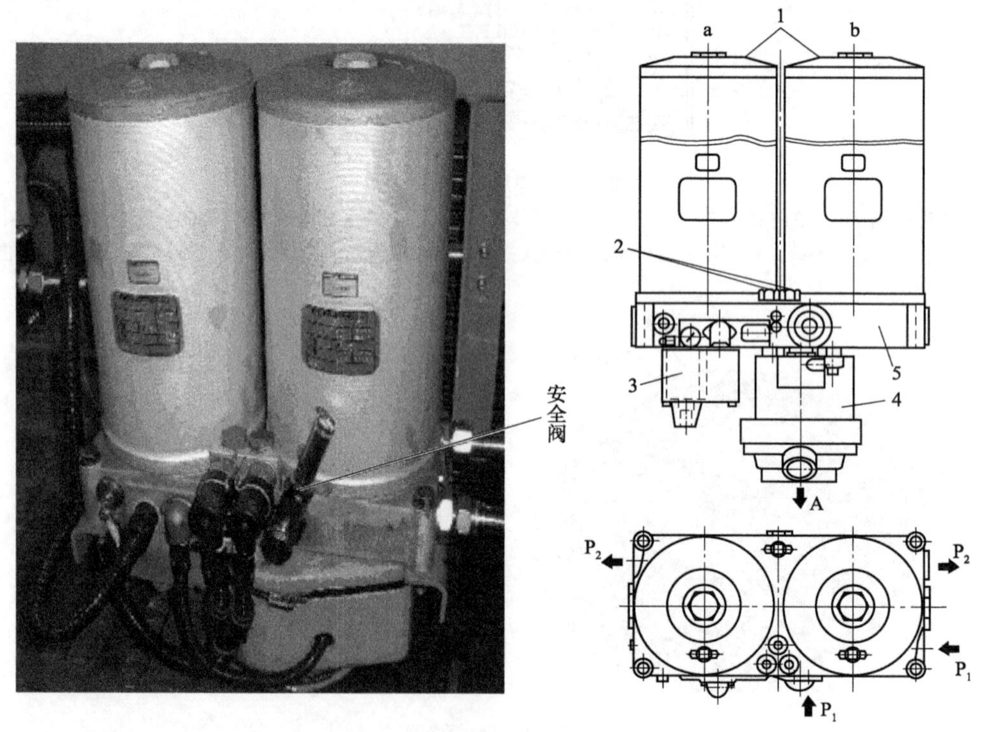

图2-13 双筒式空气干燥器

1-干燥筒;2-压力指示器;3-电磁阀;4-双活塞阀;5-干燥器座;A-排泄口;P_1-进气口;P_2-出气口

2. 作用原理及过程

1)作用原理

双筒式空气干燥器的作用原理,如图2-14所示。双筒干燥器工作为干燥与再生两个工况同时进行，压力空气在一个筒中流过并干燥时，另外一筒中的吸附剂即再生。从空气压缩机输出的压力空气首先经过装有拉希格圈的油水分离器，除去空气中的液态油、水、尘埃等。然后，压力空气再流过干燥筒中的吸附剂，吸附剂吸附压力空气中的水分。

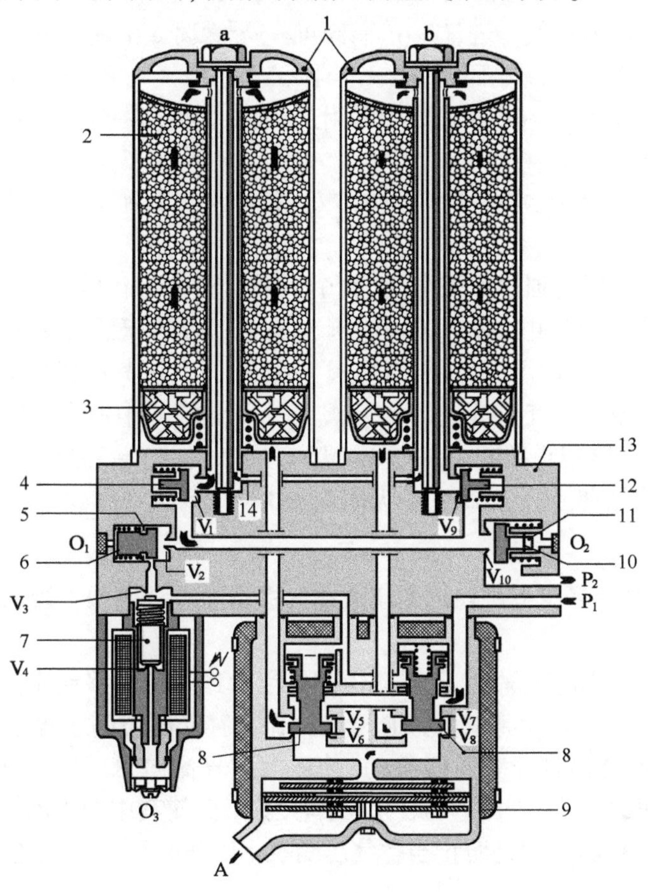

图2-14　双筒式空气干燥器的作用原理

（干燥筒a为干燥工况；干燥筒b为再生工况）

1-干燥筒；2-吸附剂；3-油水分离器；4、12-止回阀；5、10-克诺尔K形环；6-预控制阀；7-电磁阀；8-双活塞阀；9-隔热材；11-旁通阀；13-干燥器座；14-再生节流孔；A-排泄口；O_1～O_3-排气口；P_1-进气口；P_2-出气口；V_1～V_{10}-阀座

一部分干燥过的压力空气（13%～18%）被分流出来，经过再生节流膨胀后，进入另一个干燥塔对已吸水饱和的吸附剂进行脱水再生；再生工作后的压力空气经过油水分离器时，再把积聚在拉希格圈上的油、水及机械杂质等从排泄通路排出。

2）作用过程

干燥筒a处于吸附工作状态，干燥筒b则处于再生工作状态。相当于处在图2-15所示工作循环的前$T/2$。循环控制器控制电磁阀（7），当电磁阀得电时，开启V_3阀；从干燥后的压力空气中部分分流出来的用于控制的压力空气，通过打开的阀V_2和阀V_3后，到达双活塞阀（8）。预控制阀

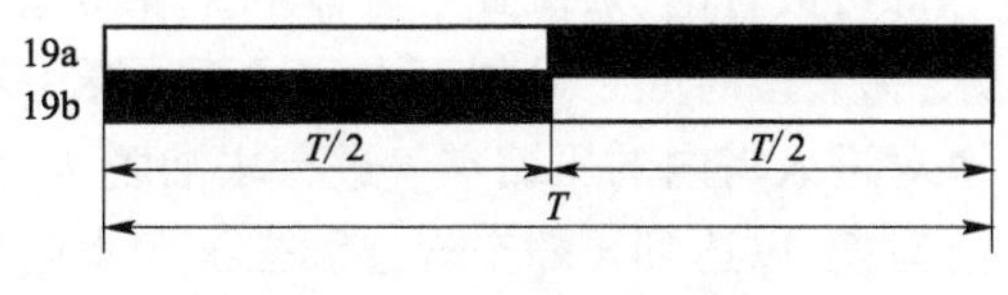

图2-15　一个工作循环示意图

19a、19b-干燥筒；T-工作循环

(6)用来防止双活塞阀(8)动作时处于中间位置;阀 V_2是在双活塞阀(8)需要的“移动压力”达到时才打开。这个“移动压力”推动双活塞阀(8)的两个活塞克服各自的弹簧力,使右活塞移到顶部,而左活塞则移到底部,因此导致阀 V_5及阀 V_8的开启。其流程如下:

空气压缩机输出压力空气→进气口 P_1→阀 V_5→干燥筒 a 中油水分离器、吸附剂→干燥筒 a 中心管。由此分两路:一路到止回阀 V_1→旁通阀 V_{10}→出气口 P_2→总风缸;另一路至再生节流孔(14)→干燥筒 b 中心管→干燥筒 b 中吸附剂、油水分离器→阀 V_8→消声器→排泄口 A→大气。

这样,干燥筒 a 对空气压缩机输出压力空气进行油水分离和干燥;干燥筒 b 则对吸附剂再生及排除油污。

当干燥筒 a 中吸附剂达到饱和极限后,两个干燥筒转换工作状态,此时为图 2-15 所示的后 *T*/2 时间,即电磁阀(7)失电,阀 V_3关闭而阀 V_4开启。连通双活塞阀,控制压力空气排至大气,双活塞阀在各自弹簧力作用下复位,结果阀 V_6及 V_7开启。其流程如下:

空气压缩机输出压力空气→进气口 P_1→阀 V_7→干燥筒 b 中油水分离器、吸附剂→干燥筒 b 中心管,再分两路:一路到止回阀 V_9→旁通阀 V_{10}→出气口 P_2→总风缸;另一路至再生节流孔(14)→干燥筒 a 中心管→干燥筒 a 中吸附剂、油水分离器→阀 V_6→消声器→排泄口 A→大气。

结果,干燥器 b 对空气压缩机输出的压力空气进行油水分离和干燥,而干燥筒 a 则对吸附剂再生及排除油污。

为了保证干燥器工作的可靠性,干燥器内部要求达到一定的移动压力时,预控制阀(6)才开启,双活塞阀(8)才能够移动到位。旁通阀(11)保证移动压力迅速建立,当压缩空气压力超过这个移动压力之后,才能打开旁通阀(11),使压力空气流向总风缸。这种设置也可防止干燥筒 b 出现干燥时间的延长(不能迅速转换工作状态),而使其中的吸附剂产生过饱和。

两个止回阀(4、12)的作用是防止当空气压缩机不工作时压力空气逆流。

3. 循环控制

循环控制器在空气压缩机启动的同时也开始工作,它根据规定的程序控制电磁阀的开关时间,从而控制双干燥筒工作循环,每两分钟转换一次工作状态。

当空气压缩机停止工作或空转时,循环控制器记忆下实际的循环状态。当空气压缩机重新启动后,循环控制器从原有的状态上执行控制,这样就可以保证吸附剂充分地再生,并保证吸附剂不会因工作循环的重新设置而产生过饱和。

如果循环控制器或电磁阀出现故障,空气压缩机输出的压力空气仍可以通过干燥器中的一个干燥筒干燥,保证压力空气的供给。

可以看出,双塔式干燥器的工作原理与单塔式类似,只不过它不是采取一段时间去油吸水,另一段时间干燥剂再生和拉希格圈去污的间隙工作法,而是采取轮换工作的方法,即一个塔对进入塔内的压缩空气进行去油脱水,另一个塔则进行干燥剂再生,按一定周期两塔进行功能对换,以达到压缩空气连续去油脱水的目的。

双塔式干燥器没有再生风缸,但设有一个定时脉冲发生器使两个干燥塔的电磁阀定时地轮换开、关,以使两个塔的功能定时进行轮换。

三、膜式干燥器

1. 膜式干燥器系统的功能、结构、工作原理

膜式空气干燥系统主要包括三通球阀，气水过滤器、精密过滤器、超精密过滤器、膜干燥器、排水电磁阀、连接管路、排水口及箱体等组成。膜式空气干燥系统的内部结构，如图 2-16 所示。

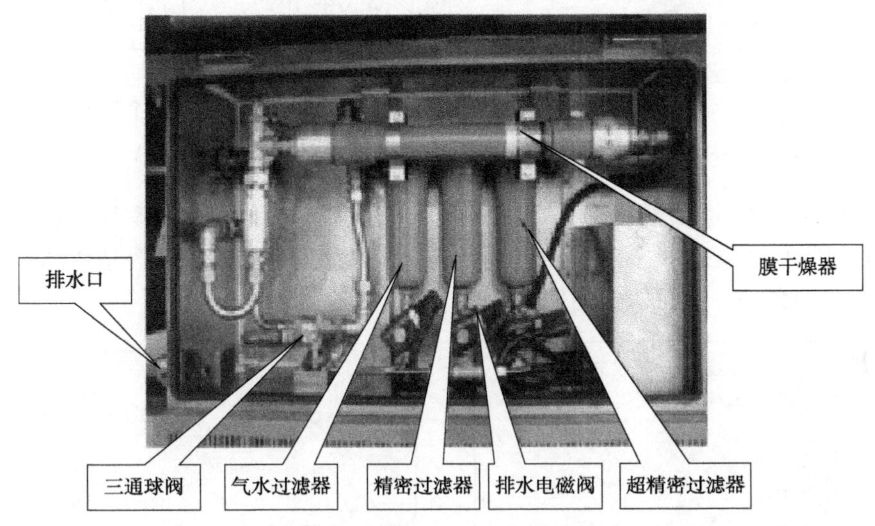

图 2-16　膜式空气干燥系统内部结构

1）前置过滤器

在膜式干燥器系统中，设置有三级前置过滤器，依次为机械式气水分离器；过滤精度 1μm 的精密过滤器；过滤精度 0.01μm 的超精过滤器。

（1）气水分离器：气水分离器工作原理，如图 2-17 所示。它依靠其内部的导流叶片，使进入气水分离器的流体高速旋转，因液体与气体密度的差异产生离心力，将液态油滴及冷凝水与空气分离，其液态物分离效率可达 97% 以上。经过空压机后冷器冷却的压缩空气温度降低而达到饱和，所产生的液态污染物，可在气水分离器处得到有效除去。

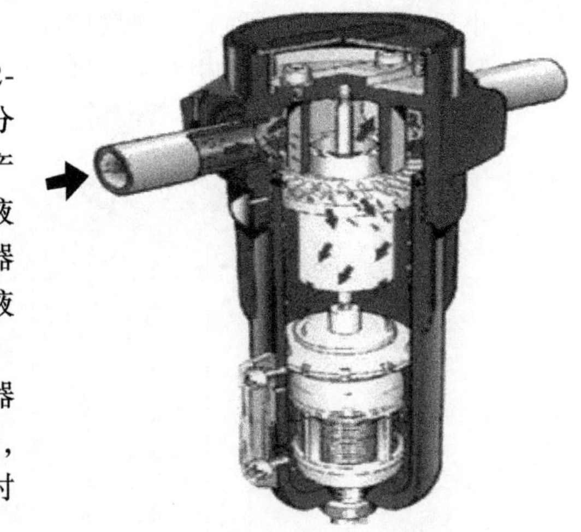

图 2-17　气水分离器工作原理

（2）介质过滤器：过滤精度 1μm 的精密过滤器和过滤精度 0.01μm 的超精过滤器工作原理相同，均为介质过滤，依靠滤材拦截固态颗粒杂质，同时将微小液滴状态的液态杂质进行拦截汇集后排出，其原理如图 2-18 所示。

2）膜式干燥器

膜式干燥器脱水膜的工作原理：脱水膜是利用具有特殊选择性的膜丝，对水分子进行去除。

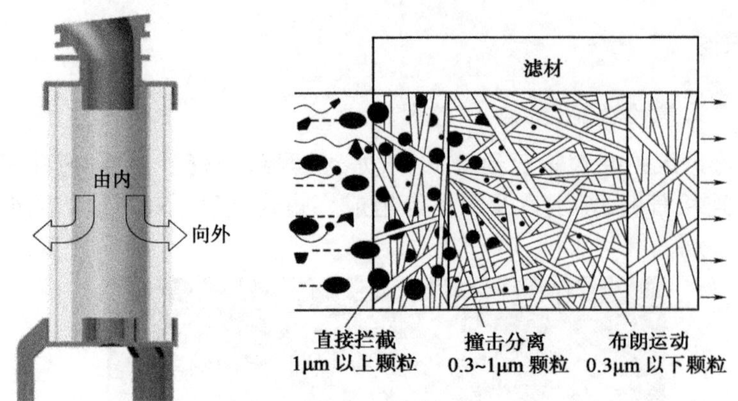

图 2-18　介质过滤器工作原理

膜丝具有选择性渗透功能,仅允许水分子由高浓度侧转移至低浓度侧,达到最终平衡状态,如图 2-19、图 2-20 所示。脱水膜便利用此原理,使饱和压缩空气中高浓度水分子转移,同时并不会损失压缩空气,从而达到使压缩空气干燥的目的。

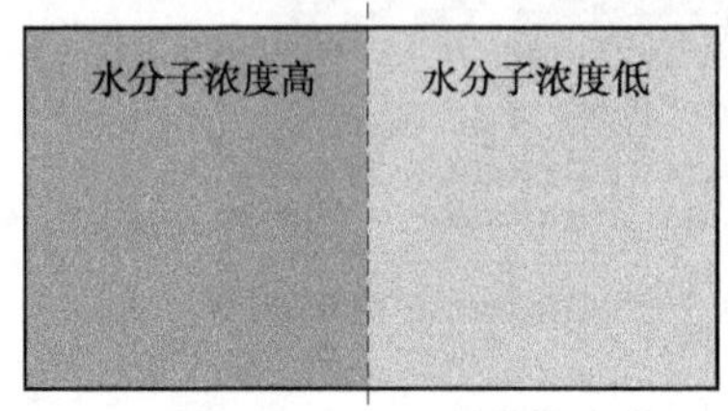

图 2-19　膜式干燥器起始状态

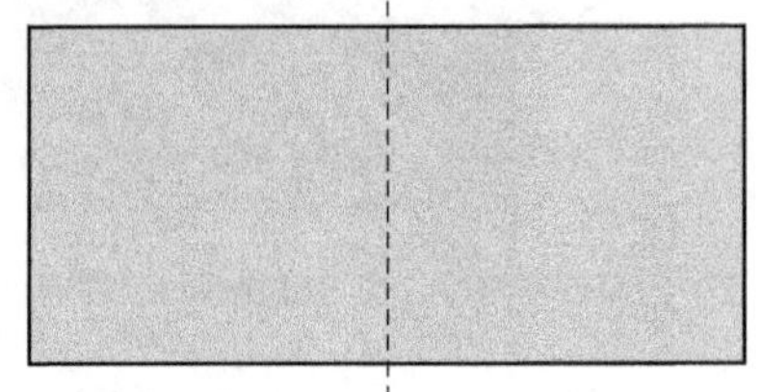

图 2-20　膜式干燥器达平衡状态

图 2-21 是膜式干燥器工作原理示意图。潮湿的压缩空气由膜丝的一端进入,到达另一端后,一小部分压缩空气通过截流阀膨胀减压为反吹气。由于体积的急剧增加,水分子的数量没有改变,膨胀后的压缩空气相对湿度即水分子浓度变得非常低。

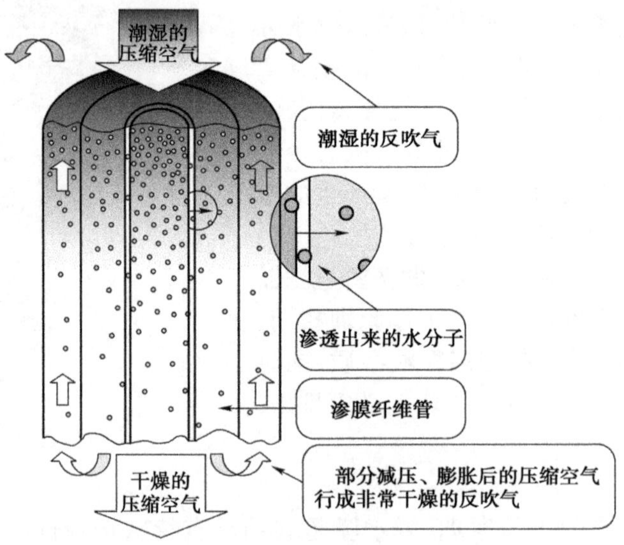

图 2-21　膜式干燥器工作原理示意图

由于膜丝的结构，水分子可以自由穿透。为了达到浓度平衡，膜内侧的水分子便会穿透膜丝向外扩散，使膜内压缩空气相对湿度降低，膜外侧的反吹气相对湿度增加。在压力作用下，这部分潮湿的反吹气被排向大气。

3）膜的干燥过程

整个干燥过程是连续的，如图2-22所示。未经干燥的压缩空气进入膜干燥器，流过一束中空纤维，中空纤维有一层水蒸气可以自由穿透的薄膜。膜干燥器的出口处一部分干燥的压缩空气通过节流孔，反吹过膜的外表面。由于节流孔的减压，反吹空气比膜内的压缩空气干燥，结果膜的内外形成压力差，膜内的水蒸气分子因此由内向外扩散。水蒸气通过排气孔排入大气，压缩空气得到干燥。图2-23所示为剖开的膜管。

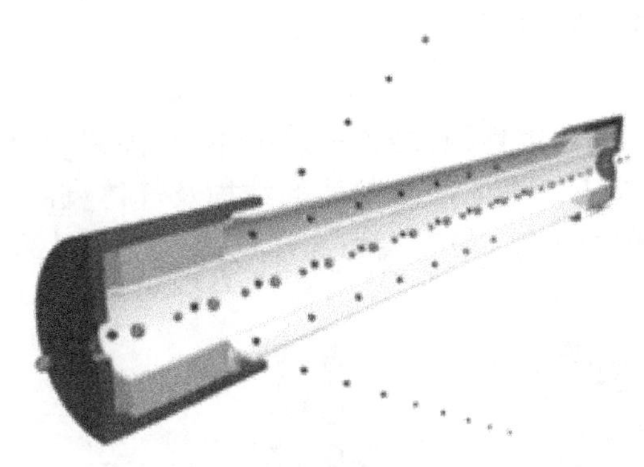

图2-22　膜式干燥器系统流程示意图

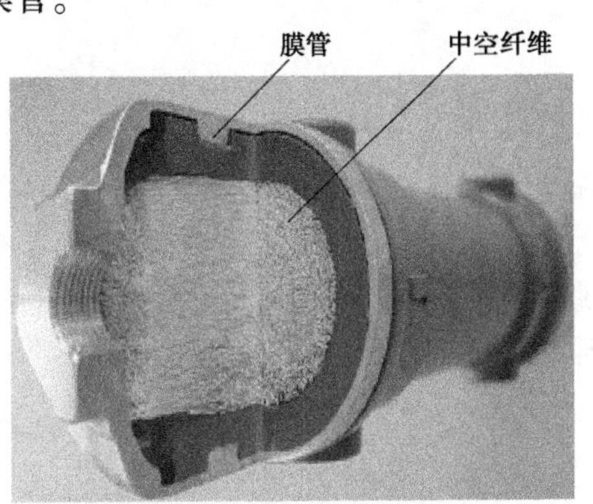

图2-23　剖开的膜管

2. 影响膜式干燥器干燥效果的因素

（1）空气流速：空气流速快，流量高，空气压力大。

（2）空气压力：压力越高，反吹量空气越干燥。

（3）入口温度：进口压力露点越低，出口空气越干燥。

（4）反吹量：反吹量越大，出口空气越干燥。

单元2.3　二次冷却器及空气压缩机的主要附件

一、二次冷却器

城市轨道交通车辆气源系统所使用的二次冷却器（又称为后冷却器）均属于表面式换热器。它的冷却方式是冷、热两种流体分别进入由固体壁面隔开，互不接触的换热器内，热量由热流体通过壁面传给冷流体，使热流体冷却到必要的温度。冷却器的作用是从空压机输出的高温压缩空气，通过冷却器把压缩空气中的水蒸气变成液态水，减少进入制动系统压缩空气的含水量。一般城市轨道交通车辆上使用的二次冷却器按其传热面形状和结构，可分为蛇管式二次冷却器、翅片管式二次冷却器及板翅式二次冷却器等。

1. 蛇管式二次冷却器

蛇管式二次冷却器是最简单的一种二次冷却器。该二次冷却器一般用金属管直接煨制而成,它的形状可以是圆盘形、螺旋形、长蛇形或根据空间位置制成其他的形状,如图 2-24 所示。其优点是结构简单、制作方便;缺点是由于换热面积小,所以冷却效果不好,一般用于要求不高的场合。

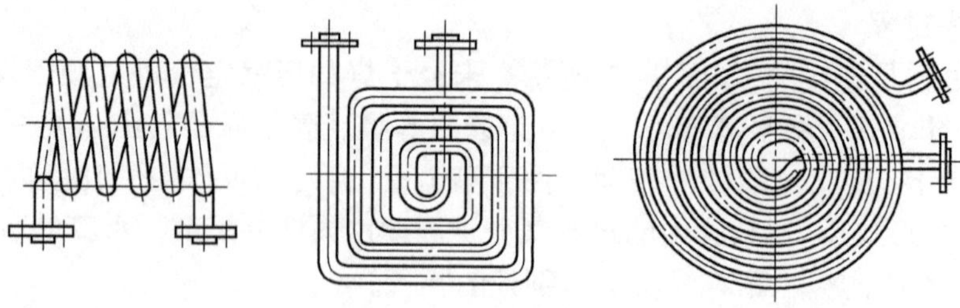

图 2-24　蛇管式二次冷却器

2. 翅片管式二次冷却器

翅片管式二次冷却器由于其具有换热面积大、适用性强、结构相对简单、坚固耐用及用材广泛等优点而被大量用于各种城市轨道交通客车上。该二次冷却器的结构及气体流向,如图 2-25 所示。它由左连接箱、冷却器体及右连接箱组成,一般是高温高压的压缩空气从入口进入冷却器后经三组翅片管冷却后输出。

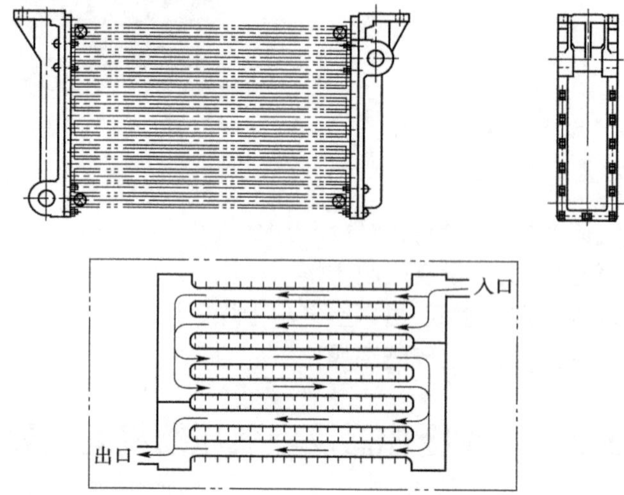

图 2-25　翅片管式二次冷却器的结构及气体流向

图 2-26　A-1-RD 型冷却器

日本纳博克制动机公司生产的 HRDA 制动系统安装的 A-1-RD 型冷却器就是这种翅片管式,如图 2-26所示。这种冷却器上安装了自动排水阀,使积存于冷却器中的水分适时定期排出,当冷却器内空气压力低于 1.5kPa 时,自动排水阀排水。

3. 板翅式二次冷却器

板翅式二次冷却器的主要结构是由平板和翅片构成的多层式芯体。图 2-27 所示为典型的板翅式冷却器单层结构分解图。冷却器一般是将隔板、翅片及封条逐层叠合,并夹紧后焊成一体,再与封头、连接管接口相焊接。板翅式冷却器的结构紧凑，单位体积内的换热面积可达 1300～2500m^2/m^3。图 2-28 所示为板翅式二次冷却器的外形图。

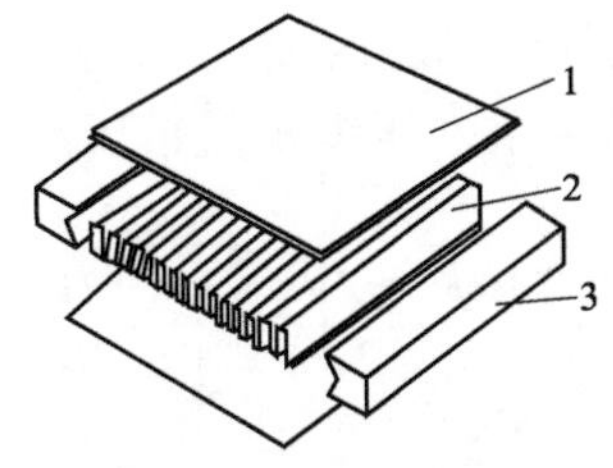

图 2-27　典型的板翅式冷却器单层结构分解图
1-隔板；2-翅片；3-封条

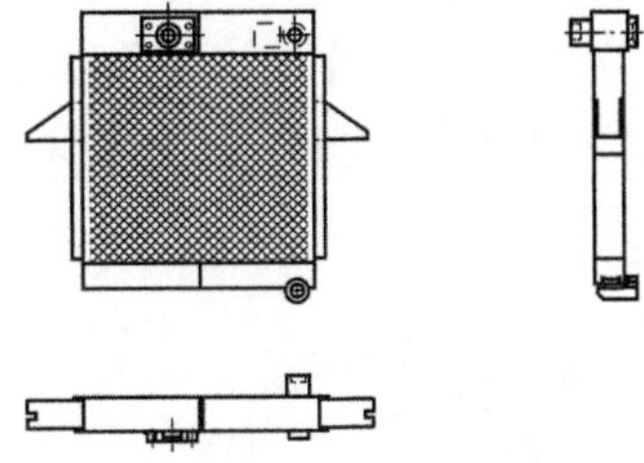

图 2-28　板翅式二次冷却器外形图

二、空气压缩机附件

1. 空气滤清器

空气滤清器的结构如图 2-29 所示。经空气滤清器过滤的无尘空气，可以降低空气压缩机组的磨损，延长其使用寿命。因此，在空气压缩机的进气口处都配有组合式空气滤清器，它可最大限度地清除尘埃。当空气从空气滤清器入口切向进入时产生旋流，它使颗粒较粗的尘土沉积在滤清器内壁上，再落入壳体后盖内，粗滤度可达 80%，从而大大延长了滤芯的寿命。沉积在壳体后盖的尘土可通过隔膜阀排出。

空气滤清器的滤芯为一干式纸质过滤器。它对空气进行精细过滤，过滤精度为：3μm 的颗粒为99.9%；1μm 的颗粒为 99%。进行维护工作时，滤芯可被卸下更换。

在空气压缩机上装有一个真空指示器，如图2-30所示。真空指示器有利于最大限度地使用安装在空气滤清器中的滤芯。真空指示器可以显示出滤芯何时需要维护，从而以这种方式避免不必要的支出。真空指示器是一种气压式工作的精密仪器，带光学显示，通常安装在压缩空气系统的进口。滤芯灰尘越多，滤芯流体阻力就越大，一个红色指示活塞将被逐渐推出，进入外壳的透明部分。当指示活塞能全部看见或箭头指向 5kPa 时，活塞的当前位置将被锁住，并在螺杆空气压缩机停机时仍保持完全可见。此时意味着应更换滤清器滤芯和倒掉后盖内尘土。重新装上空气滤清器后，按下指示器顶端的复位按钮，指示活塞复位。

图 2-29　空气滤清器的结构
1-壳体；2、3-滤芯；4-压扣；5-壳体后盖；6-隔膜阀

图 2-30　真空指示器

2. 进气阀

进气阀专门用于连续/间歇工作的空气压缩机组,空气压缩机组工作时,进气阀阀板打开,提供风源;当其停止工作时,阀板关闭,使油气筒内含油气体不能通过。与此同时,其卸压部位工作,油气筒内压力在很短时间内降到300kPa以下,以免空气压缩机组带压起动。其结构如图2-31所示。

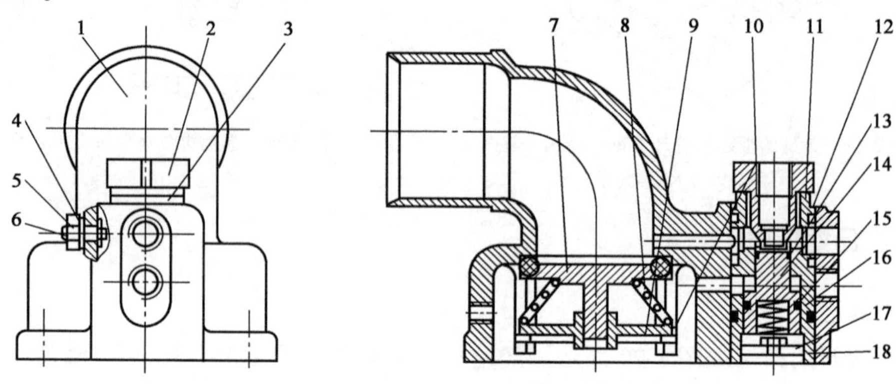

图2-31 进气阀的结构图

1-进气阀座;2-卸荷喷嘴O形圈;3-密封垫片;4-垫圈;5-螺母;6-螺钉;7-进气阀阀板;8-进气弹簧;9-进气阀阀座;10-挡圈;11-卸荷气缸;12-O形圈;13-O形圈;14-卸荷活塞;15-B形密封圈;16-卸荷弹簧;17-卸荷阀座;18-挡圈

3. 止回阀

止回阀结构如图2-32所示。它安装于只允许空气从一个方向流入且反向截止的空气管路,以避免管道内空气压力下降。当流入方向压力升高,阀锥打开,阀座V克服弹簧的作用力,使压力空气流过;当供应管A_1压力下降,弹簧使阀锥顶住阀座V,这样就截止了回流,避免了A_2端管道内空气压力下降。

4. 减压阀

减压阀的结构,如图2-33所示。其作用是调节压缩空气系统中的空气压力。

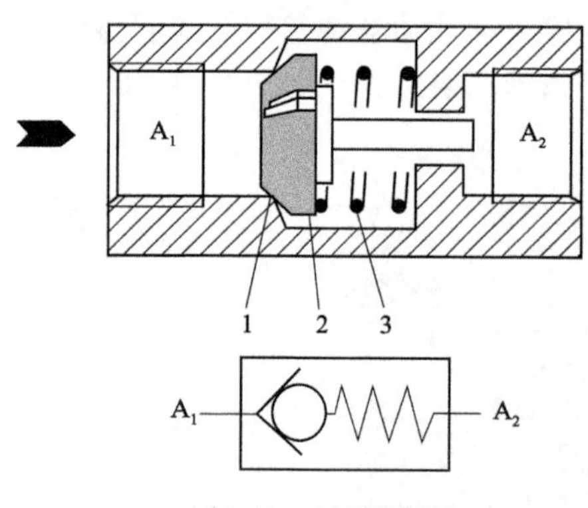

图2-32 止回阀结构

1-阀座V;2-阀锥;3-弹簧

未受控制的压力经端口P进入减压阀;压缩空气流经活塞底部。如果压力足够大,活塞会上升,排气阀也会上升,直到其靠住阀口V_1,这样端口P到端口A的通路就被切断。如果端口P的压力继续推动活塞上升,则活塞上的阀口V_2打开,多余的压力空气从端口O排出。当压力下降,弹簧把活塞往下推,通过阀杆关闭了阀口V_2。如果端口A的压力进一步下降,则阀口V_1被打开,使更多的压力空气从端口P流入。这一过程会一直持续下去,保证了端口A的压力恒定。

5. 安全阀

安全阀的结构,如图2-34所示。安全阀是空气制动系统中保证空气压力不至于过高的重要部件。阀杆(2)通过压缩弹簧(3)加载,闭合阀体(1)的阀座(V)。弹簧(3)的压缩力通过调节螺栓(4)设定。铅封(6)封闭了阀内侧的入口。只要工作压力在正常范围内，阀座（V）就闭合，在超过安全压力时，阀杆（2）会克服压缩弹簧（3）的弹力向上升起，超出的压力通过排放口（B）排出；当压力降至安全范围内时，阀座（V）就关闭。

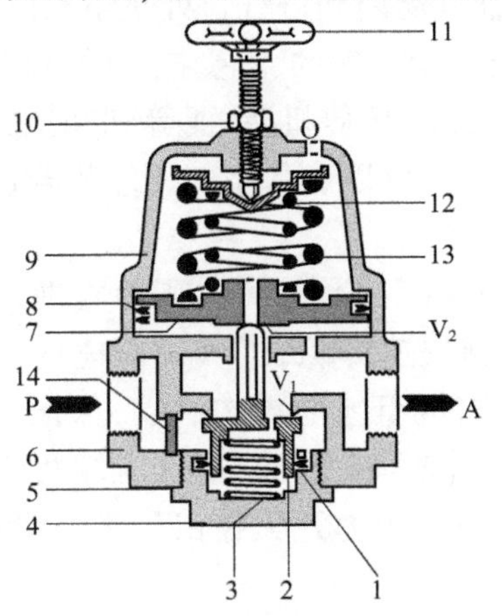

图2-33　减压阀的结构

1、5、8-密封圈；2-排气阀；3-弹簧；4-阀盖顶；6-进气口；7-活塞；9-阀体；10-锁紧螺母；11-调节螺栓；12-调整弹簧；13-大弹簧；14-过滤网；V_1、V_2-阀口

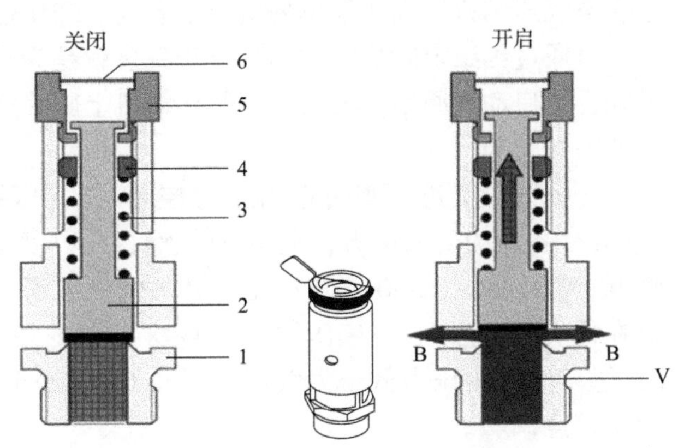

图2-34　SV10型安全阀的结构

1-阀体；2-阀杆；3-压缩弹簧；4-调节螺栓；5-排放螺栓；6-铅封；B-排气装置；V-阀座

6. 温度开关

温度开关，如图2-35所示。在失油、油量不足、冷却不良等情况下，均可能导致排气温度过高。当排气温度达到温度开关设定温度值时，则温度开关断开而停机、检查温度开关时，拔下温度开关上的电线护套，用电阻表测量温度开关两接线柱间的电阻，在温度没有达到断开时该电阻应为0。

7. 温控阀

温控阀（图2-36）装在油冷却器前。它维持排气温度在压力露点温度以上，避免空气中的水汽在油气筒内凝结而乳化润滑油。刚开机时，润滑油温度低。此时温控阀自动开启通往机体的油路，油不经过油冷却器而进入机体。若油温升高到83℃以上，温控阀被逐渐打开至油冷却器的通路，至98℃时全开，此时油会全部经过油冷却器再进入机体内。

图2-35　温度开关

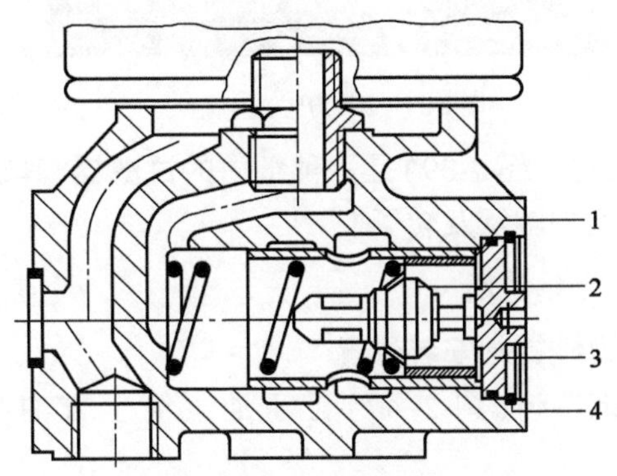

图2-36　温控阀截面图

1-温控阀芯；2-O形圈；3-温控阀盖；4-卡环

8. 压力开关

压力开关,如图 2-37 所示。每当空气压缩机停机后,油气筒内和进气口处是空载的,于是下次空气压缩机可以在很小的负荷下启动。卸压过程不是一个突变的、不受控制的过程,而是一个可通过细致定时加以控制的过程。这就是为什么空气压缩机停机后,要等到卸压完成后才能再次启动的原因。安装在空气压缩机上膜片式压力开关,可以确保空气压缩机再次小于 300kPa 下启动。

压力开关受进气阀阀座内压力控制,空气压缩机组停机后,油气筒内压力立即传至进气阀座内,压力开关断开。随着油气筒内的压力被卸荷阀快速卸除,进气阀阀座内压力也降低,当压力小于 300kPa 时,压力开关恢复接通,此时压缩机组才能再次启动,保证了电动机在低负载下启动,空气压缩机组再次启动的最长时间间隔 14s ± 1s。空气压缩机组运行时,进气阀腔内压力低于大气压力,压力开关处于接通状态。压力开关在出厂前已设定好,请勿随意调整。

9. 油细分离器及油过滤器

油细分离器滤芯(图 2-38),是用多层细密玻璃纤维制成,压缩空气中所含雾状油气经过油细分离器几乎可被完全滤去,排气含油量则可低于 0.0005%。油细分离器出口装有压力维持阀,压缩空气由压力维持阀引出,通至冷却器。油细分离器滤下的油集中于其中央的小圆槽内,再由一回油管回流至机体进口侧,可避免已被过滤的润滑油再次随空气排出。

图 2-37　压力开关

图 2-38　油细分离器(滤芯)

油过滤器(图 2-39)是一种纸质的过滤器,其功能为除去油中杂质(如金属微粒、油的劣化物等),以保护轴承及转子。

10. 压力维持阀

1)压力维持阀安装位置

压力维持阀(图 2-40)位于油气筒上方油细分离器出口处,开启压力设定于 600kPa ± 50kPa。

2)压力维持阀的功能

(1)润滑油循环压力。启动时,优先建立起润滑油的循环压力,确保机器的润滑。压力超过600kPa±50kPa后开启,可降低流过油细分离器的空气流速。除确保分离效果之外,还可保护油细分离器避免因压差太大而受损。

图2-39　油过滤器

图2-40　压力维持阀

(2)止回。当停机后油气筒内压力下降时,防止主风缸内压缩空气回流。

11. 泄油阀

泄油阀,如图2-41所示。开机运转5~10min后,使油温上升,以方便排放润滑油,然后关机。待油气筒内压力降到大气压时,拧下泄油阀阀帽,旋上泄油管以顶开泄油阀。

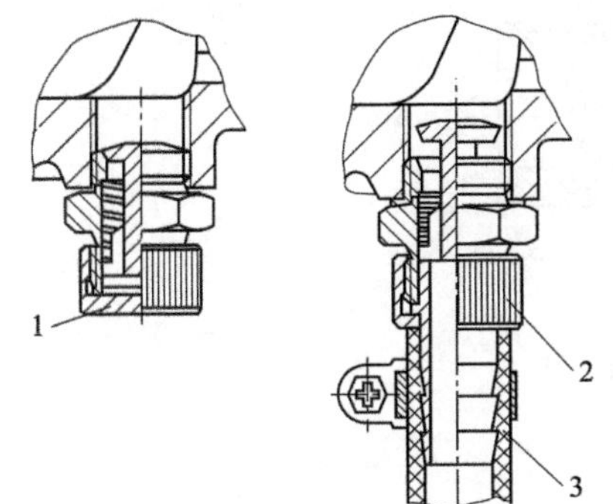

图2-41　泄油阀
1-泄油阀;2-泄油阀阀帽;3-泄油管

泄油时应注意必须将系统内所有润滑油泄净,如管路、冷却器、油气筒等。润滑油泄净后,拧下泄油管,旋上泄油阀阀帽,打开加油口盖,加入沉淀澄清后的清洁油。

加入新油,拧紧泄油阀符合密封要求,准备投入使用。

单元2.4　制动管路附件和制动管路布置

一、制动管路附件

1. 截断塞门

截断塞门安装在空气制动机的制动管上,通过手柄移动到相关位置来控制空气管路的开启或关闭;当手柄与管路平行时为开启状态;当手柄与管路垂直时为关闭状态。它主要用于空气管路的局部故障隔离,两端用内螺纹或者外螺纹进行连接(使用内螺纹的较多),主要有锥芯式和球芯式两种类型。

城市轨道交通车辆上使用的都是球芯式截断塞门,其结构如图2-42所示。有的截断塞门还带有排气口。带排气口的球芯式截断塞门如图2-43所示。在城市轨道交通车辆上空气管路中塞门的安装如图2-44所示。

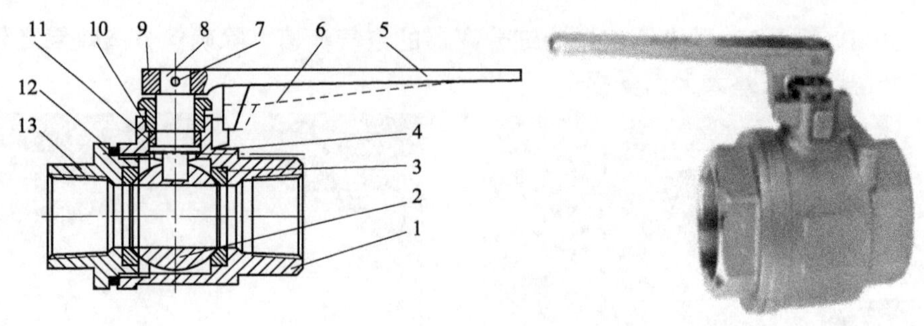

图 2-42　球芯式截断塞门的结构

1-阀体;2-球;3-球密封圈;4-密封垫片;5-手柄;6-锁位板;7-铆钉;8-阀杆;9-压紧螺套;10-阀杆上密封垫;11-阀杆下密封垫;12-接头密封垫;13-接头

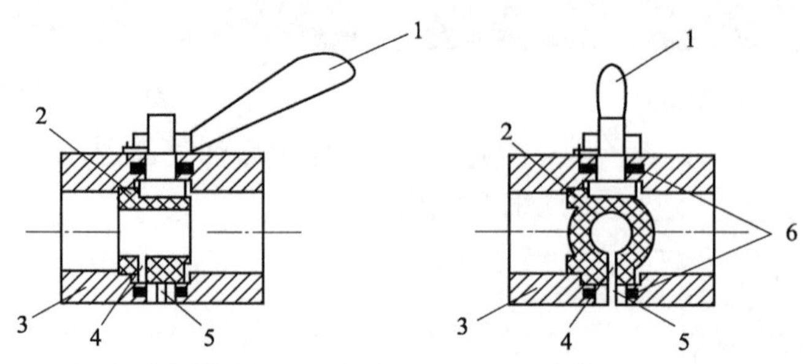

图 2-43　带排气口的球芯式截断塞门

1-手柄;2-密封圈;3-壳体;4-排气口 1;5-排气口 2;6-O 形环

2. 压力表

1)用途

压力表,又叫风表。它显示制动管道内的压缩空气压力。

2)安装位置与构造

图 2-44　空气管路中塞门的安装

压力表安装在头车的驾驶室内,其构造如图 2-45 所示。压力表与支管间装一个小塞门,以便修换压力表时可切断空气通路。压力表内部为一条圆弧形的扁铜管,一端和制动支管连接,另一端扁管尖端连接连杆、杠杆和扇形齿轮;表中央部分安装一个小齿轮,和扇形齿轮啮合,小齿轮中央有固定轴,轴上安装压力表指针,小齿轮轴上安有一卷弹簧(游丝),故当管内失去风压后,指针依其弹力作用也可恢复原位,指针和小齿轮间设有一块带有刻度和字码的表盘。

二、风缸

风缸是用于储存压缩空气的,用钢板制成,具有很高的耐压性,是一种高压容器,其容积较大。带安全阀的主风缸如图 2-46 所示。

地铁车辆有各种风缸,如上海地铁 1 号线列车每节车上有 4 个风缸:一个 250L 总风缸,一个100L空气悬挂系统风缸，一个50L制动风缸以及一个50L气动车门风缸。此外，带有空气干燥塔的C车增加一个再生风缸。

上海地铁交流制列车每节车上有5个风缸：一个100L主风缸、一个100L副风缸、一个60L气动车门风缸以及两个空气悬挂系统风缸。此外，带受电弓的B车还增加一个5L小风缸，用于紧急情况下的升弓操作。

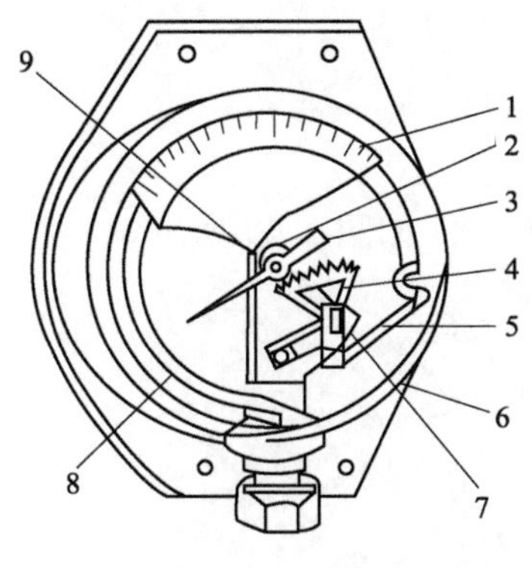

图2-45　压力表

1-刻度盘；2-小齿轮；3-指针；4-扇形齿轮；5-连杆；6-压力表框；7-杠杆；8-扁铜管；9-弹簧

图2-46　带安全阀的主风缸

三、车下制动设备及管路布置

城市轨道交通车辆车下制动设备及管路的布置情况，如下所述。

（1）城市轨道交通车辆车下制动设备均布置于枕内一端两侧。制动设备（除M1/M4车含风源系统）及设备布置位置各车型相同，如图2-47所示（M1/M4车风源装置布置于枕内一端一位侧）。

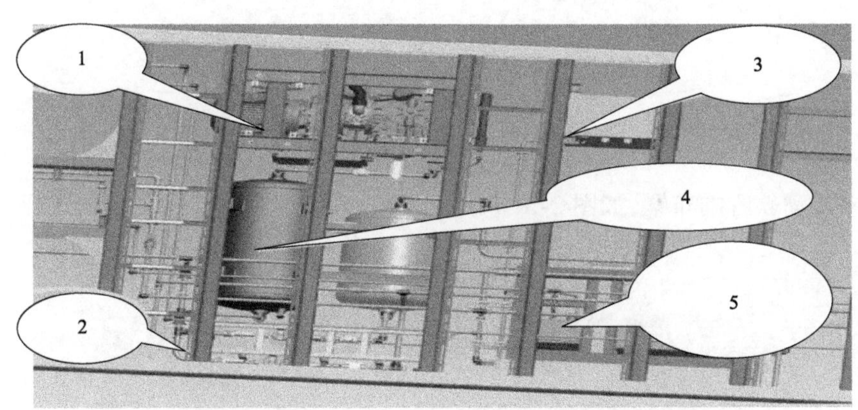

图2-47　供风装置车下布置图

1-空压机干燥器；2-制动阀件组成；3-空压机启动装置；4-风缸管路组成；5-制动及停放控制单元管路组成

（2）管路，如图2-48所示。纵向管路布置在横梁开孔之内；横向管路与纵向管路高低交错安装；制动管路接口避开设备上部设置管接件。

图 2-48　管路布置图

(3)单车制动缓解塞门安装于二位侧中间六人座椅下部,如图 2-49 所示。

图 2-50　缓解塞门安装位置

(4)制动软管的布置,如图 2-50 所示。

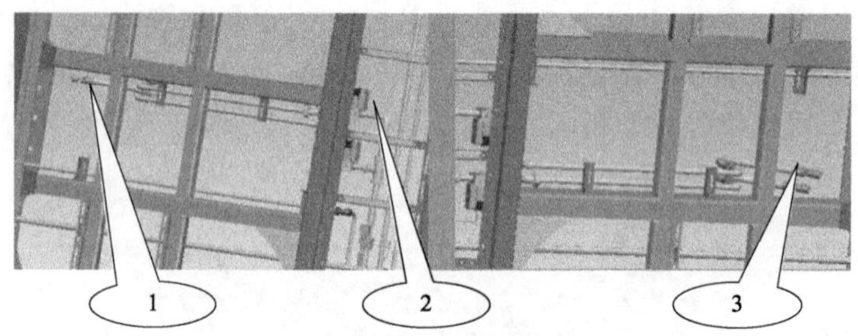

图 2-50　制动软管的安装位置

1-一位端制动软管;2-防滑阀;3-二位端制动软管

(5)停放制动软管的布置,如图 2-51 所示。

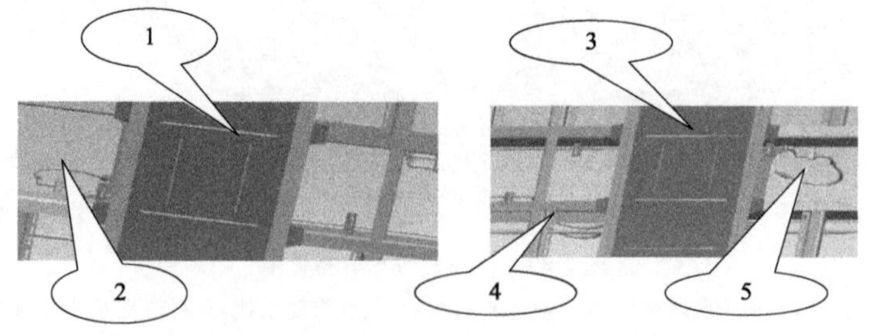

图 2-51　停放制动软管的安装位置

1-一位枕梁;2-一位端二位侧制动软管;3-二位枕梁;4-二位端二位侧制动软管;5-二位端一位侧停放制动软管

(6)总风软管的布置,如图 2-52 所示。

图 2-52 总风软管的布置

单元 2.5 气路传动原理说明

一、列车组成介绍(以四方厂生产的地铁列车为例)

列车编组由 6 节车辆组成,如图 2-53 所示。制动系统采用克诺尔公司的 EP2002 制动系统,控制理念是基于分布式的单个转向架控制。

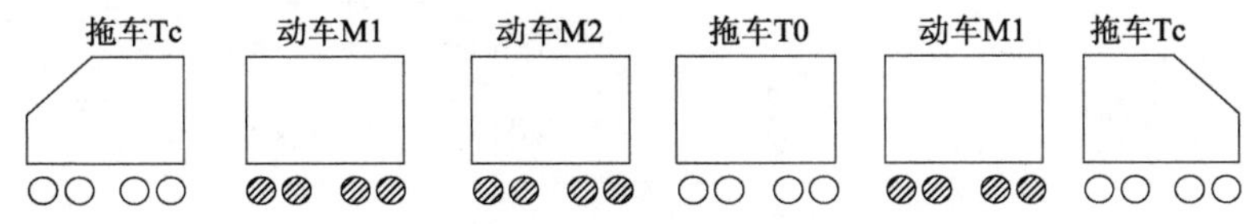

图 2-53 列车编组示意图

二、系统组成

制动管路系统包括下列设备:

风源装置(A 组)、制动控制装置[包括微机控制防滑装置(B/G 组)、基础制动装置(C 组)]、空气簧供风装置(L 组)、汽笛装置(P 组)、其他用风操作装置(U 组)、联挂装置(W 组)等。Tc 车制动系统原理如图 2-54 所示。M1 车制动系统原理如图 2-55 所示。

1. 风源装置(A 组)

风源模块(ASU)主要有空压机(活塞式压缩机、中间冷却器、后冷装置、弹性安装)、空气干燥器。

空压机通过一个空气过滤器吸入空气。之后空气在空压机的第一阶段被压缩,然后经过一个中间冷却器在第二阶段被压缩。随后,压缩空气通过附加的后冷却器,经过压力软管、安全阀(12.0bar)进入到一个双塔式空气干燥装置。经过干燥后的压缩空气通过安全阀(A02)被送入总风缸(A03)。如图 2-56 所示。

安全阀(A02)将保护系统避免出现过高的压力,总风缸的空气压力由驾驶室的压力表(B18)监视。

空压机组受 Tc 车上的网关阀(B06)控制。

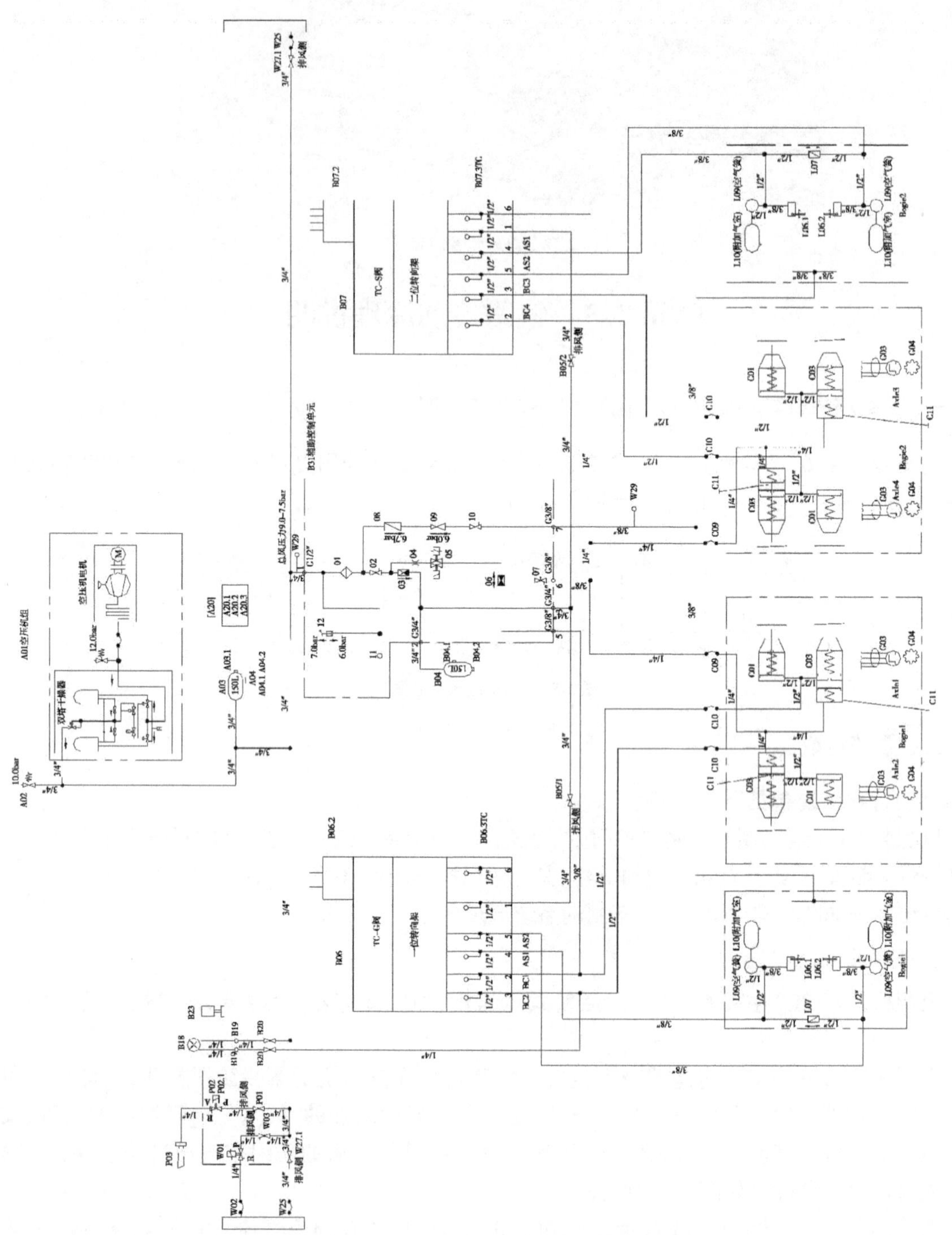

图 2-54 Tc 车制动系统原理

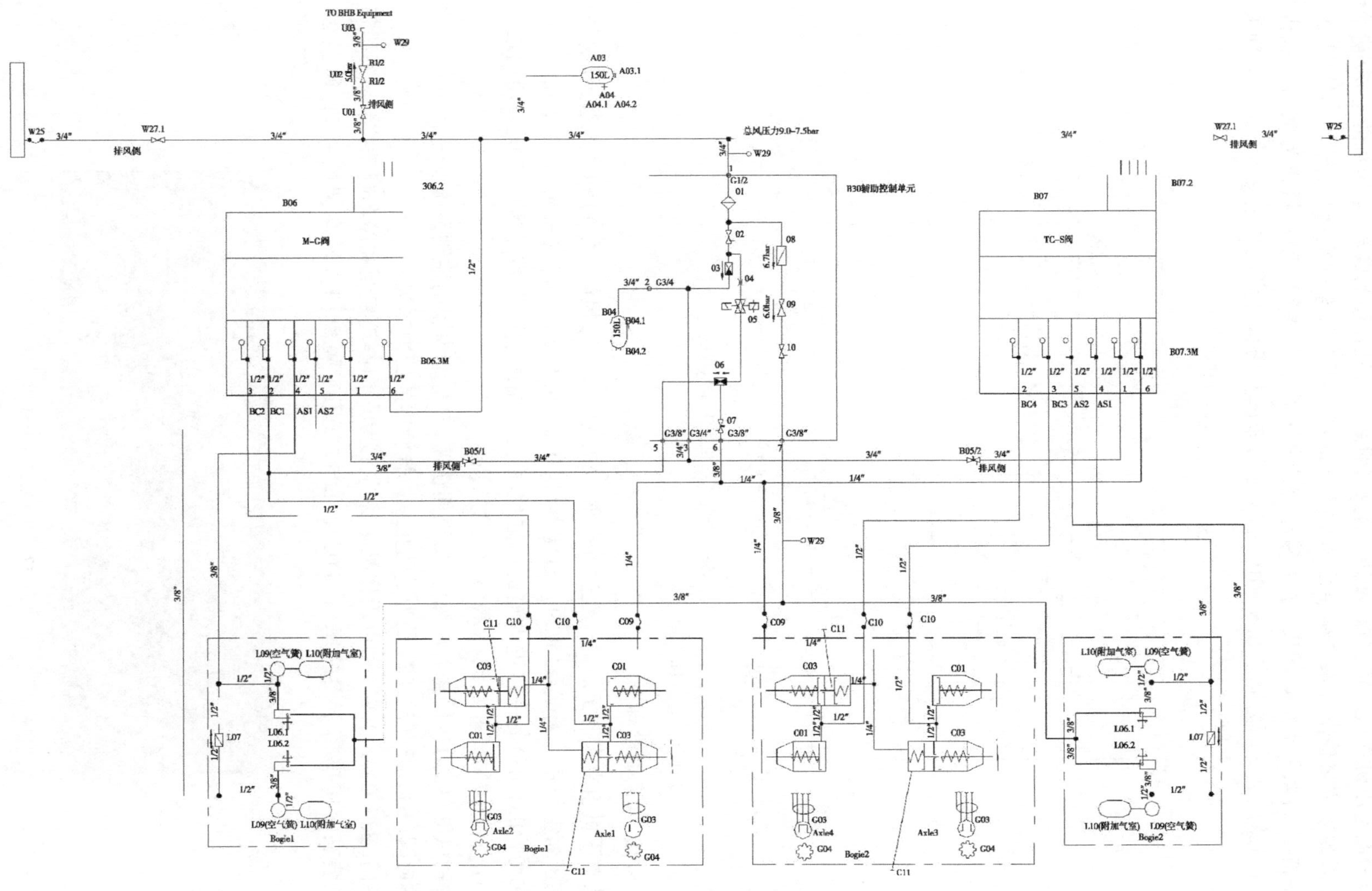

图 2-55 M1 车制动系统原理

为确保空压机最低运转要求,使用了主要/辅助空压机管理的概念,空压机的主要/辅助作用以每天为单位交替作用来平衡空压机的工作时间。当1号车的空压机作为主空压机运行时,总风缸压力低于7.5×10^5Pa时,1号车空压机开启。6号车的空压机作为辅助空压机待命,只有当总风缸的压力低于6.8×10^5Pa时,6号车的空压机开启以补充总风缸压力的损失。

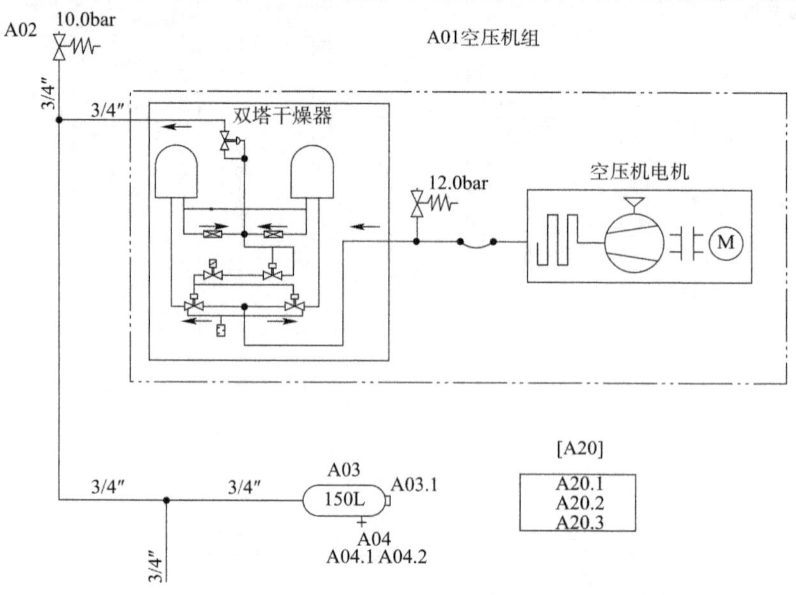

图2-56　空气压缩机组工作示意图

注:1bar = 0.1MPa。

2.常用/紧急制动部分

从空压机组出来的压缩空气经过安全阀(A02)后进入总风缸(A03)和总风管,从总风管出来的压缩空气经过测试点(W29)、过滤器(B30.01/B31.01)、塞门(B30.02/B31.02)、单向阀(B30.03/B31.03)后一路进入辅助风缸(B04),一路通过两个带排风的带电塞门(B05/1,B05/2)给制动控制装置G阀/S阀(B06/B07)供风。

制动风缸(B04)内储藏有压缩空气,以便快速、安全地为制动控制系统供气。

单向阀(B30.03/B31.03)是为了防止总风缸管内的压力损失。

塞门(B30.02/B31.02)可以用作维修目的,以切断向制动控制和停车制动控制装置供风。

安装在客室座椅下面的塞门(B05/1,B05/2)用于隔离相应转向架的制动,如图2-57所示。

图2-57　隔离塞门(B05/1,B05/2)

每组 T－M 车上都有通过 CAN 总线连接的两个网关阀、两个智能阀组成一个分布式的制动控制网络。每个网关阀为 TMS 系统提供接口，通过 TMS 系统接受列车制动指令和电制动信息（万一 TMS 不工作，网关阀还接受列车应急模式线以进行相应的制动），并对制动指令值进行计算和传输、接收和处理，并最终经过制动控制装置 G 阀/S 阀的 2 口、3 口给基础制动装置（C01/C03）的制动缸充风，通过踏面制动单元产生相应等级的制动力。

3. 停放制动部分

从截断塞门（B30.02/B31.02）过来的压缩空气分支经过缩堵（B30.04/B31.04）、脉冲电磁阀（B30.05/B31.05）、双向阀（B30.06/B31.06）、带电塞门（B30.07/B31.07）、软管（C09）给停放制动缸供风。

通过制动控制装置 S 阀（B07）的 6 口，停放制动缸的压力受其内部压力传感器的监视。制动控制装置 G 阀（B06）的 2 口出来的压缩空气与从脉冲电磁阀（B30.05/B31.05）过来的压缩空气在双向阀处交汇，两者数值大的一路压缩空气流经双向阀（B30.06/B31.06）、带电塞门（B30.07/B31.07）、软管（C09）给停放制动缸供风。

双向阀的作用就是为了避免常用/紧急空气制动和弹簧停放制动力混合叠加。

踏面制动装置（C03）中弹簧驱动的部分是停放制动执行器，并配备有手动缓解装置（C11）。如果没有空气供给，通过该装置可以手动缓解停放制动。该机械缓解装置位于转向架的构架上方。当第一次实施空气制动时，该机械缓解装置被自动复位。Tc 车踏面制动装置 C 组气路原理，如图 2-58 所示。

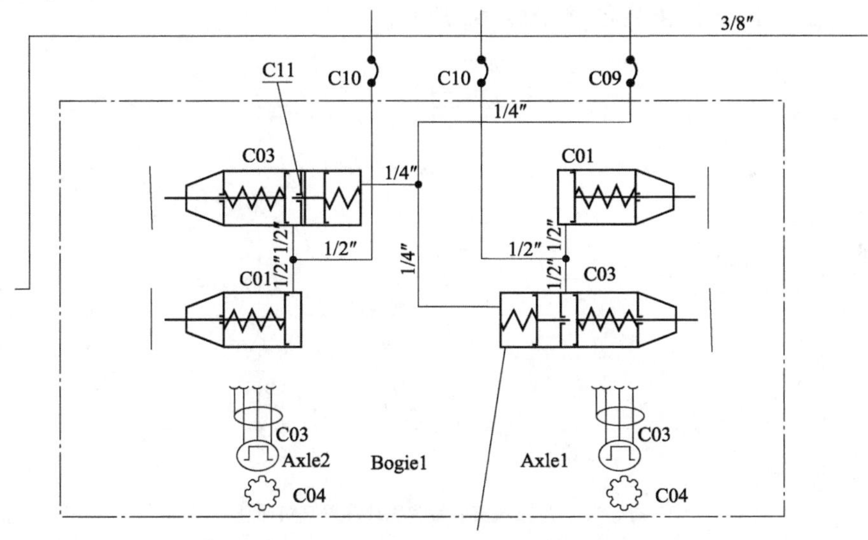

图 2-58　Tc 车踏面制动装置 C 组气路原理图

4. 空气簧供风装置（L 组）

总风缸管的压力通过过滤器（B30.01/B31.01）、溢流阀（B30.08/B31.08）、减压阀（B30.09/B31.09）、截断塞门（B30.10/B31.10）、高度阀（L06.1/L06.2）输送至空簧。高度阀（L06.1 和 L06.2）用于调整转向架和车体之间的高度，使其保持在一限定范围内。过流阀（L07）是为了平衡每个转向架上两个空气弹簧的压力，阻止两个空气弹簧之间产生大于 1.0×10^5Pa 的压力差，避免车体过度倾斜。Tc 车空气弹簧设备 L 组气路原理,如图 2-59 所示。

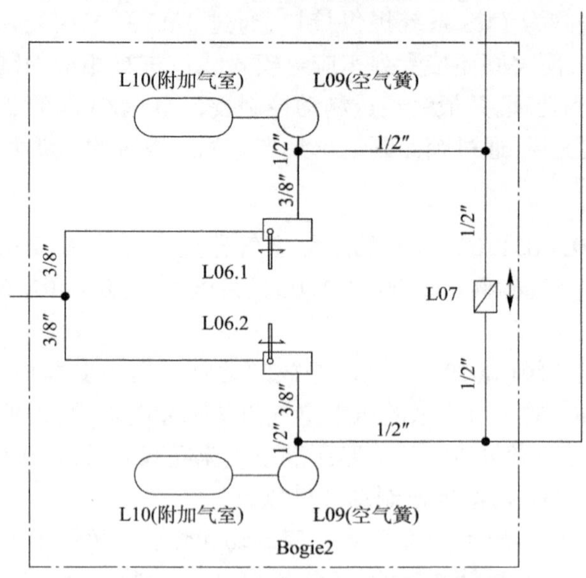

图 2-59 Tc 车空气弹簧设备 L 组气路原理图

5. 汽笛装置(P 组)

总风管的压力空气经过截断塞门(P01),电磁阀(P02)送至风笛(P03)。P 组设备只安装在拖车(Tc 车)上。Tc 车汽笛装置,如图 2-60 所示。

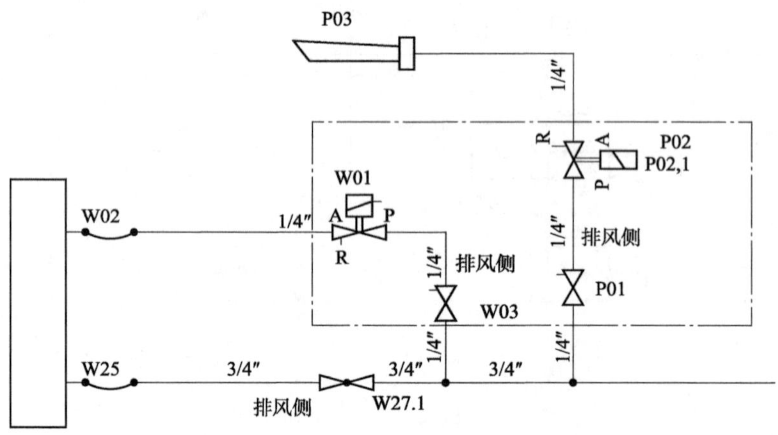

图 2-60 Tc 车汽笛装置和联挂装置气路原理

6. 其他用风操作装置(U 组)

总风管的压力空气经过截断塞门(U01)、减压阀(U02)送至 BHB 装置。此供风装置只在 M1 车上有。

7. 联挂装置(W 组)

来自风源装置的压缩空气被输送到总风管(MRE 管)。该管通过截断塞门(W27.1 和 W27.2)和软管(W25)与邻车相连接。一旦列车的某个空压机不工作,就可从相邻的车辆对风缸进行充气。Tc 车联挂装置气路原理,如图 2-60 所示。

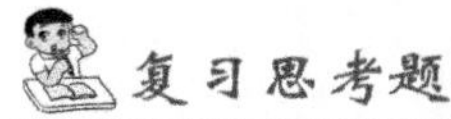

1. 城市轨道交通车辆上有哪些用风设备?
2. 城市轨道交通车辆供气系统有何特点?主要包括哪些部分?各部分的作用是什么?
3. 活塞式空气压缩机由哪几部分组成?其作用原理是什么?
4. 简述螺杆式空气压缩机组的工作原理。
5. 与活塞式空气压缩机比较,螺杆式空气压缩机有何优缺点?
6. 螺杆式空气压缩机的润滑油有什么作用?
7. 空气干燥器有何作用?它由哪几部分组成?
8. 简述单塔式空气干燥器的工作原理。
9. 简述双塔式空气干燥器的工作原理。
10. 说明膜式干燥器的干燥过程。
11. 简述调压阀的工作原理。
12. 球芯式截断塞门由哪些配件组成?
13. 试述扁铜管式压力表的结构组成。
14. 简述城市轨道交通车辆气路系统各组成部分的功用。

单元3　基础制动装置

教学目标

(1)掌握闸瓦制动和盘形制动装置的结构、作用原理；
(2)掌握单元制动器的结构、组成和工作原理。

建议学时

12学时

单元3.1　闸瓦及踏面制动单元

空气制动系统中的制动执行装置，通常被称为基础制动装置。所有空气制动力均是通过基础制动装置产生的，根据制动方式的不同，基础制动装置主要有闸瓦制动和盘形制动装置两种形式。基础制动装置的用途是把作用在制动缸活塞上的压缩空气的推力，或是人力制动机所产生的拉力，扩大适当倍数后，再平均传到闸瓦或闸片上，使闸瓦压紧车轮或使闸片压紧制动盘，从而达到制动的目的。

一、闸瓦

车辆上使用的闸瓦可分为：铸铁闸瓦、合成闸瓦、粉末冶金闸瓦3种。

在铸铁闸瓦中又可分为中磷铸铁闸瓦和高磷铸铁闸瓦。在合成闸瓦中，按其基本成分，可分为合成树脂闸瓦和石棉橡胶闸瓦；按其摩擦系数高低，又可分为高摩擦系数合成闸瓦和低摩擦系数合成闸瓦(简称高摩合成闸瓦和低摩合成闸瓦)。粉末冶金闸瓦根据制动摩擦性能要求不同可分为3类：低摩擦系数闸瓦(L_1型或L_2型)、标准摩擦系数闸瓦(M型闸瓦)和高摩擦系数闸瓦(H型闸瓦)。

1.铸铁闸瓦

中磷铸铁闸瓦的含磷量为0.7%～1.0%，高磷铸铁闸瓦的含磷量为10%以上。高磷铸铁闸瓦的耐磨性比中磷铸铁闸瓦高一倍左右，故高磷闸瓦的使用寿命比中磷闸瓦长，约为中磷闸瓦的2.5倍以上。高磷闸瓦还有一个优点，就是制动时火花少。铸铁闸瓦的摩擦系数随含磷量的提高而增大，故高磷闸瓦的摩擦系数大于中磷闸瓦。但含磷量过高，将增加闸瓦的脆性，故高磷铸铁闸瓦需采用钢背补强结构，以解决脆裂问题。

中磷闸瓦和高磷闸瓦的基本形式如图3-1所示。闸瓦厚度原型为40mm，但为增加有效磨耗量，延长其使用寿命，后改为50mm，但有一部分车辆安装50mm厚度的闸瓦比较困难，故仍使用40mm厚度的闸瓦，闸瓦内圆弧半径为440mm。

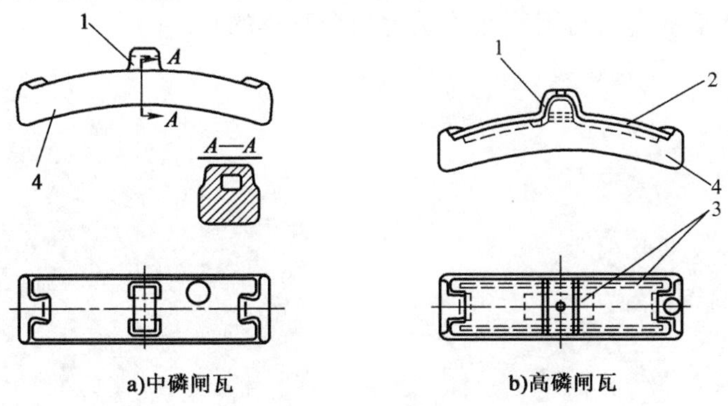

图3-1　铸铁闸瓦

1-瓦鼻；2-钢背；3-加强筋；4-瓦体

2.合成闸瓦

合成闸瓦是由树脂（包括活性树脂）或橡胶、石棉、石墨、铁粉、硫酸钡等材料，以一定的比例混合后热压而成的闸瓦。

1）合成闸瓦的优点

合成闸瓦有以下优点：摩擦性能可按需要进行调整；耐磨性好，使用寿命长；节约铸铁材料；对车轮踏面的磨耗小，可延长车轮的使用寿命；质量轻，一般只为铸铁闸瓦的1/2～1/3，故可减轻车辆自重及便于更换闸瓦工作，减轻检修人员的劳动强度；可避免磨耗铁粉的污损及因制动喷火星而引起的火灾事故；摩擦系数比较平稳及能保证有足够的制动力。

2）合成闸瓦的结构

合成闸瓦本身强度较小，因而在其背面压装一块钢板（钢背），闸瓦的厚度为45mm。合成闸瓦由钢背和摩擦体两部分组成，如图3-2所示。其实物如图3-3所示。

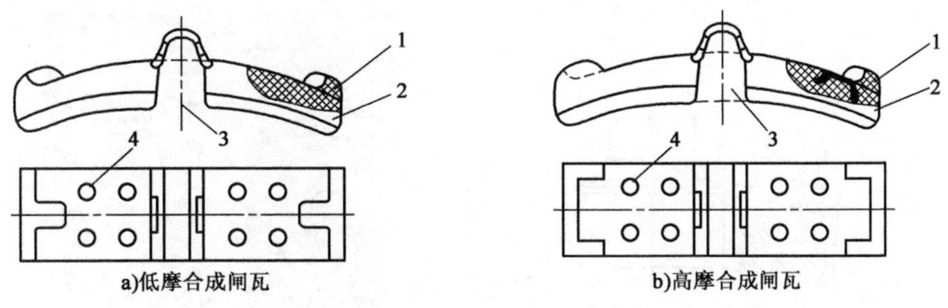

图3-2　合成闸瓦

1-钢背；2-摩擦体；3-散热槽；4-冲孔

钢背内侧开有槽或孔，以提高摩擦体与钢背的结合强度。低摩擦系数合成闸瓦钢背两端的中间部分制成凸起的挡块，两侧低平，以便与闸瓦托的四个爪相结合。钢背外侧中部，装有用钢板焊制成的闸瓦鼻子，其外形与中磷铸铁闸瓦相同，并可互换使用；而高摩擦系数合成闸瓦则因与低摩擦系数合成闸瓦、中磷铸铁闸瓦的摩擦系数相差太大，不能互换使用。为防止混淆,将高摩擦系数合成闸瓦钢背两端的中间部制成低平,两侧凸起,正与低摩擦系数合成闸瓦相反。钢背内侧还焊有加强筋,以增加钢背的刚度。为了增加闸瓦的散热面积和避免闸瓦裂损、脱落,合成闸瓦摩擦体的中部压制成一条或两条散热槽。合成闸瓦是将合成材料按规定的比例混合均匀后,置于钢模内与钢背热压成为一个整体的。

a)

b)

图 3-3 合成闸瓦实物图

3. 粉末冶金闸瓦

目前城市轨道交通车辆中大多采用合成闸瓦,但合成闸瓦的导热性较差,因此目前也有采用导热性能良好,且具有较好的摩擦性能的粉末冶金闸瓦。

1)粉末冶金闸瓦的构成

粉末冶金闸瓦由瓦背和摩擦体组成,如图 3-4 所示。其实物如图 3-5所示。瓦背采用机械性能不低于 Q235-A 的冷轧钢板制造。瓦背取材的长度方向应与钢板的轧制方向一致。钢板技术条件应符合《碳素结构钢》(GB/T 700—2006)的规定。摩擦体以金属或其合金为基体,加入摩擦、减摩或起某些特殊作用的其他金属、非金属组分,用粉末冶金技术制成。

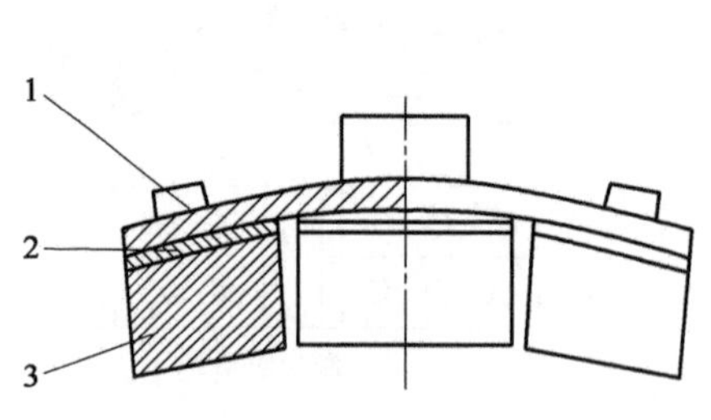

图 3-4 粉末冶金闸瓦的构成

1-瓦背;2-钢背;3-摩擦体

图 3-5 粉末冶金闸瓦实物图

2)外观要求及使用性能

外观要求:闸瓦瓦背不得存在裂纹,并应进行防锈处理;闸瓦瓦背外弧面和检验样板之间的局部间隙不大于 1.5mm；闸瓦摩擦体不得存在裂纹、分层、疏松等粉末冶金烧结缺陷；闸瓦厚度大的一侧垂直于摩擦面的方向，涂一道约 10mm 宽的白漆标记；摩擦体除白漆标记外，其余部分不得涂漆。

使用性能：闸瓦使用限度（包括瓦背和摩擦体在内）任何一处的剩余厚度不小于 14mm；闸瓦在使用限度内，摩擦体不应产生片状或块状脱落，摩擦体脱落面积大于摩擦面积的 20% 时禁用；闸瓦不得使车轮踏面产生局部过度磨耗、沟状磨耗和犁痕式磨耗，不得使踏面产生热损伤，不得因闸瓦原因造成摩擦体和车轮之间发生材料转移。

3）FJW-2 粉末冶金闸瓦

制动单元使用 FJW-2 粉末冶金闸瓦，闸瓦托上有上、下两块闸瓦，每块闸瓦各用一个闸瓦钎子穿于闸瓦托上。每个闸瓦钎子一端设有销孔，用穿销插入该孔，穿销外侧用开口销锁定，使闸瓦固定。

更换闸瓦时，首先做好安全措施，安放好止轮器，挂上禁动牌。弹簧停车装置置于缓解位，单阀制动，将不换闸瓦侧转向架的制动缸塞门关闭，单阀缓解。用专用内六角扳手拧动闸瓦托复位装置，闸瓦托就会快速后退，使闸瓦间隙增大，将闸瓦托上的上下开口销及穿销取下，拆下闸瓦。换上新闸瓦，上侧闸瓦钎子从上向下穿，下侧闸瓦钎子从下向上穿，然后将上、下闸瓦托穿销穿好锁定，再拧动复位装置，保证新闸瓦与车轮踏面间隙不小于 8mm，然后将单阀制动缓解多次，闸瓦间隙将自动调整到额定值，再开放制动缸塞门。

4）粉末冶金闸瓦在更换时的注意事项

上下闸瓦钎子一定要插入闸瓦托及闸瓦孔内；闸瓦托上的穿销一定要插入闸瓦钎子的销孔内，外侧开口销子锁好；更换闸瓦后，调整复位装置，保证新闸瓦与车轮踏面间隙不小于 6～8mm。

二、PC7Y 型及 PC7YF 型踏面单元制动器

克诺尔公司生产的踏面制动器有两种形式：一种是不带弹簧停放制动的 PC7Y 型制动器（图 3-6）；另一种是带弹簧停放制动的 PC7YF 型踏面单元制动器（图 3-7）。

1. PC7Y 型及 PC7YF 型踏面单元制动器的特点

（1）PC7YF 型有弹簧停车制动及手动辅助缓解装置；

（2）有闸瓦间隙调整器；

（3）制动传动效率高，均在 95% 左右；

（4）占用空间小，安装简单；

（5）性能稳定，作用可靠，维修方便。

2. 单元制动器的组成

（1）PC7Y 型踏面单元制动器不带停放制动器，主要由制动缸体、传动杠杆、缓解弹簧、制动缸活塞、扭簧、闸瓦、闸瓦间隙调整器、闸瓦托、闸瓦托吊、闸瓦托复位弹簧和手动杠杆及其安装枢轴等组成。

（2）PC7YF 型踏面单元制动器是在 PC7Y 型的基础上增加了一个用于停车制动的弹簧制动器，它包括停车缓解风缸、缓解活塞、活塞杆、螺纹套筒、停放制动弹簧、缓解拉簧、停放制动杠杆等。

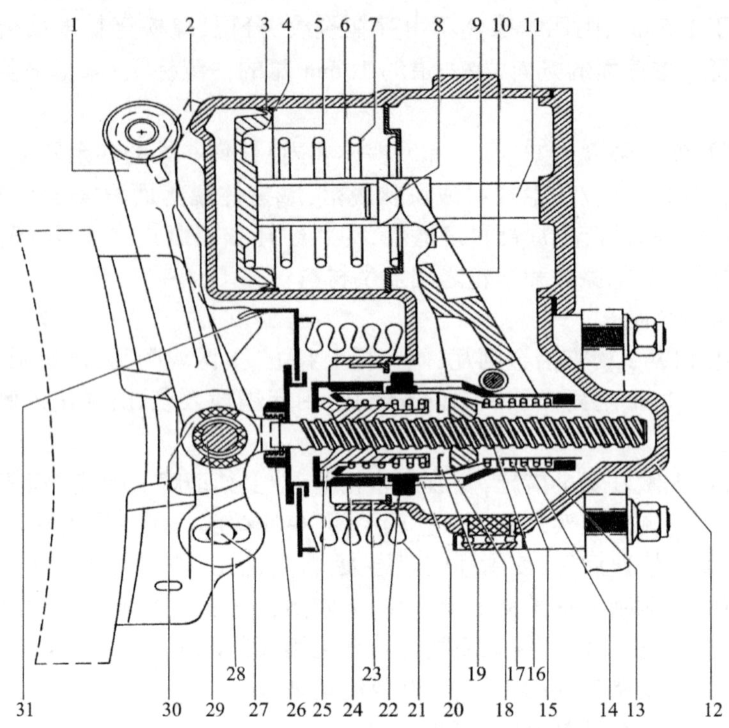

图 3-6 PC7Y 型踏面单元制动器(不带停车制动器)

1-吊杆;2-扭簧;3-活塞涨圈;4-滑动环;5-活塞;6-活塞杆;7-缓解弹簧;8-止推片;9-凸头;10-制动杠杆;11-导向杆;12-外体;13-闸调器外壳;14-压紧弹簧;15-离合器套;16-主轴;17-滤尘器;18-调整螺母;19-轴承;20-轴承;21-波纹管;22-引导螺母;23-止环;24-调整弹簧;25-止推螺母;26-回程螺母;27-摩擦联轴器;28-闸瓦托;29-销;30-主轴鼻子;31-波纹管安装座。

3. 单元制动器的工作原理

当列车制动时,制动缸充气,在压力空气的作用下,制动缸活塞压缩缓解弹簧右移,活塞杆推动制动杠杆,而制动杠杆的另一端则带动闸瓦间隙调整器向车轮方向推动闸瓦托及闸瓦,使闸瓦紧贴车轮。

缓解时,制动缸排气,这时闸瓦及闸瓦托上所受到的推力被撤除,在制动缸缓解弹簧及闸瓦托吊杆上端头的扭簧的反弹力作用下,闸瓦及活塞等机构复位。

4. 闸瓦间隙调整器的工作原理

闸瓦间隙自动调整器简称闸调器,用于自动调整闸瓦与车轮踏面之间的间隙,使之保持在规定的范围之内,一般为 6 ~ 10mm。其工作过程如下。

1)闸瓦和车轮踏面无磨耗时的制动过程(图 3-8)

闸瓦和车轮踏面无磨耗时的制动行程 H_0是指调整衬套碰到调整环靠近推杆头一端的凸环,且进给螺母和调整衬套的啮合锥面 Z_1(以下简称 Z_1锥面)刚好脱开时的制动行程。当施行车辆制动时,压缩空气进入制动缸,推动制动缸活塞及活塞杆,将整个闸瓦间隙调整器及其所有零部件向车轮踏面方向移动,直到调整衬套碰到调整环止。调整环的凸环可防止调整衬套进一步向制动方向移动,此时 Z_1锥面刚好脱开。压缩弹簧的作用力,使调整衬套作用于调整环,由于压缩弹簧的作用,Z_1锥面再一次啮合。当 Z_1锥面刚好完全脱开时,无磨耗时的制动

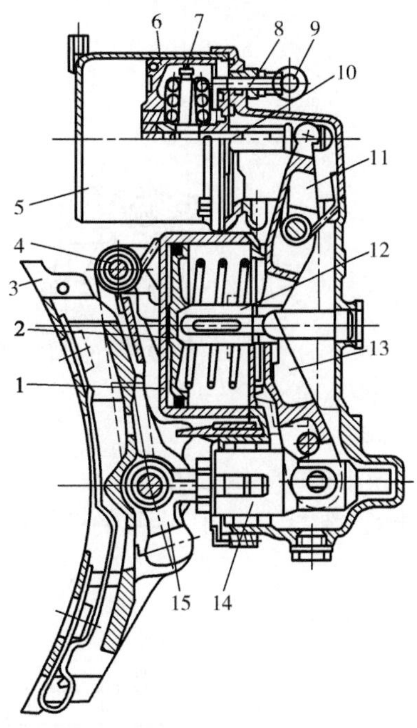

图3-7 PC7YF型踏面单元制动器(带停车制动器)

1-制动缸;2-制动活塞;3-闸瓦托;4-吊销;5-缓解风缸;6-缓解活塞;7-停放制动弹簧;8-螺纹套筒;9-缓解拉簧;10-活塞杆;11-停放制动杠杆;12-活塞杆;13-制动杠杆;14-闸瓦间隙调整器;15-闸瓦托吊

行程 H_0完成。此时闸瓦间隙已被消除,闸瓦与车轮踏面接触;当制动缸内空气压力继续上升时,踏面单元制动器便产生了制动作用力。

2)闸瓦和车轮踏面无磨耗时的缓解过程(图3-9)

当施行车辆缓解时,制动缸内的空气压力下降到一定值后,在缓解弹簧的作用下,通过制动杠杆,带动整个闸瓦间隙调整器及其所有传动部件脱离车轮踏面,向后(即缓解方向)移动。此时,Z_1锥面啮合,当调整衬套碰到调整环离开推杆头一端的凸环时,推杆停止向后移动,回到缓解位置,而闸瓦间隙调整器体等仍由于制动缸缓解弹簧的作用,通过制动杠杆继续朝缓解方向移动,止推螺母和连接环的啮合面Z_2(以下简称Z_2面)开始脱开。由于压缩弹簧的作用,Z_2面再一次啮合。当Z_2面刚好完全脱开时,无磨耗的缓解过程完成。当制动缸完全缓解时,各运动着的零部件停止移动。

3)闸瓦和车轮踏面有磨耗时的制动过程(图3-10)

制动开始时,各零部件的动作与无磨耗时的制动过程完全一样。所不同的是:当调整衬套碰到调整环后,由于闸瓦和车轮踏面出现磨耗,制动行程进一步加长,即制动缸产生的制动力仍不断通过制动杠杆传递到闸瓦间隙调整器体→连接环→止推螺母,从而传递到推杆,带动它们继续向前(即制动方向)移动,进给螺母亦随着推杆向前移动,而调整衬套由于受调整环的限制,不能进一步向前移动,Z_1锥面脱开,又由于推杆和进给螺母为非自锁螺纹连接,由于闸瓦磨耗,制动行程加长,推杆等不断向前移动,压缩弹簧的预压力就会引起进给螺母在推杆上转动,进给螺母与推杆两者的相对位移量即为闸瓦和车轮踏面磨耗量M_v。此时,推杆向前移动的行程比无磨耗时的制动行程H_0大,两者之差即为闸瓦和车轮踏面的磨耗量之和M_v。

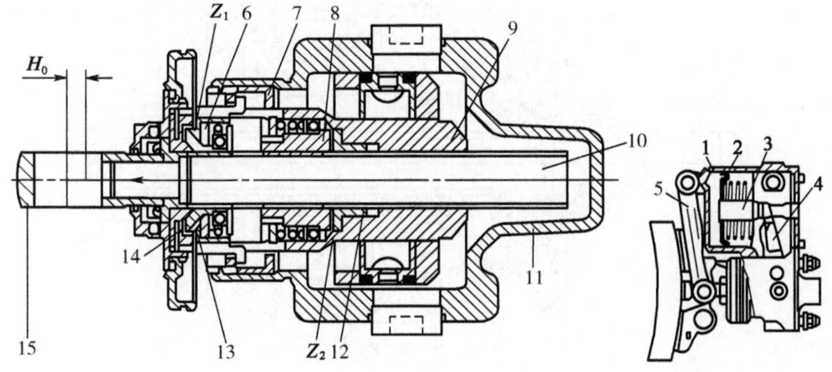

图3-8 闸瓦和车轮踏面无磨耗时的制动位

1-制动缸;2-制动活塞;3-活塞杆;4-制动杠杆;5-闸瓦托吊;6-压缩弹簧;7-调整环;8-止推螺母;9-闸瓦间隙调整器体;10-推杆;11-外体;12-连接环;13-调整衬套;14-进给螺母;15-推杆头;Z_1-啮合锥面;Z_2-啮合面;H_0-制动推杆行程

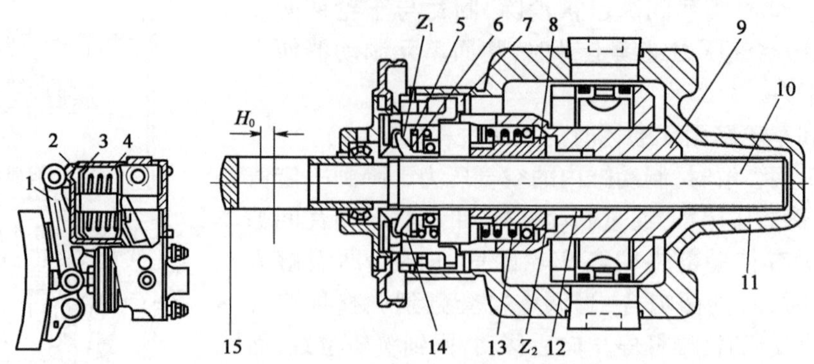

图 3-9 闸瓦和车轮踏面无磨耗时的缓解位

1-闸瓦托吊;2-闸瓦复位弹簧;3-制动活塞;4-缓解弹簧;5-压缩弹簧;6-进给螺母;7-调整环;8-止推螺母;9-闸瓦间隙调整器体;10-推杆;11-外体;12-连接环;13-压缩弹簧;14-调整衬套;15-推杆头;Z_1-啮合锥面;Z_2-啮合面;H_0-制动推杆行程

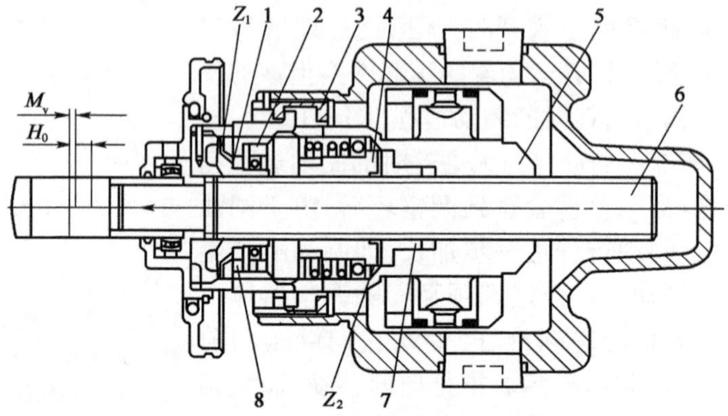

图 3-10 闸瓦和车轮踏面有磨耗时的制动位

1-进给螺母;2-压缩弹簧;3-调整环;4-止推螺母;5-闸瓦间隙调整器体;6-推杆;7-连接环;8-调整衬套;Z_1-啮合锥面;Z_2-啮合面;H_0-制动推杆行程;M_v-闸瓦和车轮踏面的磨耗量之和

4)闸瓦和车轮踏面有磨耗时的缓解过程(图 3-11)

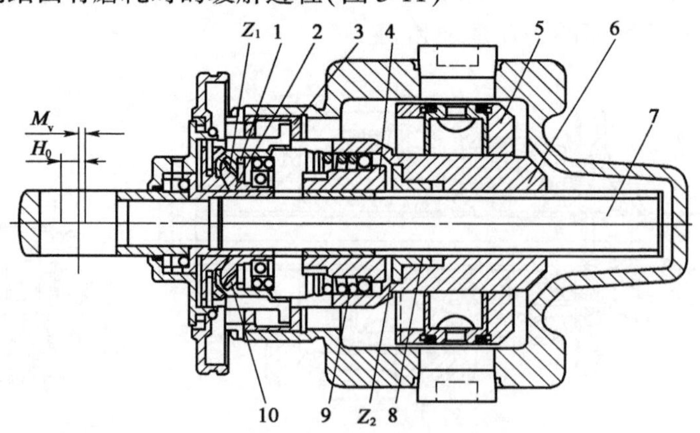

图 3-11 闸瓦和车轮踏面有磨耗时的缓解位

1-压缩弹簧;2-进给螺母;3-调整环;4-止推螺母;5-制动杠杆;6-闸瓦间隙调整器体;7-推杆;8-连接环;9-压缩弹簧;10-调整衬套;Z_1-啮合锥面;Z_2-啮合面;H_0-制动推杆行程;M_v-闸瓦与车轮踏面的磨耗量之和

缓解开始时，各零部件的动作与无磨耗时的缓解过程完全一样，只是当调整衬套碰到调整环后，由于 Z_1 锥面的啮合，受调整环限制的调整衬套能防止进给螺母在推杆上传动，压缩弹簧使 Z_1 锥面保持啮合，因此使推杆不能进一步向后移动，止推螺母也不能随着闸瓦间隙调整器体和连接环继续向后移动，从而使 Z_2 面脱开，压缩弹簧的作用又使得止推螺母在推杆上传动，直到制动缸完全缓解，闸瓦间隙调整器体、连接环回到缓解位，Z_2 面重新开始啮合而停止移动。两者的相对位移量为闸瓦和车轮踏面仍保持了正常间隙，只是推杆比无磨耗时向前伸出了 M_v。

5）推杆复位机构的工作原理

随着闸瓦的磨耗，推杆在间隙调整过程中不断伸长。当闸瓦磨耗到极限后，需要更换闸瓦时，只需顺时针转动调整螺母，见图3-6，啮合面 R 上的齿就能克服弹簧垫圈的作用而滑脱，从而使推杆复位，而不需要拆卸螺栓和其他任何零部件。更换闸瓦后，闸瓦间隙又恢复到无磨耗时的正常值范围，一般无须人工调整，即可准备进行下一次制动。

5. 停放制动器

停放制动器是一套辅助制动装置，其设置目的是在车辆停放时，防止车辆溜走。停放制动器的结构见图3-7。停车制动器的操作可以通过电磁阀控制缓解风缸的充排气来实现，由于其制动力通过弹簧力产生，也称弹簧制动器。其工作原理如下：

用于停车制动状态：当停车制动缓解风缸排气时，停放制动弹簧伸张，通过活塞杆带动停放制动杠杆推动制动杠杆，使闸瓦压紧车轮踏面，实现停车制动。随着缓解风缸压力降低，闸瓦压力增大，当缓解风缸的风压为零时，闸瓦压力达到最大，等于停放制动弹簧的伸张力与停放制动倍率的乘积。车辆带风长时间停放，制动缸及其管路压力空气泄漏，缓解风缸压力也逐渐降低，停放制动施加，且闸瓦压力逐渐增大。

缓解状态：当向缓解风缸充气时，压缩空气推动活塞克服弹簧的作用力，使活塞杆带动停放制动杠杆复位，从而松开制动杠杆，停车制动得到缓解。所以停车制动是排气制动，充气缓解。

人工操作：车辆停放制动施加后无司机操纵时，若需缓解，可通过拉动辅助缓解装置缓解拉簧来实现。此时，缓解活塞和螺纹套筒（两者为非自锁螺纹连接）相对移动，释放弹簧作用力，停放制动杠杆施加于制动杠杆的推力消失，闸瓦压力随之消失，达到车辆缓解。停放制动器人工缓解后需向缓解风缸再次充气，使其复位后，才能实现下次停放制动的施加。

应注意两点：在车辆运行中，随时观察主风缸压力，确保其不低于规定压力，以免运行中抱闸；在主风缸压力较低时移动车辆，应确认停放制动处于缓解状态，以防车轮踏面擦伤等事故的发生。

三、PEC7型和PEC7F型单元制动机

PEC7型单元制动机（不带弹簧停放制动器）外形如图3-12所示。PEC7F型单元制动机（带弹簧停放制动器）外形，如图3-13所示。

PEC7型单元制动机内部结构如图3-14所示。

1. PEC7型单元制动机的结构及工作原理

PEC7型单元制动机不带停放制动器的结构如图3-15所示。

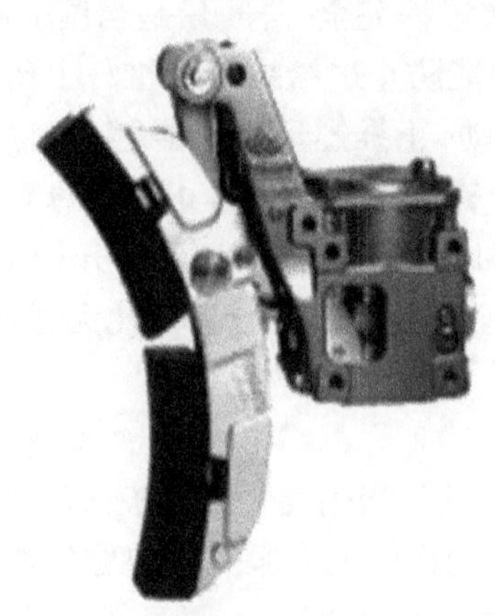

图 3-12　PEC7 型单元制动机(不带弹簧停放制动器)的外形

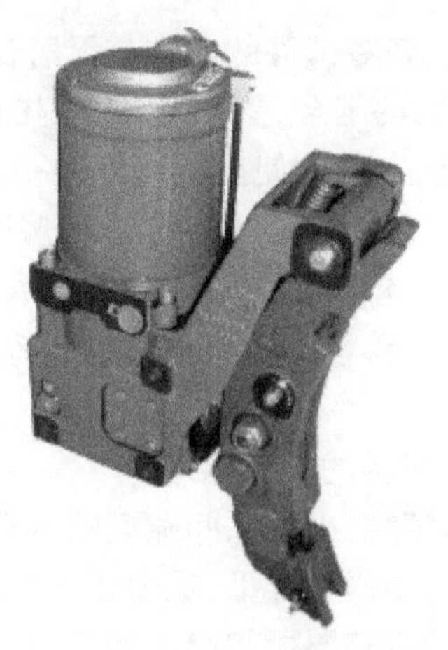

图 3-13　PEC7F 型单元制动机(带弹簧停放制动器)

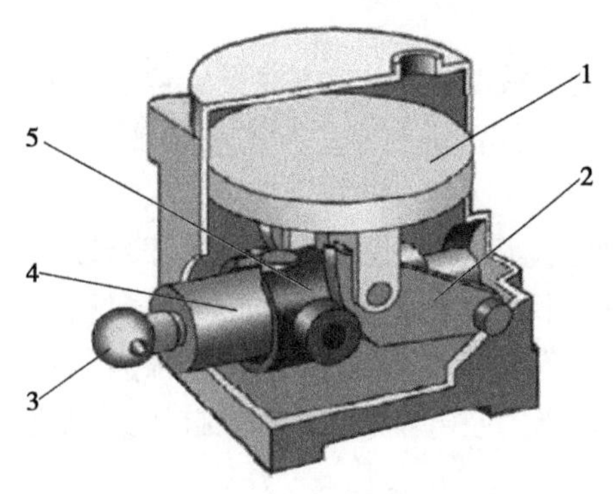

图 3-14　PEC7 基础部件

1-活塞;2-凸轮盘;3-球形轴头;4-间隙调整装置;5-万向节

1)制动施加

压缩空气通过气孔进入制动缸,活塞压缩活塞回程弹簧,通过活塞杆使凸轮盘逆时针转动。凸轮盘沿着凸轮滚子转动并将整个调节机构、主轴和闸瓦托一起向前推。当闸瓦与轮对接触时,制动力就产生了。调节机构由球形杆头和推力环固定,这样可使力平均分布到两个凸轮滚子上,并防止在调节机构的主轴上形成弯矩。

2)制动缓解

制动缸排气,复位弹簧推动活塞上移,通过活塞销使凸轮盘顺时针转动,调节机构在其内部弹簧的作用下回移(右移),吊耳在扭转弹簧作用下逆时针转动,制动闸瓦回移离开车轮踏面,制动缓解。闸瓦托由一个装有弹簧的壳形联轴器和摩擦构件固定在吊身上与轮对平行的位置。这样设置可防止在缓解制动时,闸瓦只在一端摩擦引起列车倾斜。

2. PEC7F 型单元制动机停放制动器的结构及工作原理

PEC7F 型单元制动机是在 PEC7 型单元制动机的基础上增加了一个用于停车制动的弹簧制动器。其弹簧制动器的结构如图 3-16 所示。

1)停放制动的施加

压力室 F 排气,传动弹簧的力通过活塞、锥形圈、螺母和主轴作用在制动缸 B 的活塞上,从而使停放制动施加。主轴带有非自锁螺纹,由于锥形联轴器 K 此时处于啮合状态,挺杆锁紧齿轮,因此,主轴可以把传动弹簧的力传给制动缸 B 的活塞,如图 3-16a)所示。

2)停放制动的缓解

压缩空气进入压力室 F,将停放制动器的活塞向上推并压缩传动弹簧,主轴和导板经由活塞、锥形圈和螺母也上移,锥形联轴器 K 通过蝶形弹簧预加载,停放制动完全缓解,如图 3-16b)所示。

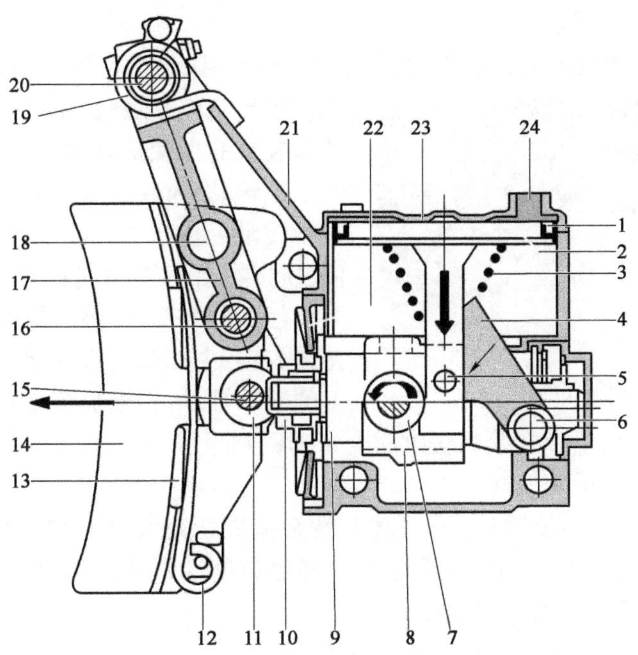

图 3-15　PEC7 型单元制动机(不带停放制动器)的结构

1-活塞密封环;2-活塞;3-活塞回程弹簧;4-凸轮盘;5-活塞销;6-轴承销;7-凸轮滚子;8-推力环;9-调节机构;10-复位六角头;11-球形杆头;12-制动闸瓦楔座;13-制动闸瓦托;14-制动闸瓦;15-扭矩销;16-连接销;17-吊耳;18-摩擦构件;19-扭转弹簧;20-吊耳销;21-机箱;22-波纹管;23-气缸盖;24-供风接口

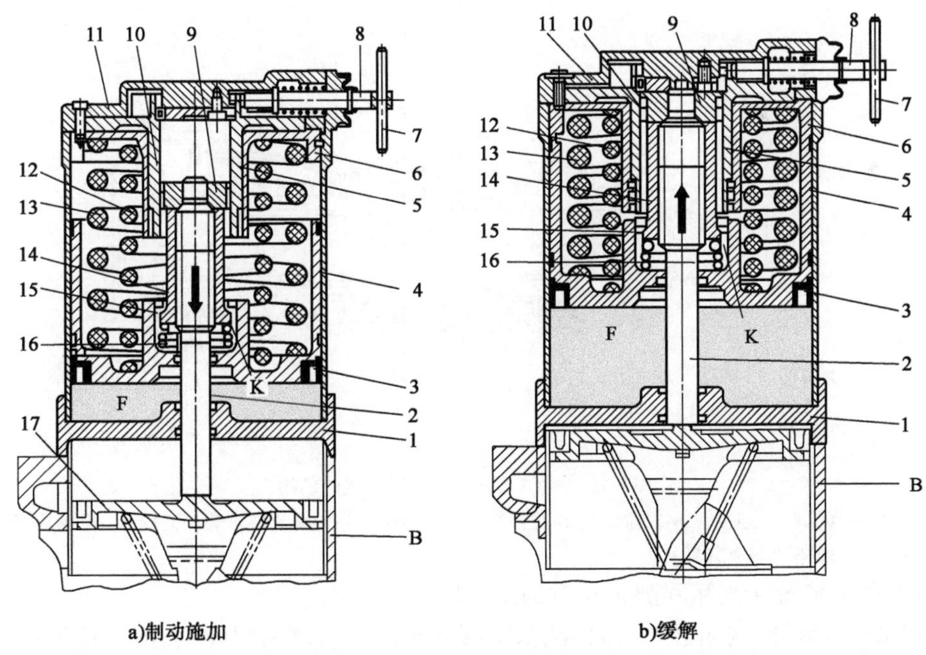

图 3-16　PEC7F 型弹簧调节器示意图

1-停放制动气缸;2-主轴;3-活塞垫圈;4-停放制动器活塞;5-齿轮;6、11-盖;7-定位销;8-挺杆;9-导板;10-半圆键;12、13-传动弹簧;14-螺母;15-锥形圈;16-弹簧;17-活塞;B-制动缸;F-压力室;K-锥形联轴器

3)停放制动的手动缓解

如果没有压缩空气且需要缓解停放制动时,可用手拔出挺杆进行紧急缓解,如图3-17所示。拔出挺杆,缓解齿轮使主轴可进行旋转;传动弹簧装置的力使活塞和螺母下移至气缸底部,同时主轴转动;齿轮也通过带有半圆键的导板跟着主轴转动。由于大部分弹簧能都可转换为循环能,所以在活塞接触气缸底部时无须再减振。活塞接触气缸底部后,因齿轮的动量很大,零部件仍持续旋转;主轴和导板一起上移,直到其接触到盖上的滚珠轴承;主轴继续旋转,抵住蝶形弹簧的力拧紧螺母。制动缸B的活塞在紧急缓解时会自动回到缓解位置。

图3-17　手动缓解接绳

4)撤销停放制动的手动缓解

手动缓解后,要施加停放制动,压力室F就必须重新充气,使活塞上移;活塞上移使锥形联轴器K脱开,使螺母沿着主轴作旋紧运动。当停放制动器的活塞到位时,传动弹簧装置被压缩,并为下一步的停放制动做好准备。

3. 间隙自动调整装置的结构及工作原理

间隙自动调整装置的结构如图3-18所示。

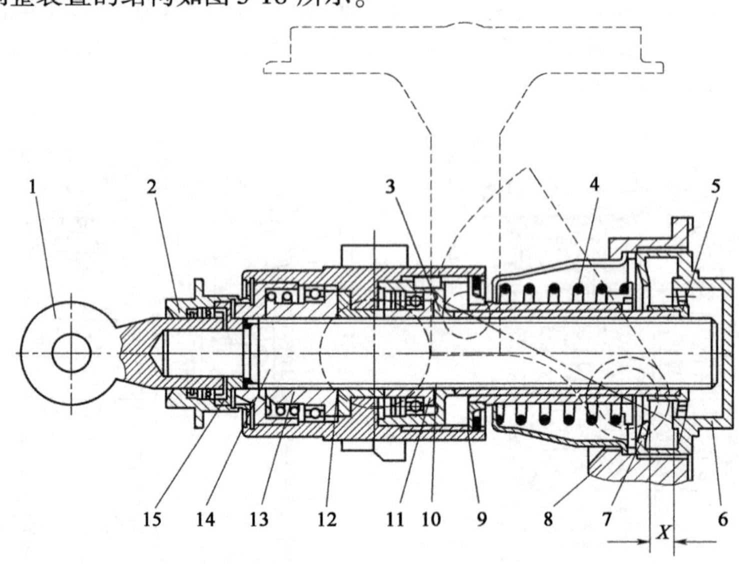

图3-18　PEC7间隙自动调整装置的结构

1-球形杆头;2-六角复位头;3-连接管;4-复位弹簧;5-止挡环;6、7-止挡;8-套;9-调节器衬套;10、12、15-齿轮连接;11-走刀螺母;13-推力螺母;14-推杆;X-闸瓦间隙;

1)自动调整装置在闸瓦间隙正常时的工作原理

如图3-19所示,向制动缸充气时,活塞下移同时压缩活塞回程弹簧,活塞通过活塞销使凸轮盘逆时针转动,通过凸轮滚子推动自动调整装置及闸瓦向左移动,连接管的止挡环向左移动X距离后被止挡锁住,此时闸瓦也刚好压紧车轮踏面,制动施加。

如图3-20所示,制动缸排气时,活塞回程弹簧推动活塞上移,活塞通过活塞销使凸轮盘顺时针转动,连接管在复位弹簧作用下右移,连接管带动走刀螺母,走刀螺母通过齿轮连接带动推杆右移,从而使闸瓦离开踏面,连接管上的止挡环右移 X(闸瓦间隙)距离后被止挡挡住,制动缓解。

2)自动调整装置在闸瓦间隙过大时的工作原理

制动时如闸瓦间隙过大,则闸瓦在接触车轮踏面前向左移动的距离($X+V$),见图3-19。但连接管的止挡环向左移动 X 距离后被止挡锁住,不能随动;连接管上的齿轮连接打开,走刀螺母在推杆上转动(螺母与推杆为非自锁螺纹连接)并向右移动 V(磨损间隙后),齿轮连接会再次啮合。因调节装置衬套的运动,复位弹簧被压缩的变形量为 $X+V$。当制动缓解时,如图3-20所示,调节装置衬套向右移。当右移 X 距离后,止挡环接触到止挡,连接管、螺母和推杆停止右移,调节器衬套在复位弹簧作用下继续右移 V 的距离。在此过程中,在调节器衬套上的齿轮连接打开,当衬套移动时,推力螺母在固定推杆上旋转(螺母与推杆为非自锁螺纹连接)并向右移动距离 V 后,齿轮连接再次啮合。这样就完成了闸瓦间隙的自动调整。

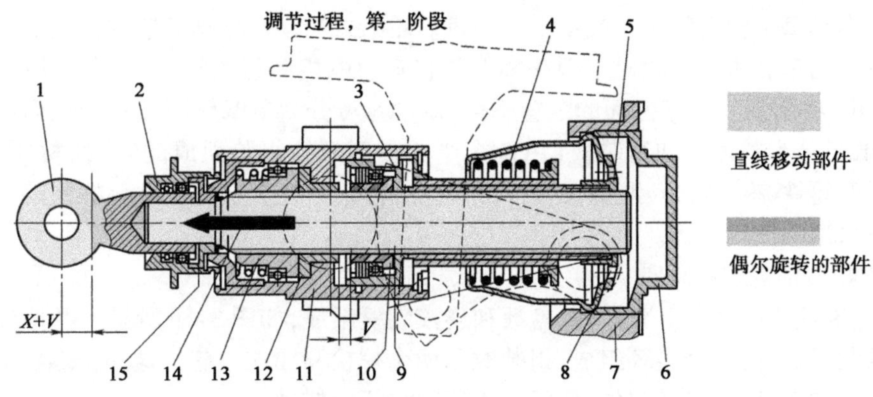

图3-19　PEC7型间隙调整装置,带磨损制动(磨损间隙)

1-球形杆头;2-六角复位头;3-连接管;4-复位弹簧;5-止挡环;6、8-止挡;7-套;9、15-齿轮连接;10-走刀螺母;11-调节器衬套;12、15-齿轮连接;13-推力螺母;14-推杆;X-闸瓦间隙

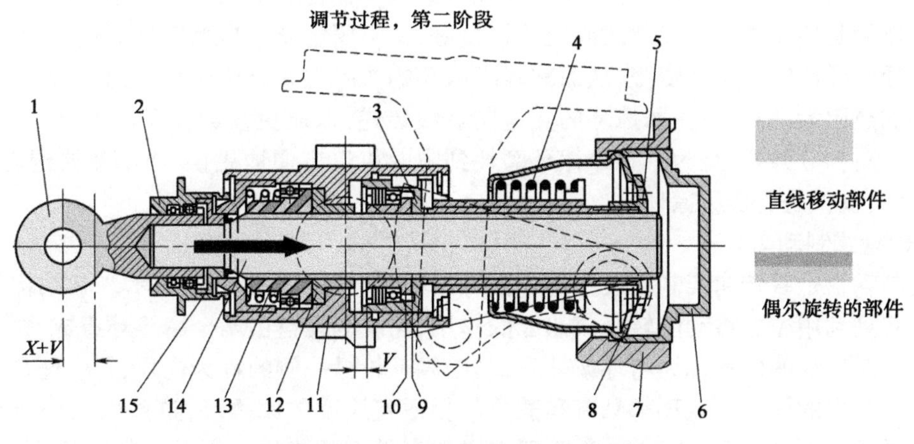

图3-20　PEC7型间隙调整装置(带磨损缓解)

1-球形杆头;2-六角复位头;3-连接管;4-复位弹簧;5-止挡环;6、8-止挡;7-套;9、15-齿轮连接;10-走刀螺母;11-调节器衬套;12、15-齿轮连接;13-推力螺母;14-推杆;X-闸瓦间隙

单元3.2　盘形基础制动装置

盘形基础制动装置具有结构紧凑、制动效率高、能有效地缩短制动距离、减轻踏面磨耗及检修工作量小等优点,在新型城市轨道交通列车上得到了广泛的应用。盘形基础制动装置主要由制动盘、合成闸片、盘形制动单元和杠杆等部件组成。

一、制动盘和合成闸片

1. 制动盘

1)制动盘的种类

制动盘按照安装方式的不同,可分为轴盘式和轮盘式两种。轴盘式的制动盘压装在车轴内侧,通常构造速度小于160km/h以下的客车每个轴安装有2个制动盘;构造速度高于160km/h的客车每个轴安装3个或4个制动盘。轮盘式制动盘根据车辆的空间安装在车轮的两侧或一侧。动车和机车的轮对上因车轴上装有牵引电机和齿轮箱,制动盘一般只能安装在车轮上,如图1-2所示。按摩擦面的配置不同,制动盘可分为单摩擦面和双摩擦面两种。按盘本身的结构,可分为整体式和组装式(由两个半圆盘用螺栓组装而成的)。按材质不同,可分为铸铁、铸钢、铸铁-铸钢组合、锻钢、C/C纤维复合材料、铝合金基复合材料的制动盘等。一般动车组列车采用钢质制动盘。

(1)H300型轴盘式制动盘。

H300型轴盘式制动盘由摩擦环、盘毂和连接装置组成,如图3-21所示。摩擦环是由低合金特种铸铁制成的,由两个半环组成,组装时用两个螺栓紧固在一起。这两个螺栓的作用是连接两个半环形摩擦环,并将其定位,使两个半环部分不会错动。

盘毂用铸铁制成。摩擦环与盘毂之间通过8个径向排列的弹性销套相连接。弹性销套中间穿有螺栓,两端装有锥形垫圈,并用弹簧垫圈和槽形螺母锁紧螺栓。弹性销套中的螺栓只承受较小的紧固力,而不承受剪切力。摩擦环和盘毂间的力是靠弹性销套来传递的。弹性销套的另一个作用是使摩擦环与盘毂之间既连接良好,又不固定死。当摩擦环受热产生膨胀时,能沿着8个径向弹性销套自由膨胀,从而减轻摩擦环的热应力和避免热裂。此外,这种弹性销套连接方式的热阻大,能够防止摩擦环的热量向盘毂传递,以避免盘毂在车轴上产生松弛现象。摩擦环制成对半分开式,是为了在摩擦环磨耗到限时可以方便地更换,而不需要退轮(因为无须更换盘毂,仅仅是更换摩擦环)。

(2)轮盘式制动盘。

车轮制动盘是各转向架制动装置的一部分,其安装情况如图3-22所示。其结构如图3-23所示。它起到利用摩擦将动能转换成热能的作用,轮装制动盘由两个摩擦环组成,两个摩擦环按照它们相对轮缘的位置称为内环或外环,其中靠近轮缘一侧的称为内环,另一侧称为外环。

这种结构中的任一个盘环都具有和散热筋相适宜厚度的摩擦环,这些散热筋既能将制动过程产生的热量带走,还能起到将摩擦环支撑在车轮上的作用。制动盘的摩擦面,如图3-24所示。摩擦环的厚度、散热筋的数量和几何结构都是固定的,以保证在施加制动时将摩擦环的温度保持在允许的范围内。由于与闸片摩擦,制动时轮装制动盘发热,由轮盘转动的鼓风效应产生的气流提供冷却功能。制动盘和轮辐之间的气流流经径向排布的散热筋，带走制动过程中产生的热量。制动盘散热筋面，如图3-25所示。

轮装制动盘的尺寸使摩擦面与轮缘的外表面平直对齐，该原理确保制动盘能与所有标准化的闸片和制动夹钳组合。

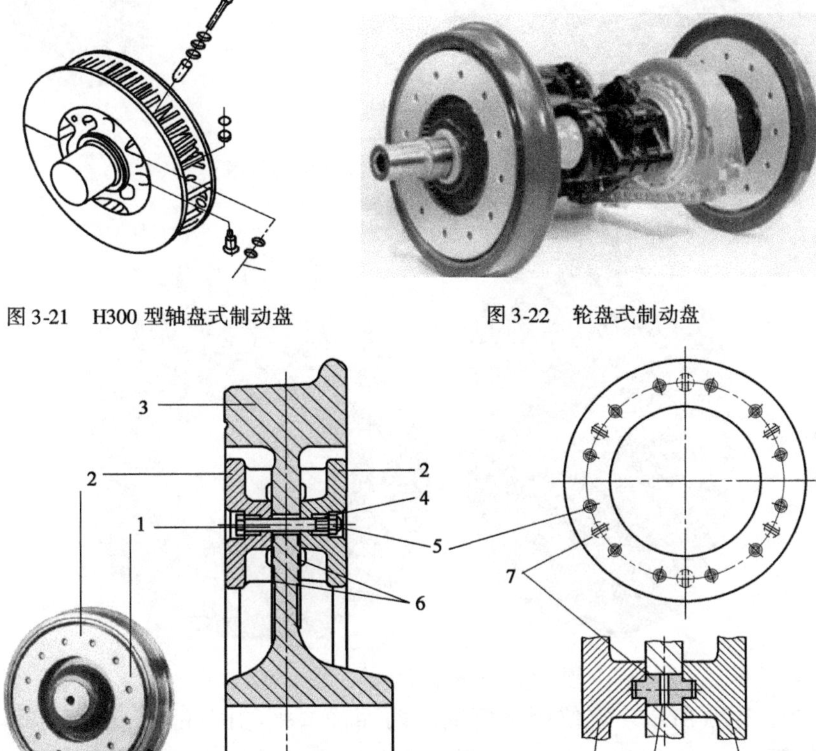

图3-21　H300型轴盘式制动盘

图3-22　轮盘式制动盘

图3-23　轮盘式制动盘的结构

1-螺栓；2-摩擦环；3-轮柄；4-螺栓套；5-螺母；6-接触面；7-对中销；8-外侧摩擦环；9-O形圈；10-内侧摩擦环

为了固定和对中制动盘以及传送制动扭矩，摩擦环具有许多固定螺栓或键槽。这些键槽位于散热筋一侧，即使摩擦环因温度升高而膨胀时，也能起到沿着定位销使摩擦环对中心的作用。图3-26所示为轮装制动盘装配图和爆炸视图；图3-27所示为摩擦环固定螺栓或键槽情况。

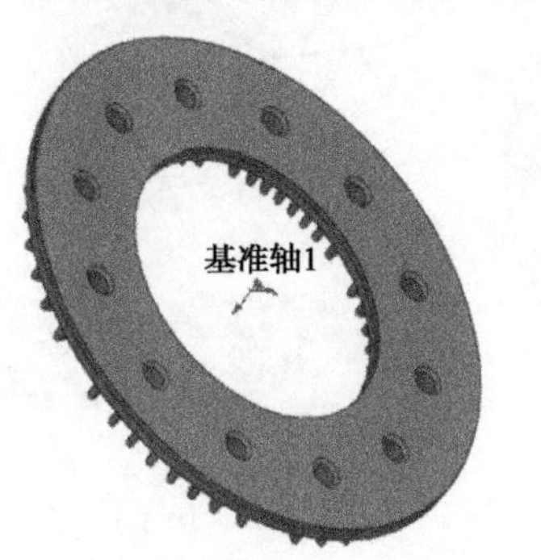

图3-24　制动盘的摩擦面

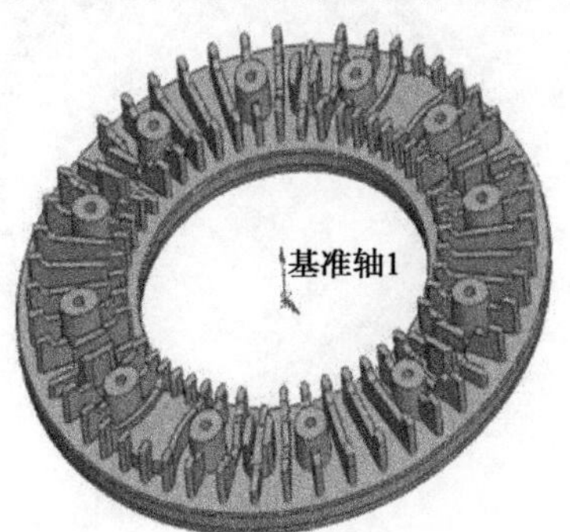

图3-25　制动盘散热筋面

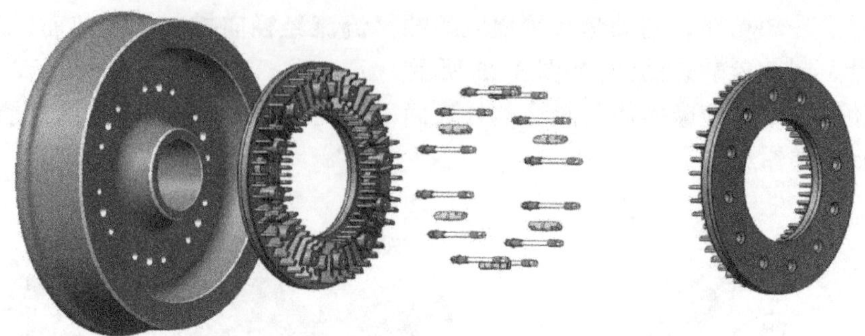

图 3-26　轮装制动盘装配图和爆炸视图

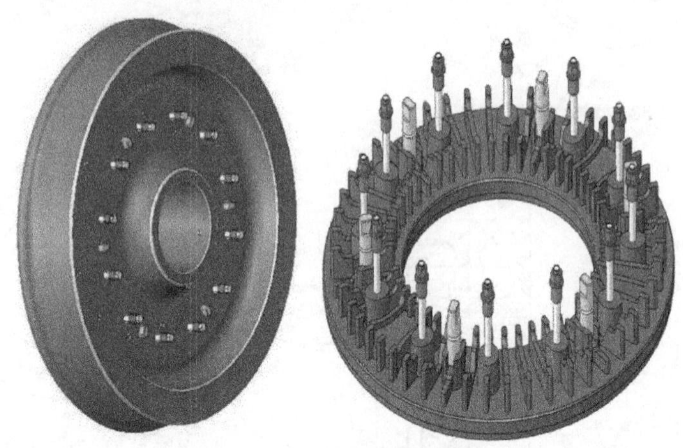

图 3-27　摩擦环固定螺栓或键槽情况

定位销,如图 3-28 所示。定位销是两端的两面都磨平的圆柱形部件,定位销磨平部分与摩擦环中的键槽配合(与半圆键相似),定位销柄的中间槽用以安装 O 形圈。O 形圈如图 3-29 所示。其设计的目的是为安装在摩擦环上将定位销固定在正确的位置。

摩擦环安装由一定数量的螺栓紧固件构成,紧固件的螺栓套和防松螺母锁紧,如图 3-30 所示。

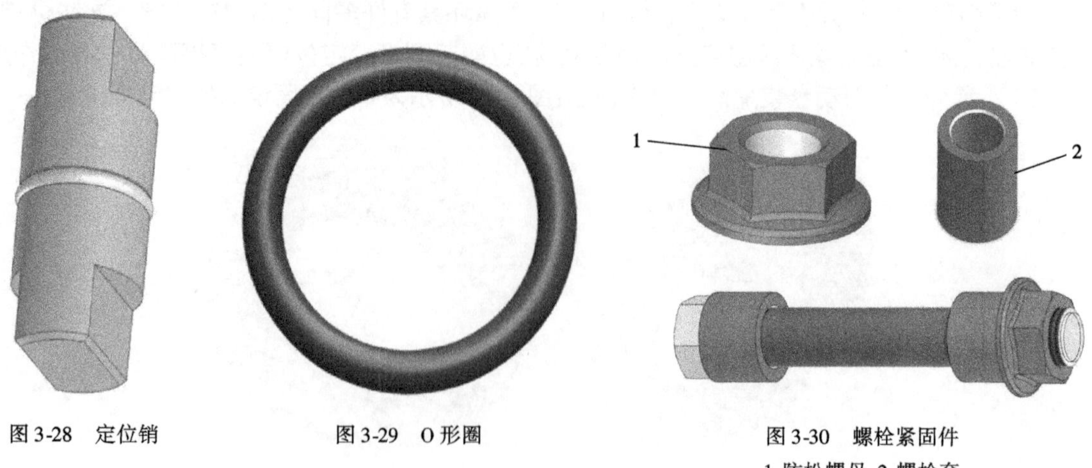

图 3-28　定位销

图 3-29　O 形圈

图 3-30　螺栓紧固件

1-防松螺母;2-螺栓套

2）制动盘的维护

（1）装配时制动盘用锁紧装置固定在轮辐两侧。每次入库进行库检时，应查看螺母松动标志（见图3-31），看螺母是否松动。如果出现松动现象，必须认真检查，同时用扭矩扳手给予紧固，作库检记录存档。

（2）检查裂纹。如果制动盘上出现裂纹，应根据下面细节对轮装制动盘进行裂纹检查。

①发丝状裂纹（图3-32）。在运用过程中，承受主要热应力的摩擦盘会产生深度很浅的细微分叉状裂纹。它可能随机地分布在摩擦表面上。这种裂纹不影响制动盘的正常使用。

图3-31　轮盘式制动盘紧固螺母松动标志

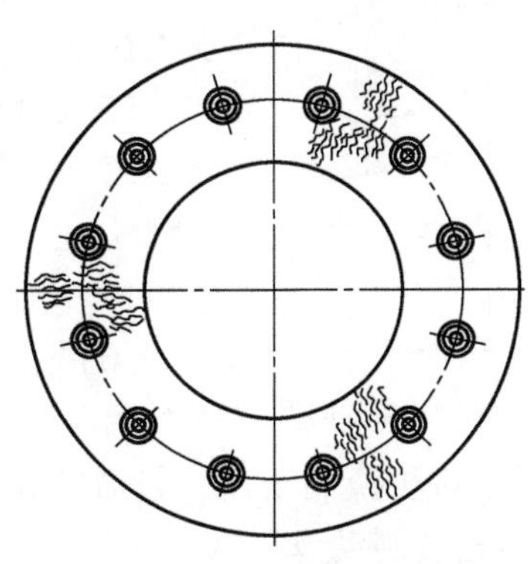

图3-32　发丝状裂纹

②初裂纹（图3-33）。即还没有完全从摩擦环的内径扩展到外径的裂纹。

③贯通裂纹（图3-34）。在制动盘上不允许产生从内径一直扩展到外径，或扩展到散热筋的贯通裂纹。具有此类裂纹的制动盘必须及时更换。

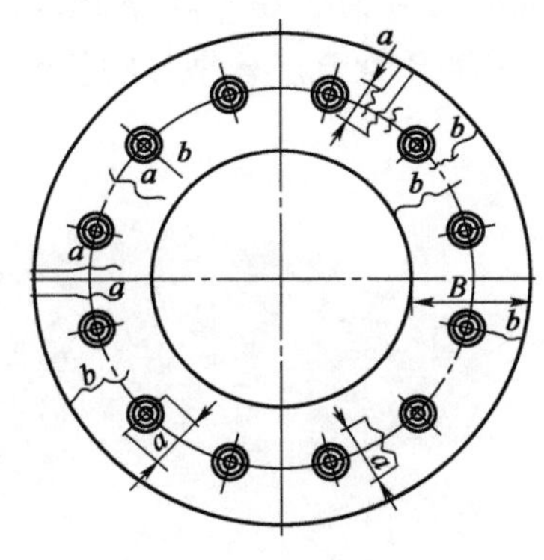

图3-33　初裂纹

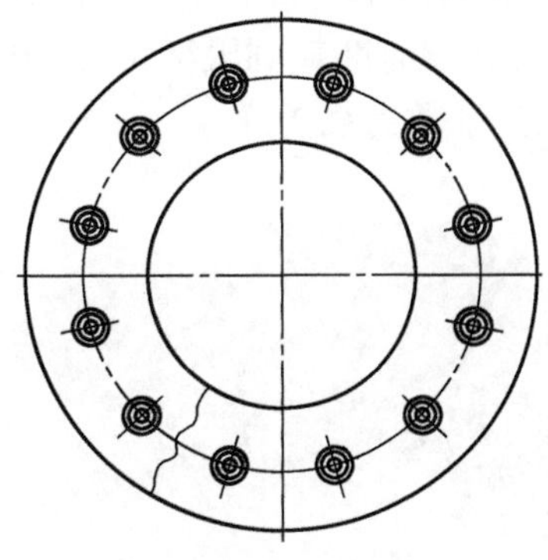

图3-34　贯通裂纹

（3）检查热斑、材料堆积和剥落。

必须检查轮装制动盘的摩擦面是否有热斑、材料堆积和剥落。

倘若没有任何贯穿裂纹或重大初裂纹，产生热斑的轮装制动盘可继续使用。

如果有重大初裂纹，产生热斑的轮装制动盘，可继续使用，但必须加强检查。

轮装制动盘的热斑由温度快速升高和散热不充分造成，必须追踪问题的原因并采取纠正措施。

可能由以下一种或几种原因造成的:制动不规则磨损;闸片故障(如由于过热):拆检闸片;闸片材料不合适:安装规定材料闸片;制动控制系统故障:检查并维修制动控制系统;制动盘端面跳动值超过轮装制动盘安装图中规定的数值(施加制动时打战):追踪并纠正原因;闸片摩擦块失效,如掉块或变碎。

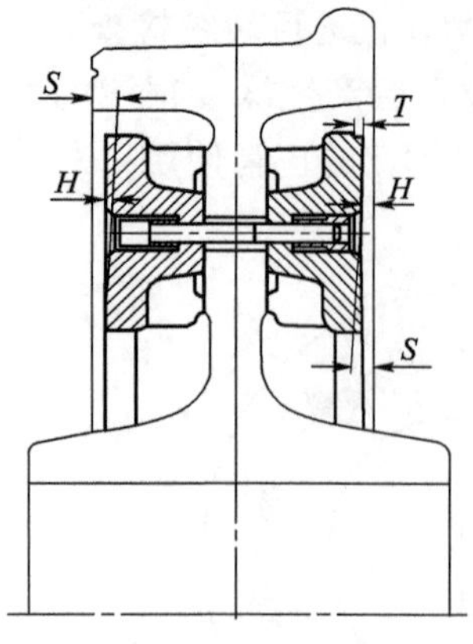

图 3-35 检查制动盘的磨损

(4)检查制动盘磨损(图 3-35)。

未完全被闸片覆盖,制动盘逐渐承受所谓的凹面磨损(意指边缘磨损小于制动盘中心的磨损),必须测量凹面磨损 H。

车辆运行期间也可能发生倾斜磨损 S。制动盘主要磨损可以发生在制动盘内缘或外缘,必须检查倾斜量 S。

(5)旋修轮装制动盘。轮装制动盘不必为旋修而从轮轴上拆下。每个轮装制动盘的安装图指明制动盘的表面光洁度和可接受的跳动值。旋修完必须检查轮装制动盘的每个螺栓紧固件的拧紧扭矩。

(6)轮装制动盘的保养。必须检查散热筋是否有脏物堆积,必要时用压缩空气清洁。

(7)无条件更换制动盘。轮对磨耗到限时需更换制动盘,并且在这种情况下,必须同时成对更换新的轮装制动盘。

2. 合成闸片

1)合成闸片的结构

合成闸片(图 3-36)采用复合材料,一个制动夹钳上安装四小片制动闸片,两片闸片组成一块安装在一侧,闸片成扇形状,一块组合的闸片上设计三条(或五条)放射槽,用于闸片散热及排出闸片磨耗后的微小尘粒。闸片厚度为 35mm,质量为 3.6kg,可磨耗厚度为 30mm,在距离闸片钢背 5mm 处设有磨耗到限标志,以方便日常磨耗检查。该型号闸片平均动态摩擦系数为 0.35,静态摩擦系数为 0.3。

图 3-36 合成闸片的两种形状

H300 型制动盘的合成闸片是以腰果壳液改性酚醛树脂和丁苯橡胶掺和作为黏结剂的高摩擦系数有机合成闸片。合成闸片分为两种牌号:一种为 HZ408 牌号合成闸片;另一种为 HZ5445 合成闸片。在闸片的摩擦面上有 3 ~ 5 条凹槽,这样既可以很好地与摩擦环接触,又能使磨耗下来的粉末通过凹槽排出,同时还可防止热膨胀后的变形,使闸片与摩擦环这对摩擦副保持良好的接触。

在合成闸片的背面有用 1.2 ~ 1.5mm 钢板冲压成型并带有燕尾槽的钢背,以增加合成闸片的强度,同时又作为闸片与闸片托的连接件。通过钢背上的孔,经特殊处理后,使合成闸片与钢背牢靠地黏结在一起。

2)合成闸片的拆装

合成闸片的安装情况,如图3-37所示。

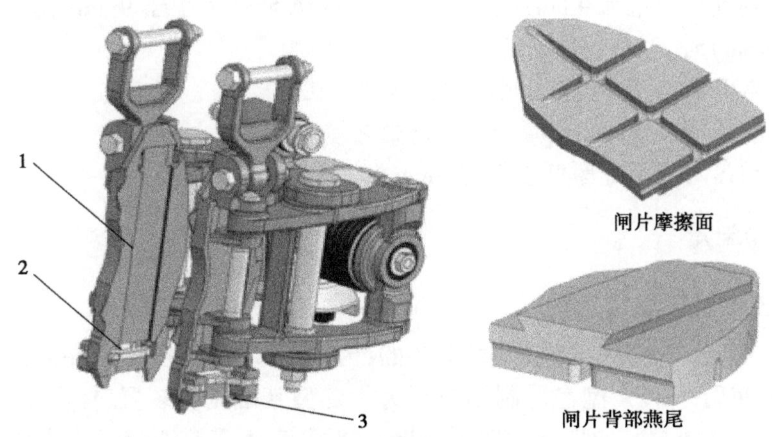

图3-37　闸片安装情况

1-闸片托燕尾槽;2-闸片托挡板;3-锁定弹簧

(1)操作人员应穿戴安全帽、防护手套及防护鞋。

(2)在开始任何工作之前,先缓解制动缸和停放缸,并封锁车辆制动。

(3)不要尝试在实施制动的时候打开闸片托上的锁定块。

(4)作业前检查制动盘温度,以免发生烫伤事故。

(5)更换闸片时,必须使用杆状工具(比如杆或改锥)来打开锁定块。

(6)用圆柱形铁棒或扳手撬动弹簧夹,使闸片托挡板打开,如图3-38所示。

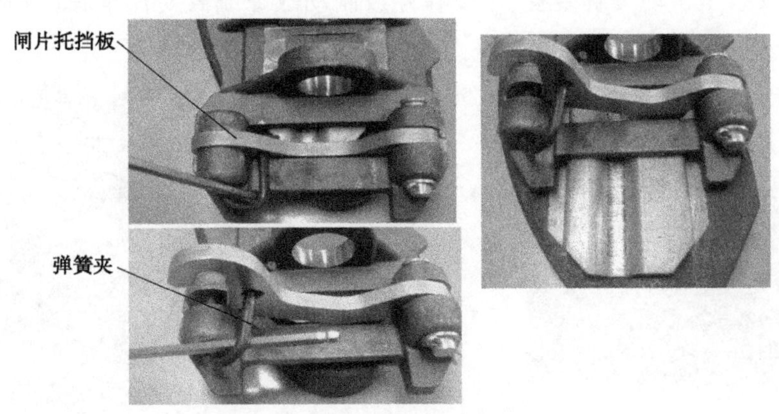

图3-38　打开闸片托挡板情况

操作完成后,对安装的闸片进行检查,防止闸片外缘装反。晃动闸片,检查闸片是否已经完全卡在闸片托燕尾槽内。目视检查闸片背部是否和闸片托配合面密贴;若没有密贴,则说明闸片燕尾没有正确安装在闸片托燕尾槽内,应拆下闸片重新安装。

3)闸片更换条件

(1)闸片材料不匹配,对制动盘有明显伤害。

(2)闸片掉块、剥落或者初始裂纹区域总面积超过 $2cm^2$,或者是钢背有缺陷区域大于 $1cm^2$。

(3)闸片磨耗到限规定为9mm,当闸片磨损后的剩余厚度小于9mm(闸片任何位置的厚度都不能小于9mm)时。

(4)闸片异常磨耗,其磨耗速度明显比其他闸片快。

(5)闸片偏磨量超过3mm(最厚处与最薄处之差)。

(6)同一制动盘两侧闸片厚度差超过3mm。

二、盘形制动单元

1. WZK 型盘形制动单元

WZK 型盘形制动单元是克诺尔公司生产的,为气动控制,与安装在轮对上的制动盘共同作为摩擦制动副使用。WZK 型盘形制动单元为紧凑型基础制动装置、体积小,适用于安装空间较小的转向架。夹钳与转向架通过四个螺栓安装固定,不需要安装盘或支架。WZK 型盘形制动单元分为两种:一种是不带停放制动的盘形制动单元;另一种是带停放制动的盘形制动单元。

(1)不带停放制动的盘形制动单元的基本结构,如图 3-39 所示。不带停放制动的盘形制动单元用于执行列车常用制动、快速制动和紧急制动的气制动功能。盘形制动单元主要由气缸及腔体,间隙调整装置、制动杆和制动闸片及其支架组成。

(2)带停放制动的盘形制动单元与不带停放制动的盘形制动单元一致。带停放制动的盘形制动单元(图 3-40)在原来结构基础上增加了停放制动缸与手动缓解装置;常用制动的施加过程与不带停放制动的盘形制动单元一样。停放制动执行充气缓解、排气施加原则,在此基础上还安装了手动缓解装置,可以在停放制动故障或需要在车底缓解停放制动情况下手动缓解。

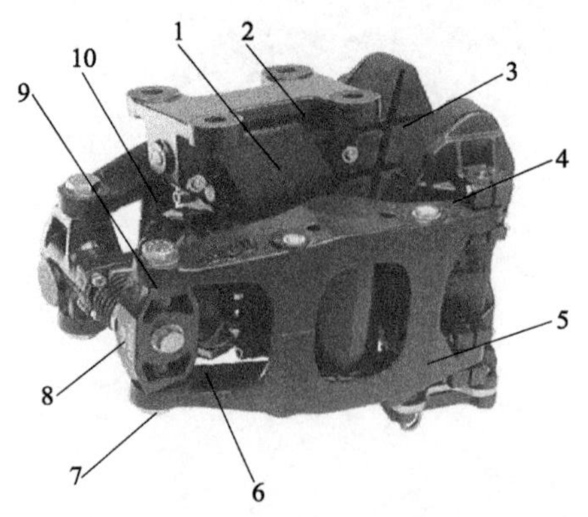

图 3-39 WZK 型不带停放制动的盘形制动单元

1-腔体;2-支架;3-闸片;4-闸片支架;5-制动杆;6-气缸;7-六角螺栓;8-控制杆;9-气管接口;10-螺栓

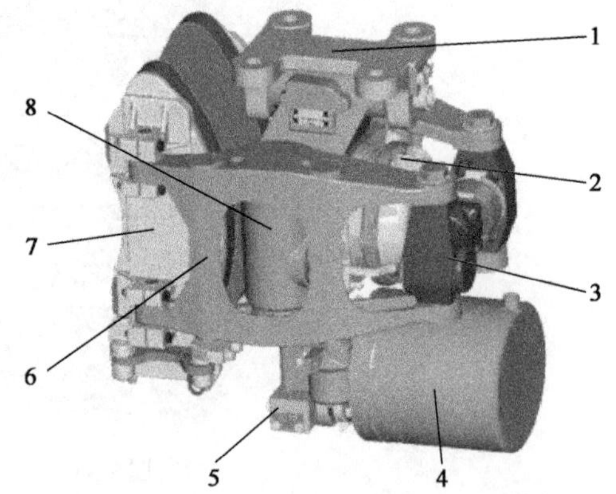

图 3-40 WZK 型带停放制动的盘形制动单元

1-支架;2-气缸;3-间隙调整装置;4-停放制动缸;5-手动缓解齿轮;6-制动杆;7-闸片支架;8-外壳

克诺尔公司还生产了 RZK 型和 RZS 型盘形制动单元,分别如图 3-41 和图 3-42 所示。

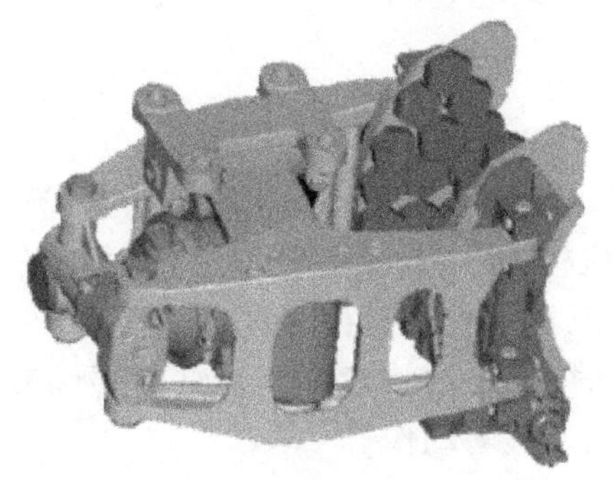

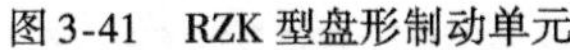

图 3-41　RZK 型盘形制动单元

图 3-42　RZS 型盘形制动单元

2. PD 型盘形制动单元

PD 型盘形制动单元用于电动车组或城市轨道交通电动客车制动系统的基础制动,可以以轮盘制动或轴盘制动方式安装在车辆的转向架上。

1) PD 型盘形制动单元结构特点

(1) 盘形制动单元力的传递,如图 3-43 所示。

(2) 盘形制动单元的结构(图 3-44)

盘形制动单元是靠制动杠杆吊座销轴与闸片托吊杆销轴固定到转向架上,制动杠杆是主要力的传递部件,各销轴起支点支撑作用。

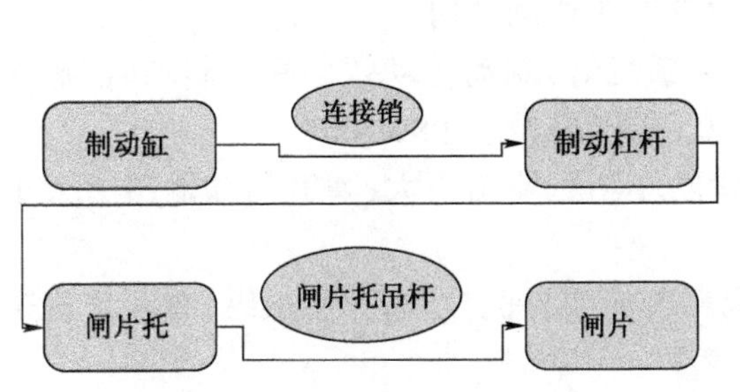

图 3-43　盘形制动单元力的传递

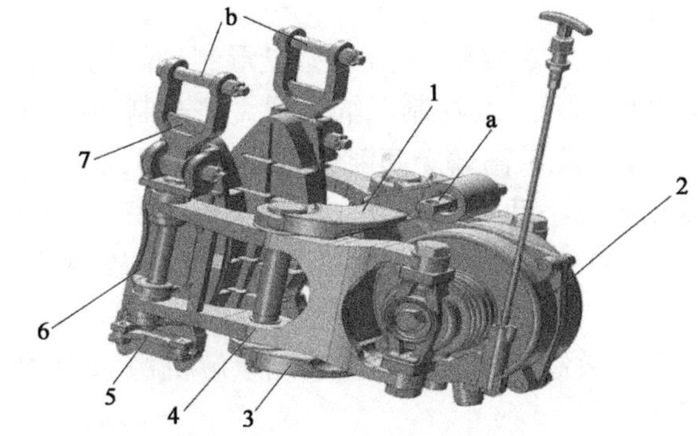

图 3-44　PD 型盘形制动单元的结构

1-构架组成;2-盘形制动缸;3-制动杠杆吊座;4-制动杠杆;5-闸片托挡板;6-闸片托;7-闸片托吊杆;a-制动杠杆吊座销轴;b-闸片托吊杆销轴

制动杠杆吊座销轴主要是对盘形制动单元起到支撑作用;闸片托吊杆销轴主要是在车辆制动时,对闸片与制动盘间的摩擦力起到支撑作用。它们主要是对盘形制动单元自身质量与制动时摩擦力分开考虑,靠不同点支撑。这种三点吊挂结构科学地把力分解到不同的三个位置,可以提高产品可靠性。

(3) 盘形制动单元的特点

①体积小、质量轻、结构简单。

②效率高,力的传递少。

③受力科学,结构可靠性好,维护方便。

④更换闸片方便。杠杆倍率为2.6。

2)运用中注意事项

(1)当总风缸无风时,停放制动缸产生制动作用。如需进行无风状态下的车辆回送、调车等作业时,应逐一拉动停放制动缸手动快速缓解机构,待制动单元缓解后,方可动车。动车前应观察停放制动缸是否已彻底缓解,否则不能动车,以免抱闸运行,擦伤制动盘。

(2)当闸片磨耗到限更换35mm厚度新闸片时,一定要将盘形制动缸前端调整螺母按逆时针旋转1/4圈,然后再进行盘形制动单元的制动与缓解动作。

3)盘形制动缸说明

(1)间隙调整。间隙调整器具有自动辨明弹性变形与闸片磨耗功能,可保持较小和准确调节闸片与制动盘间隙。

盘形制动单元在制动过程中,产生两种变形:制动单元在输出力传递过程中,因机械原因,间隙调整器内部产生弹性变形;在制动时,盘形制动放大杠杆系统,因受作用力影响,也将产生位移或变形。

由于上述弹性变形,促使间隙调整器进行调整,将造成闸片与制动盘有效间隙越来越小。为了防止该现象发生,在PD型盘形制动单元的间隙调整器内,设置了弹性变形辨明机构,它可以准确判断系统的弹性变形和闸片与制动盘的磨耗,以确保只补偿闸片与制动盘的磨耗,而不受系统弹性变形的影响,进而使闸片与制动盘之间,可以达到较小和准确间隙并保持始终不变。

(2)无效容积小。PD型盘形制动缸间隙容积(无效容积),ϕ254mm的制动缸无效容积为0.16L。当制动时,制动缸及弹簧停车制动器均能迅速产生制动作用。

(3)灵敏高效。间隙调整器阻力小,制动单元灵敏度好,制动传动效率高。制动时,盘形制动缸最小动作压力为50kPa,灵敏度好。该制动单元制动效率为98%。

(4)停放制动和快速手动缓解。停放制动缸紧凑小巧且输出力大;弹簧制动输出力大于或等于9.3kN,可满足车辆静止停车要求。

停放制动缸设置快速手动缓解机构,并可实现从转向架外侧拉动,方便操纵,有利于快速缓解。

4)PD型盘形制动缸作用原理

(1)缓解位置。机车车辆在线路正常运行时,盘形制动单元处于缓解位置,如图3-45所示。

缓解时,空气压力P由制动缸排出,在活塞复原弹簧G的反作用下,制动活塞M向右移动,恢复到缓解位。此时,定位块齿座C与推筒支持套D接触。间隙调整器动作,调整螺杆带动盘形制动装置的制动放大杠杆,使闸片离开制动盘,盘形制动装置处于缓解位。

(2)正常间隙的调整。制动状态,如图3-46所示。制动时,空气压力P进入制动缸,克服活塞复原弹簧G的作用力,推动制动活塞推筒向左移动,使定位块齿座C移动距离A。此距离A为闸片与制动盘间隙之和,即$A=2sn$(s为闸片与制动盘间隙,n为制动杠杆倍率)。此时,闸片与制动盘刚接触,无作用力,间隙调整器无调整。

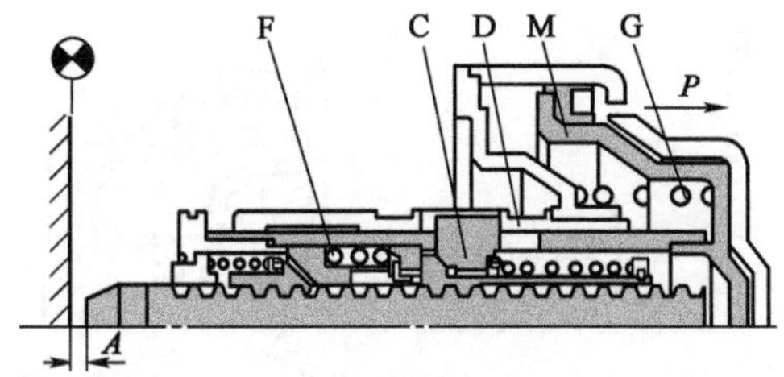

图3-45　缓解位置图

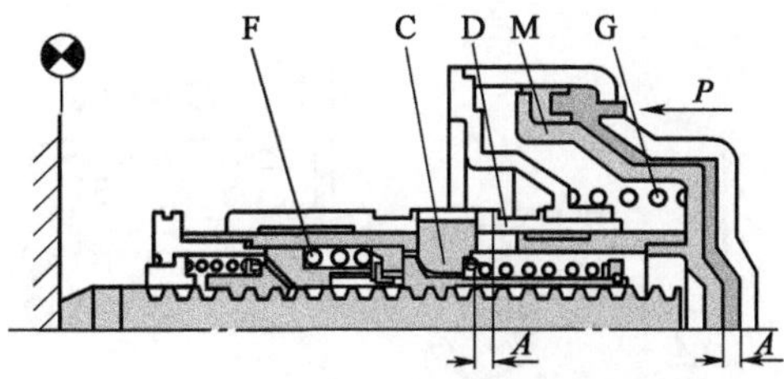

图3-46　制动作用时,正常间隙调整作用图

在空气压力作用下,制动活塞M继续向左移动。此时产生作用力,在制动缸作用力下,间隙调整器及制动放大杠杆产生了弹性变形E。在该力作用下,压缩离合器弹簧F,直至将制动盘B压紧,使引导螺母不能转动。因此,使间隙调整器在弹性变形情况下具有不调整的作用,如图3-47所示。

(3)闸瓦磨耗,间隙增大时的调整。

①制动状态。在制动过程中,由于闸片磨耗F距离,制动盘B松开,使引导螺母转动,直至后引导螺母齿与定位块齿座C接触并啮合,使后引导螺母复位。此时,后引导螺母与调整螺杆之间相对移动F距离。此距离正好为闸片的磨耗量,如图3-48所示。

②缓解状态。缓解时,空气压力P由制动缸排出,制动活塞M在复原弹簧G的作用下,向右移动,盘形制动单元产生的作用力逐渐消除,弹性变形E也随之消除。

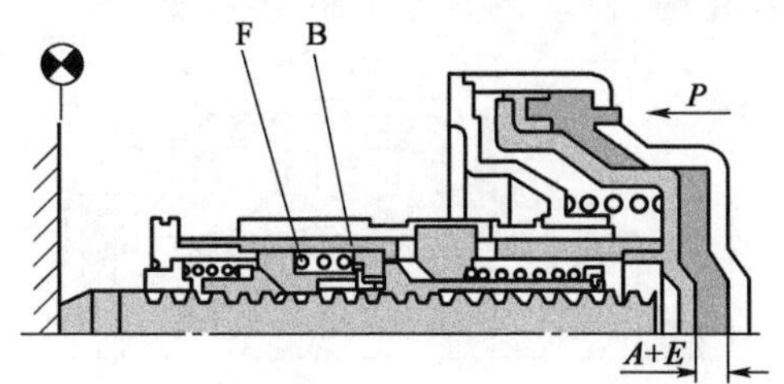

图3-47　制动作用时,产生弹性变形,引导螺母不旋转动作图

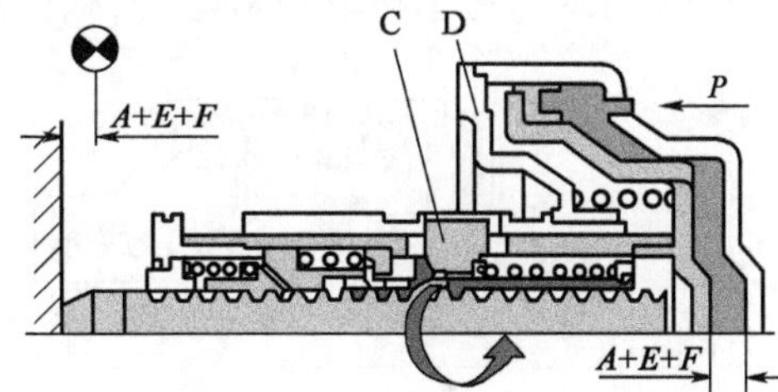

图3-48　制动时闸片间隙磨耗间隙增大,后引导螺母转动,调整闸片磨耗距离动作图

当继续缓解时,如图3-49所示,后引导螺母与定位块齿座C同时移动A距离,并与制动缸支撑筒接触。由于制动活塞推筒向右移动,使前调整螺母与前调整齿座脱开,并使前调整螺母在调整螺杆上转动,致使前调整螺母与前调整齿座接触并啮合。此时,使调整螺杆向左伸长了与闸片磨耗量F相同的距离。此次制动与缓解过程,自动补偿了闸片磨耗引起的闸片与制动盘间隙增大,使之保持闸片与制动盘的正常间隙。

(4)过多闸瓦间隙时的调整。

①制动状态时,后引导螺母旋转并调整。制动状态如图3-50所示,闸片与制动盘间隙远远超过A正常间隙时,空气压力P进入制动缸,活塞向左移动的行程L,使推筒支撑座及推筒向左移动的距离长。此时,间隙调整器的动作与正常闸瓦间隙的调整动作略有不同。

制动全过程中,由于闸片不接触制动盘,调整螺杆不受力,间隙调整器内的后引导螺母与定位块齿座脱开时,即可沿调整螺杆旋转,使调整螺杆伸长并相对移动一段距离L,直至后引导螺母与定位块齿座啮合。

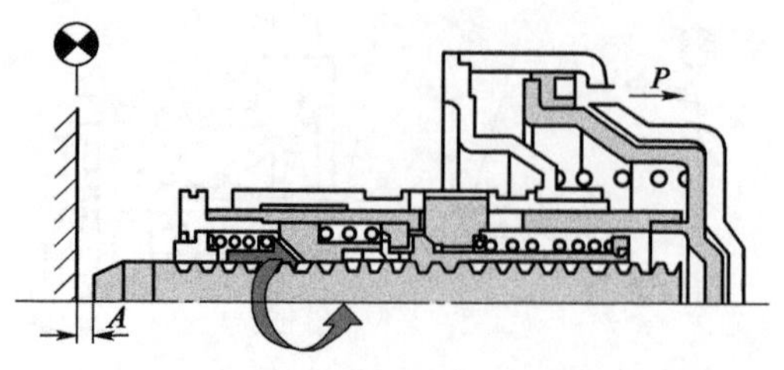

图 3-49 缓解时,前调整螺母转动,调整闸片磨耗距离动作图

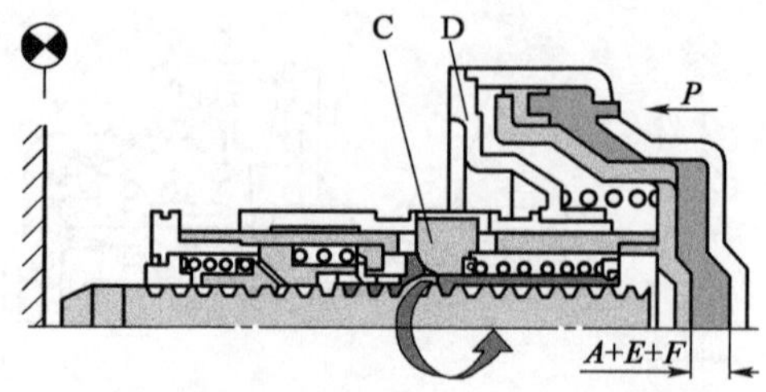

图 3-50 过多闸瓦间隙时,自动调整间隙图

②缓解状态时,前调整螺母旋转调整。缓解状态与图 3-49 相同。缓解过程中,前调整螺母与推筒中间齿座脱开,使调整螺杆移动相应距离。该动作与磨耗后间隙增大的前调整螺母调整动作基本相同。

5)弹簧停车制动缸作用原理

PD 型盘形制动单元的弹簧停车制动器具有三种位置,即缓解位(制动单元处于缓解状态及制动状态)、制动位及手动快速缓解位。弹簧停车制动器主要用于机车车辆静止停车。

(1)缓解位置。机车车辆正常运行或施行空气制动时,弹簧停车制动器均处于缓解位。

图 3-51 所示为车辆正常运行,不施行制动作用时,制动单元处于缓解状态。

图 3-52 所示为机车车辆正常运行,施行制动作用时,制动单元处于制动状态。

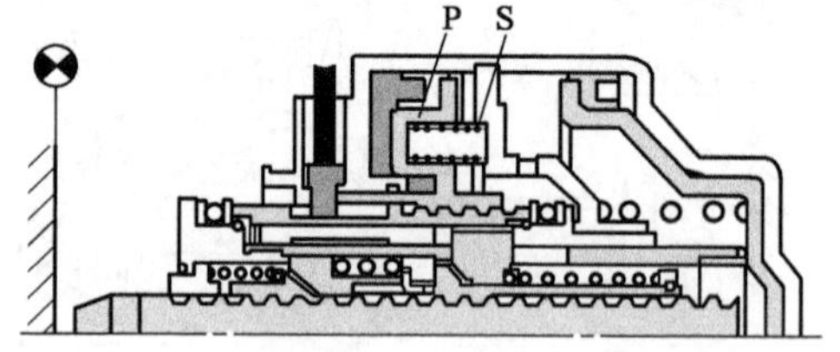

图 3-51 缓解位置(制动单元处于缓解状态)

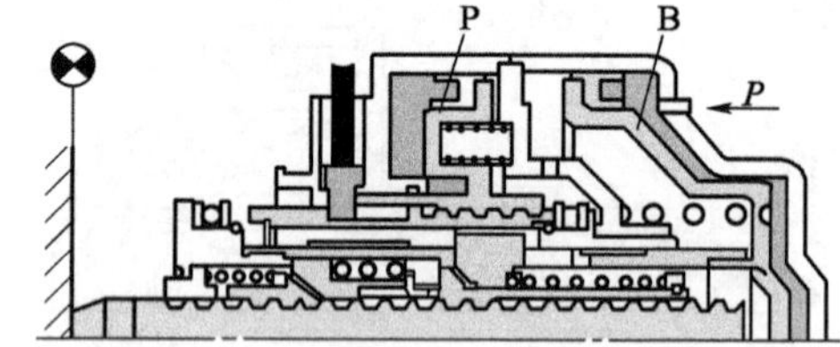

图 3-52 缓解位置(制动单元处于制动状态)

弹簧停车制动器处于缓解位时,弹簧停车制动活塞 P,在总风压力下,压缩停车制动器内主弹簧 S,使弹簧停车制动器处于缓解状态。

如需制动单元制动与缓解时,可向制动单元制动缸内充、排气,实现制动和缓解作用。

(2)制动位置。当机车车辆静止停车时,排出总风压力,在停车制动器主弹簧 S 作用下,弹簧制动器制动活塞 P 及调整螺母和调整螺杆 R 向左移动,使之产生弹簧制动输出力。该输出力作用至制动放大杠杆、闸片及制动盘,实现机车车辆静止停车,如图 3-53 所示。当机车车辆无总风情况下,需要缓解弹簧停车制动器产生的制动作用时,需拉动手动快速缓解装置 A,使弹簧停车制动作用彻底缓解。拉动手动快速缓解装置 A 时,锁紧机构触头 T 与调整螺杆 R 的棘轮脱开,弹簧制动器制动活塞及调整螺母 P 在停车制动器主弹簧 S 及弹簧 B 作用下向左移动,调整螺杆 R 旋转,并推动制动活塞 C 迅速向右移动,使制动单元达到缓解位,完成手动快速缓解作用,如图 3-54 所示。

当弹簧停车制动器实现手动快速缓解后,再向弹簧制动缸充入总风时。由于总风压力作用,使制动活塞 P 向右移动,因调整螺杆 R 的棘轮为单向锁闭,可解除锁闭,使调整螺杆 R 反向旋转,使弹簧停车制动器重新达到缓解位,如图 3-54 所示。

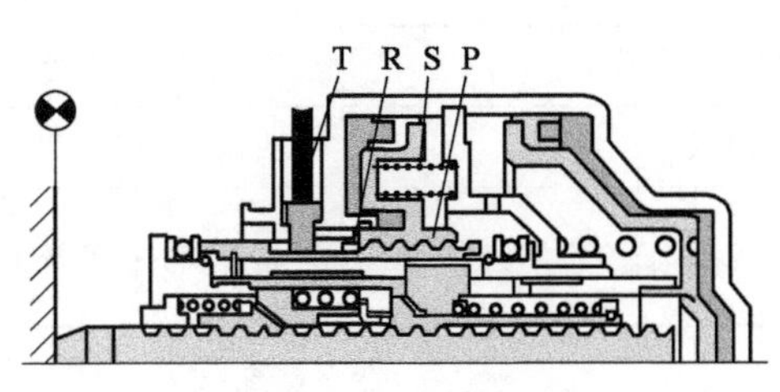

图3-53 制动位置

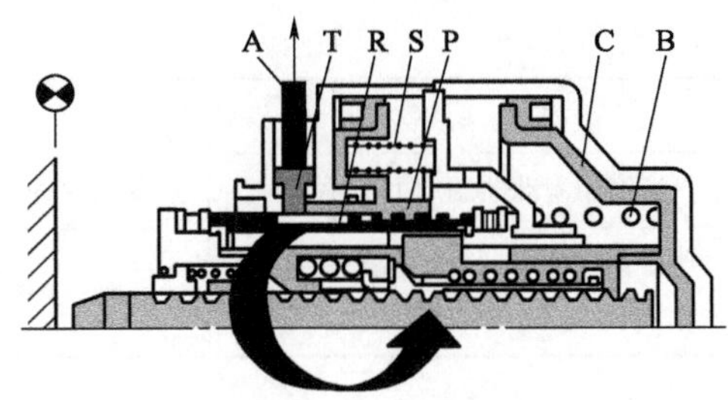

图3-54 手动快速缓解位置

6)日常使用

PD型盘形制动单元在转向架上安装完毕后,在不安装闸片的情况下,按照以下程序进行调试检查。

(1)制动缸动作试验。先调整前调整螺母,使制动缸缩至最短尺寸。总风压力大于或等于580kPa向弹簧停车制动缸充风,观察制动单元的缓解状态。向制动缸充200kPa空气压力,进行数次制动缓解,到闸片间隙为标准间隙(1.5mm ±0.3mm),然后再重复一次,如果动作一切正常即可。

(2)弹簧停车制动试验。将停放制动缸的空气压力排空,制动单元实施弹簧停车制动。向停放制动缸充风,制动单元呈缓解状态,且闸片间隙正常,以上程序反复2次。

(3)手动缓解的动作试验。将停放制动单元的压力空气排大气至零,拉动手动缓解拉手,制动单元呈缓解状态,且闸瓦间隙为正常间隙,反复3次动作正常、间隙正常即可。

盘形制动单元维护与使用:盘形制动单元是机车车辆基础制动装置中的重要部件,它直接关系到列车运行安全,为此,其技术状态应始终保持良好。

7)日常检查与维护

(1)经常检查盘形制动单元本身各紧固螺栓及连接部件,不应产生松动或脱落。

(2)经常检查盘形制动单元与制动放大杠杆的连接螺栓、销轴是否松动和脱落。

(3)经常检查闸片与制动盘间隙是否正常。

(4)定期检查盘形制动单元制动与缓解作用及间隙调整器动作是否正常。

(5)定期检查弹簧停车制动器及手动快速缓解机构的动作是否正常无误。

8)故障分析与处理。

故障分析与处理,见表3-1。

故障分析与处理 表3-1

序号	故障现象	故障原因	处理维修
1	空气漏泄	制动缸橡胶皮碗、O形密封圈不合格	更换故障部件
2	闸片与制动盘间隙逐渐变小	引导螺母和轴承、锁闭环及弹簧故障	更换故障部件
3	闸片与制动盘间隙逐渐变小	间隙调整器内锁紧环故障	更换或修理锁紧环
4	制动单元不缓解或不制动	制动活塞复原弹簧失效或制动缸橡胶皮碗泄漏	更换弹簧或皮碗
5	弹簧停车制动器缓解不彻底	轴承、螺母故障	修理或更换部件

续上表

序号	故障现象	故障原因	处理维修
6	弹簧停车制动器制动力不足	弹簧S的弹簧力衰减	更换新弹簧
7	弹簧停车制动器手动缓解时,不缓解	手动缓解机构故障	检查或更换弹簧或触头

复习思考题

1. 简述盘形制动装置的结构和分类。
2. PC7Y型制动器和PC7YF型制动器的结构和作用原理是什么?
3. 合成闸瓦有哪些优点?
4. 简述PEC7型单元制动机的工作原理。
5. 简述PEC7型单元制动机闸瓦间隙调整器的工作原理。
6. 简述PEC7型单元制动机停放制动器的工作原理。
7. 合成闸片如何拆装?更换合成闸片的条件是什么?
8. 简述PD型盘形制动单元的结构。在运用中有哪些注意事项?
9. 以PD型制动缸为例,说明盘形制动缸的作用原理。
10. 盘形制动单元有哪些故障?如何进行处理?

单元 4　动力(电)制动系统

教学目标

(1)掌握电制动的基本原理及混合制动分配的原则;

(2)了解动力制动的控制模式和直流牵引传动控制的电制动原理;

(3)掌握城市轨道交通车辆的防滑控制原理和交流牵引传动电制动的基本作用原理。

建议学时

6 学时

单元 4.1　城市轨道交通车辆制动系统介绍

一、电制动的基本原理

电制动是车辆在常用制动下的优先选择,仅带驱动系统的动车具有电制动,电制动又有再生制动和电阻制动两种形式。电制动具有独立的滑行保护和载荷校正功能。为此,每节动车装备有:一个三相调频调压逆变器(VVVF);一个牵引控制单元(DCU);一个制动电阻;四个自冷式三相交流电机 M_1、M_2、M_3、M_4(每轴一个,相互并联)。

1. 再生制动

当发生常用制动时,电动机 M 变成发电机状态运行,将车辆的动能变成电能,经 VVVF 逆变器中的桥式整流电路整流成直流电反馈于接触网,供列车所在接触网供电区段上的其他车辆牵引用和供给本车的其他系统(如辅助系统等),此即再生制动。再生制动的基本原理,如图 4-1 所示。

再生制动取决于接触网的接收能力,亦即取决于网压高低和负载利用能力。以上海轨道交通 2 号线为例,接触网额定电压为 1500V,车辆最大运行速度为 80km/h,实际运行过程中制动初速度约为 70km/h。当列车进站前开始制动时,列车停止从接触网受电,电动机改为发电机工况,将列车运行的动能转换为电能,产生制动力,使列车减速。设接触网额定电压为 U,当满足以下两个条件时列车可以实行再生制动并向接触网反馈电能:一是接触网电压在 U ~ $1.2U$(理论值,对应于上海地铁 2 号线为 1500 ~ 1800V)范围内;二是再生电能必须要由一定距离内的其他列车吸收。如图 4-2 所示,当车辆 2 距离车辆 1 足够近且接触网电压在 1500 ~ 1800V 时,车辆 2 可以吸收车辆 1 所产生的反馈电能,从而使车辆 1 产生再生制动。当接触网电压过压、欠压或一定距离内无其他车辆吸收反馈能量时,通过车辆牵引控制单元切断向接触网反馈的电能,再生制动不能实现。此时列车会自动切断反馈电路,实施电阻制动。当列车速度小于 8km/h 时,利用压缩空气作为动力源,对车辆实施机械制动,直至列车停止。

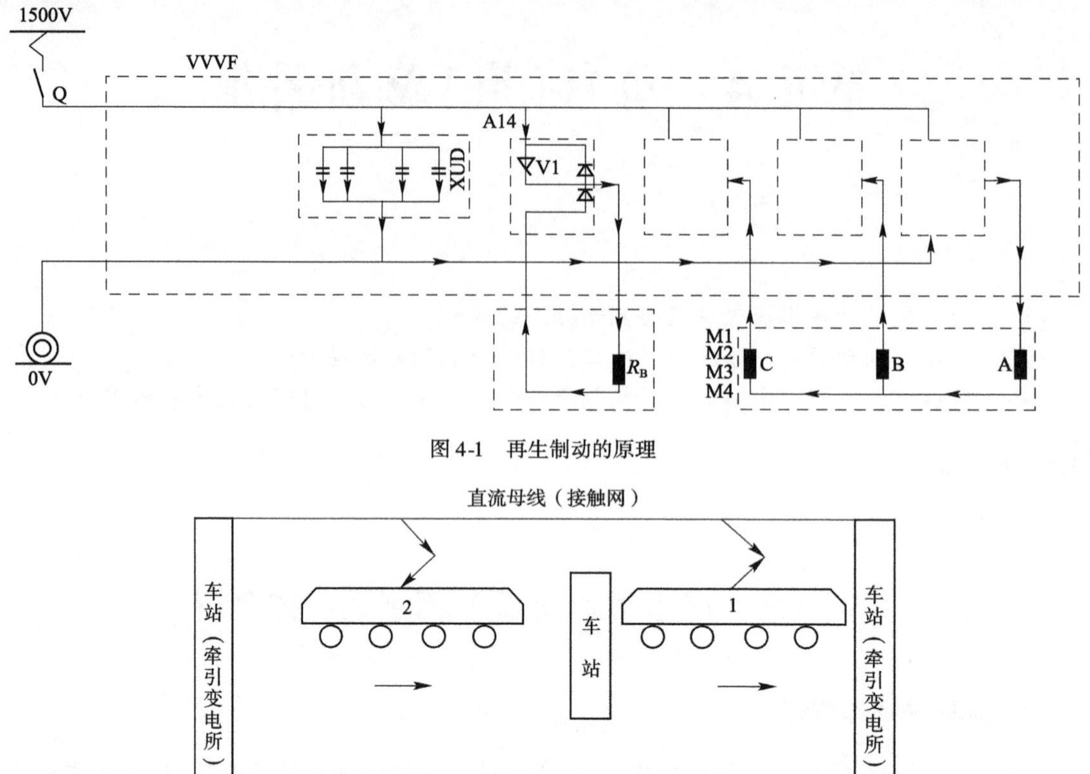

图 4-1 再生制动的原理

图 4-2 城市轨道交通车辆制动原理示意图

2. 电阻制动

如果在电制动的情况下,能量不能被电网完全吸收,多余的能量必须转换为热能消耗在制动电阻上,否则电网电压将抬高到不能承受的水平。制动斩波器的存在确保大部分的能量能反馈回电网,同时又保护了电网上其他设备。

如果制动列车所在的接触网供电区段内无其他列车吸收该制动能量,VVVF 则将能量反馈在线路电容上,使电容电压 XUD 迅速上升。当 XUD 达到最大设定值 1800V 时,DCU 启动能耗斩波器模块 A_{14}上的门极可关断晶闸管 GTO:V_1,GTO 打开制动电阻 R_B,制动电阻 R_B与电容并联,将电机上的制动能量转变成电阻的热能消耗掉,即电阻制动(也称能耗制动),电阻制动能单独满足常用制动的要求。电阻制动的原理,如图 4-3 所示。

电阻制动是承担电机电流中不能再生的那部分制动电流。再生制动电流加电阻制动电流等于制动控制要求的总电流,此电流受电机电压的限制。再生制动与电阻制动之间的转换由 DCU 控制,能保证它们连续交替使用,转换平滑,变化率不能为人所感受到。当列车处于高速时,动车采用再生制动,将列车动能转换成电能;当再生制动无法再回收时(如当网压上升到 1 800V 时),再生制动能够平滑地过渡到电阻制动。

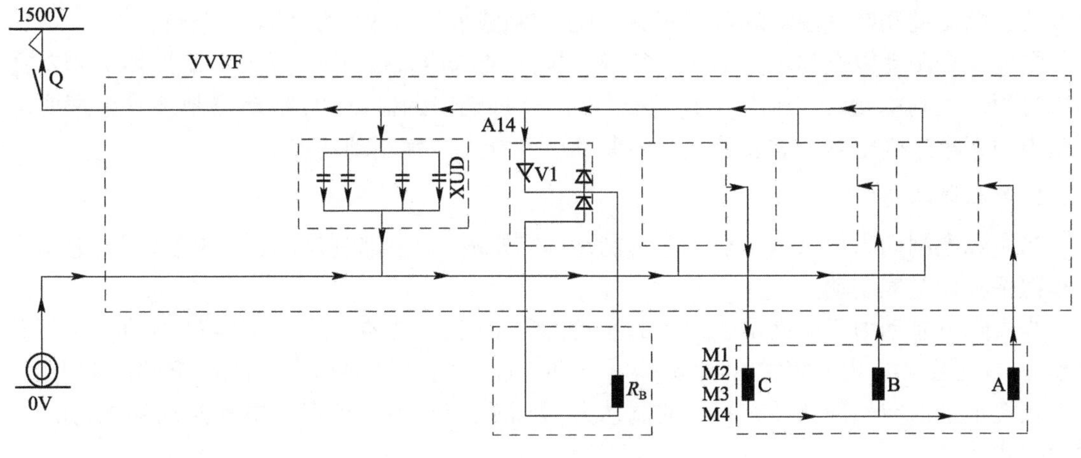

图 4-3　电阻制动的原理

二、空气制动

空气(摩擦)制动,是用来补充制动指令所要求和电制动已达到最大的电制动力之间的差额,以及没有电制动时完全由空气制动来承担的列车制动要求。电制动和空气制动之间的混合制动是平滑的,并满足正常运行的冲击极限。

每节车设计有独自的空气制动控制及部件,每根轴设计有独立的防滑装置,由 ECU 实时监控每根轴的转速。一旦任一轮对发生滑行,能迅速向该轴的防滑电磁阀 G01 发出指令,沟通制动缸与大气的通路,使制动缸排气,从而解除该轮对的滑行现象。制动执行部件采用单元制动缸,如 PC7Y 型和带停放制动器(也称弹簧制动器)的 PC7YF 型,或 PEC7 型(不带弹簧制动器)和 PEC7F 型(带弹簧制动器)等。

空气制动运用情况,见表 4-1(“×”表示该车有空气制动施加,“—”表示该车无空气制动力)。

空气制动运用情况　　表 4-1

空气制动运用情况	动车的空气制动	拖车的空气制动
电制动滑行时	—	×
电制动故障或严重滑行时	×	×
车辆荷载工况 AW_2 以上或接触网电压低于 1500V 时	×	×
列车速度低于 8km/h(可调)包括列车停站时的保压制动	×	×
停放制动	×	×
快速制动	×	×
紧急制动	×	×

广州地铁一号线车辆荷载工况定义如下:

AW_0——空载(拖车自重 33t、动车自重 38t);AW_1——客座荷载(56 位坐客,60kg/人);AW_2——定员荷载(除坐客外,站客 6 人/m^2);AW_3——超员荷载(除坐客外,站客 9 人/m^2)。

三、电制动和空气制动的制动力分配方案

列车制动采用电制动与空气制动实时协调配合、电制动优先、空气制动延时投入的混合制

动方式。电制动和空气制动均可由车载 ATO 控制或人工操纵司机控制器控制。

空电混合制动以全列车为单元进行混合控制,制动控制装置通过来自司控器的制动命令和来自制动控制单元(AS 压力)的车辆载重计算每辆车的制动力;制动控制装置根据实际电制动力的大小来确定是否需要补充空气制动以及补充空气制动的多少。

1. 等粘着状态

当实际电制动力可以满足全列车的制动力需求时,则全部制动力都由电制动承担,动车和拖车都不施加空气制动。

当实际电制动力不能满足全列车的制动力需求时,首先在拖车上以空气制动补充不足的制动力,参见图 4-4 中的模式 1;如实际电制动力还不能满足动车本身所需求的制动力时,则首先在拖车上以空气制动补充不足的制动力,剩余的制动力由动车的空气制动补充,如图 4-4 中的模式 2。

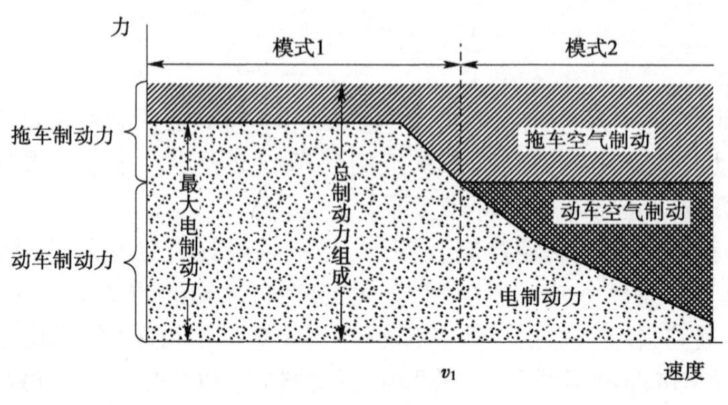

图 4-4　电空配合

2. 等磨耗状态

电空混合制动采用电制动与空气制动实时协调配合、电制动优先、电制动不足时在全列车平均分配空气制动力的混合制动方式,即按"等磨耗"方式进行全列车制动混合控制。

当所有动车的实际电制动力之和可以满足全列车的制动力需求,全部制动力由电制动承担,动车和拖车都不施加空气制动。

当实际电制动力不能满足全列车的制动力需求时,全列车需要补充的制动力将平均分配到各辆车上,以空气制动的形式进行补充,各车均受粘着极限限制。若在制动过程中出现电制动滑行造成制动力的损失,空气制动不进行补偿,以便于电制动的防滑控制。

(1)全列车的电空混合过程,如图 4-5 所示。各动车电制动正常发挥,电制动力总和正好等于全列车所需要的制动力总和,拖车及动车均不补充空气制动。

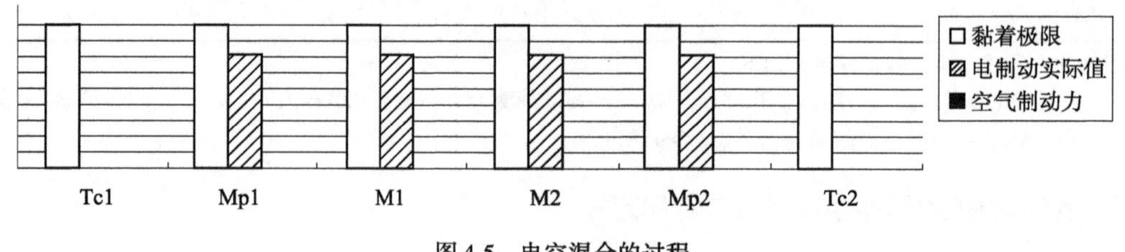

图 4-5　电空混合的过程

(2)若 M1 车电制动力下降,电制动力总和不能满足全列车的制动力需求,所需要补充的空气制动将平均分配给各车的空气制动。此时动车上的电制动和空气制动力之和没有超过黏着极限,参见图 4-6。

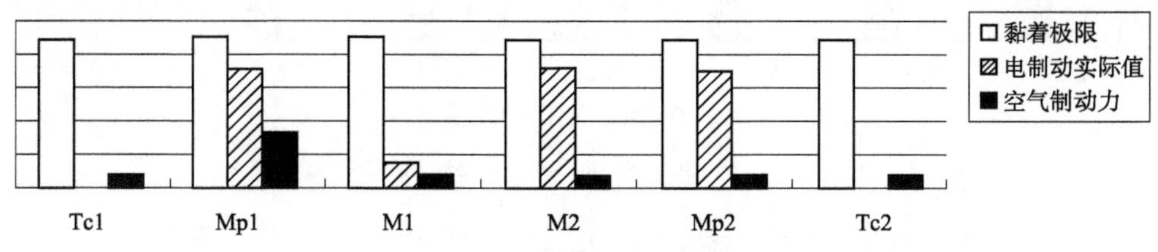

图 4-6　电空混合的过程

(3)若 Mp1 车电制动力也下降,电制动力总和不能满足全列车的制动力需求,所需要补充的制动力平均分配给各车空气制动。此时,M2 车、Mp2 车制动力已达到黏着极限,不能在这两辆车上补充的空气制动将平均分配到其他没有超过黏着极限的 Tc1、Mp1、M1、Tc2 车上,参见图 4-7。

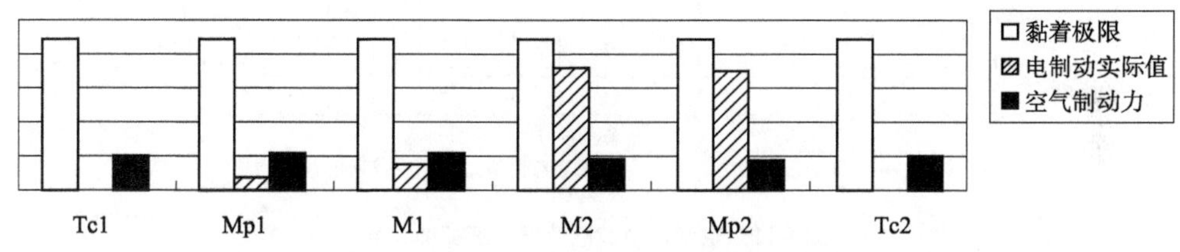

图 4-7　电空混合过程示意图

(4)若 M2 发生电制动滑行,保持当前的空气制动力值不变,参见图 4-8。

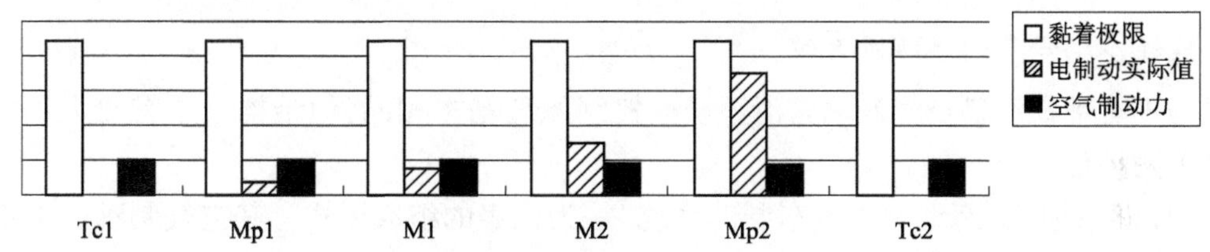

图 4-8　电空混合过程示意图

(5)若 M2 因电制动防滑失效,电制动力被切除,动车所需要补充的制动力平均分配给各车。此时,Mp2 车制动力已达到黏着极限,不能在这辆车上补充的空气制动将平均分配到其他没有超过黏着极限的 Tc1、Mp1、M1、M2、Tc2 车上,参见图 4-9。

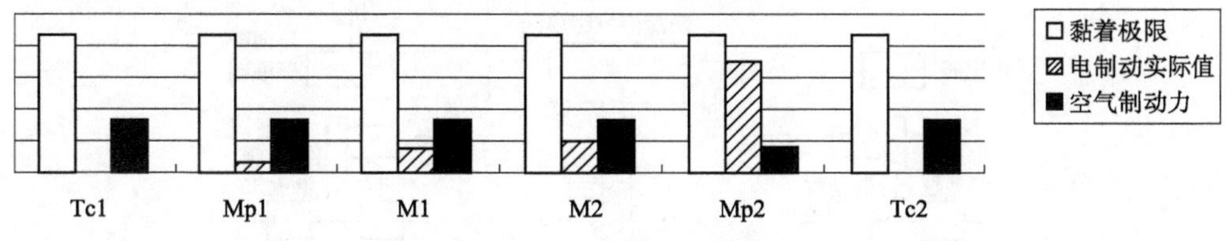

图 4-9　电空混合过程示意图

(6)纯空气制动时,列车所需制动力平均分配到各车施加空气制动,参见图 4-10。

电制动允许投入的最高初始速度为 80km/h;当 AW2,DC1500V 网压,大约 70km/h 时达到全部电制动。在 AW2 负载,平直轨道上电制动力和减速度与速度的关系如图 4-11 所示。

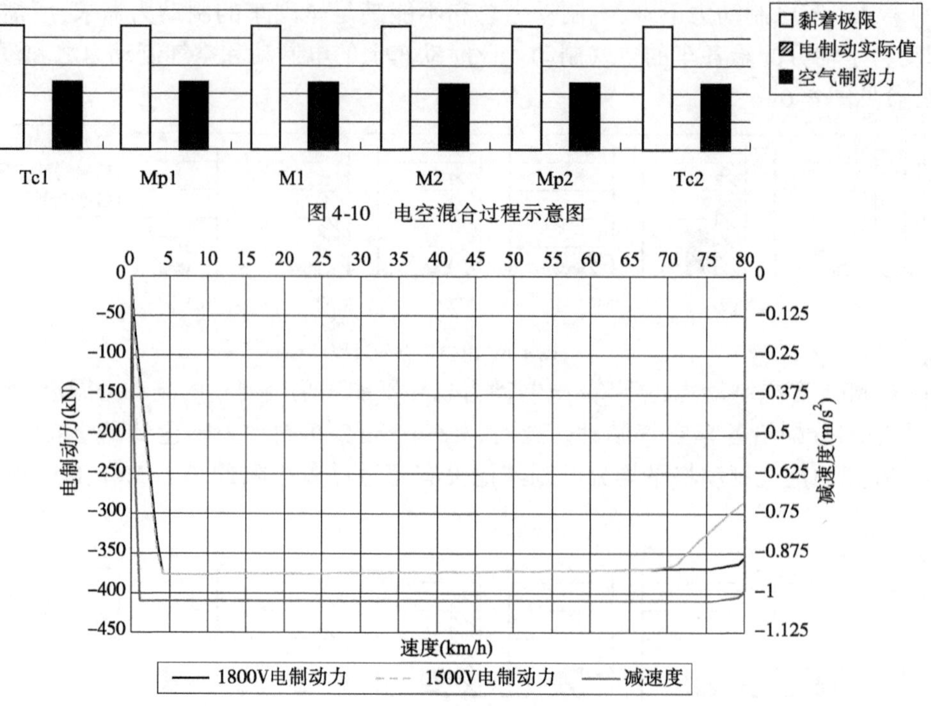

图 4-10　电空混合过程示意图

图 4-11　电制动力和减速度与速度的关系

四、地铁车辆制动防滑系统

1. 地铁车辆空气制动防滑系统

国内现有地铁车辆空气制动防滑系统的控制原理基本相同，但结构组成有较大不同。主要有如下两种形式：

(1)以北京地铁“新型地铁客车制动系统”等为代表的组成形式。其空气制动防滑系统组成，如图 4-12 所示。

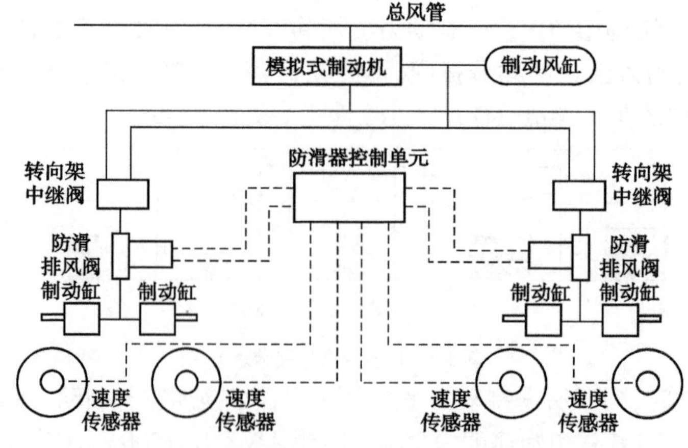

图 4-12　北京地铁空气制动防滑系统组成

——空气管路；－－－电信号线

该防滑系统主要由1台控制单元、4个速度传感器、2个防滑排风阀组成。该系统与我国目前铁路客车使用的防滑器的最大区别是每套系统只有两个防滑排风阀,一个排风阀控制一台转向架制动缸的充排气作用,控制的精确程度要低于铁路客车防滑器。该防滑系统采用了三个滑行判据,即速度差(轴速与车辆参考速度之差)、滑行率(速度差与参考速度之比值)和减速度。制动时,速度传感器将测得的信号传给控制单元。控制单元计算出每根轴的速度、速度差、减速度 、滑行率等,当控制单元根据上述三个判据判断出某根轴的车轮要出现滑行时,就控制该轴所在转向架的防滑排风阀的排气、保压及充气作用,从而控制该轴的制动缸压力,实现防滑的目的。

(2)以上海、广州进口地铁车辆为代表的防滑控制方式。图4-13所示是上海地铁的空气制动防滑系统组成。

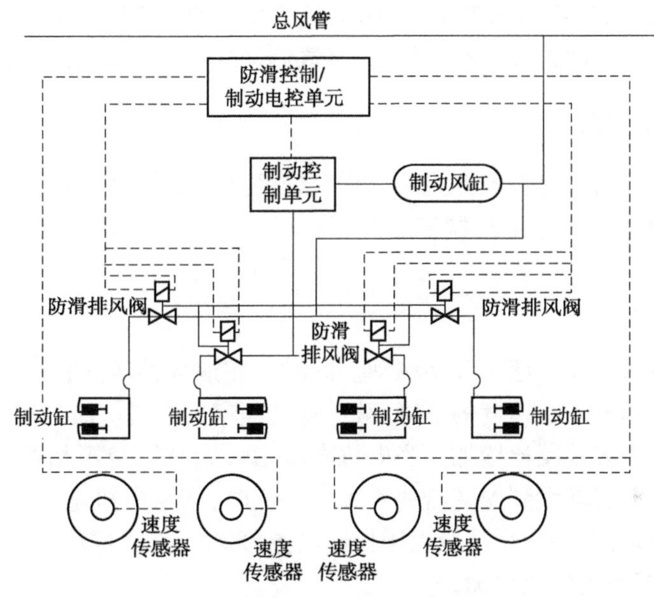

图4-13　上海地铁空气制动防滑系统组成

——空气管路;－－－电信号线

该防滑系统主要由控制单元、4个速度传感器、4个防滑排风阀组成。从组成上看,它与北京地铁客车制动系统防滑的主要区别:一是将主机与空气制动微机控制单元合二为一;二是每根轴装有一个防滑排风阀,可单独控制每根轴制动缸的充排气作用。该防滑系统采用的防滑控制原理及滑行判据与我国提速、准高速客车使用的克诺尔防滑器基本一样,根据速度差、减速度的变化进行防滑控制。但防滑排风阀有所不同,它利用总风压力作为先导压力,打开排风阀上制动控制单元的中继阀与制动缸的通路,切断制动缸与大气的通路;制动时,制动风缸的压缩空气经中继阀、防滑排风阀到达制动缸;产生防滑作用时,利用电磁力打开排风阀上制动缸与大气的通路,可排出制动缸内的压缩空气,同时切断中继阀到制动缸的通路。另外,该排风阀只有一个电磁阀,即排气电磁阀。这是主要考虑地铁车辆运行速度较低,且空气制动通常在低速时起作用,一旦判断出要滑行,需立即使制动缸排气。当滑行停止,又要马上对制动缸充气,因而不设保压电磁阀。

2. 城市轨道交通车辆动力制动(电制动)的防滑控制系统

国内现有地铁车辆的动力制动包括电阻制动和再生制动。防滑控制过程中,同时对动车的四根轴进行集中控制。也就是说,在动力制动过程中判断出某根轴的车轮出现滑行,总的动力制动力即四根轴的动力制动力均要减少。在制动力的控制上,主要有两种控制方式:一种是在判断出滑行时,将动力制动力全部切除,用空气制动代替(相应的动车和拖车中的空气制动取代),再对空气制动进行防滑控制。北京地铁主要采用这种方式。另一种是根据防滑要求,部分减少动力制动力,减少的制动力用空气制动补充(首先是拖车的空气制动补充,如果仍不足,相应的动车也施加空气制动)。上海地铁和广州地铁采用这种方式。另外,国内大多数地铁对动力制动和空气制动防滑控制时的制动力缓解时间有所限制。空气制动防滑时,如果防滑排风阀连续排风时间超过5s,将自动恢复制动作用。动力制动防滑时,如果制动力连续降低时间超过5s,一种方法是切除动力制动,用空气制动代替,如上海地铁 1 号线;另一种方法是相应地保持部分动力制动力,减少的部分由空气制动代替,如上海地铁 2 号线。

五、动力制动控制模式

列车由运动状态逐渐减速直至停止的过程大致经历 3 个控制模式,即恒转差率控制模式(恒电压、恒转差频率)、恒转矩 1 控制模式(恒转矩 1、恒电压)和恒转矩 2 控制模式(恒转矩 2、恒磁通)。

1. 恒转差率控制模式

恒转差率控制模式是在高速时开始制动。此时三相逆变器电压保持恒定最大值,转差频率保持恒定最大值。随着列车速度的下降,减小逆变频率。电机电流与逆变频率成反比增加,制动力与逆变频率的平方成反比增加。当电机电流增大到与恒转矩相符合的值时,将进入恒转矩控制。但当电机电流增大到逆变器的最大允许值时,则从电机电流增大到该最大值的时刻起保持电机电流恒定,在一个小区段内用控制转差频率的方法进行恒流控制。在这种情况下,制动力将随逆变频率成反比增加。

2. 恒转矩 1 控制模式

恒转矩 1 控制模式时,逆变器电压保持恒定最大值,控制转差频率与逆变频率的平方成反比。随着列车速度的下降,减小逆变频率,则转差频率减小至最小值。电机电流与逆变器频率成正比减小,制动力保持恒定。

3. 恒转矩 2 控制模式

恒转矩 2 控制模式时,转差频率保持恒定最小值,此时电机电流亦保持恒定。随着列车速度的下降,减小逆变频率,同时采用 PWM(脉宽调制)控制减小电机电压,即保持 v/f_1 的值恒定,则磁通恒定,制动力恒定。

一般制动工况下,列车由高速减速至 50km/h 期间,大约处于恒电压、恒转差频率区;由 50km/h 减速至完全停车期间,理论上大约处于恒转矩控制区,但实际上在 10km/h 以下的某个点,再生制动力会迅速下降。所以,当列车减速至 10km/h 以下后,为保证制动力不变,需要逐步补充空气制动。

单元4.2　直流牵引传动电制动和交流牵引传动电制动

城市轨道交通车组的制动系统是由作为电机牵引传动的动力制动(也称电制动)和压缩空气制动(简称空气制动)两部分组成的。电制动根据采用的牵引电机的不同,分为直流电机牵引传动和交流电机牵引传动两种。北京地铁列车现已全部改为交流电机牵引传动。

一、直流牵引传动的电制动

1. 斩波调压调速

PWM控制技术是利用半导体开关器件的导通和关断,把直流电压变成电压脉冲列,并通过控制电压脉冲宽度或周期以达到变压的目的,或者控制电压脉冲宽度和脉冲列的周期以达到变压变频目的的一种控制技术。PWM(Pulse Width Modulation)译为脉宽调制。

制动是把车辆的速度调低,是在速度调低过程中对减速度的有效控制。因此,与牵引工况调速一样,在制动工况时对电制动的调速控制是必须把握住的,在不同的荷载、不同的轨道状态、不同的可用功率情况下,最大限度地利用电制动力,以达到需要的快速、准确停车。

采用斩波器调压方式,使再生电流可返回电网,只有当电网网压过高或因某种原因而不能吸收时,才投入电阻能耗,再生和电阻制动能平滑过渡。我国城市轻轨地铁供电主要是DC1500V的架空线或DC750V、DC1500V的第三轨供电方式。采用直流电机牵引,牵引时从供电到用电是DC→DC再生制动时从电机发电到电网也是DC→DC。这种直流电之间的转换是调节直流平均电压,在电力电子学中称斩波。

图4-14所示,为一直流电机M、端电压 U_a 受PWM控制的原理图。

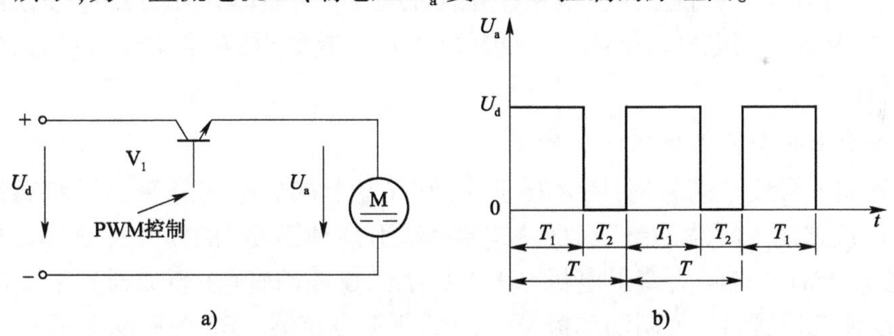

图4-14　直流电机M端电压 U_a 受PWM控制的原理图

图4-14a)中 V_1 是晶体管,假如先导通 T_1 秒,然后关断 T_2 秒。在 T_1 秒的期间内 U_a 电压为 U_d。在 T_2 秒的期间内 $U_a=0$。如此反复,则电机电枢端电压波形,如图4-14b)所示。电机电枢端电压 U_a 为其平均值:

$$U_a = T_1U_d/(T_1 + T_2) = T_1U_d/T = \alpha U_d \tag{4-1}$$

式中:α——一个周期 T 中,晶体管 V_1 导通时间的比率,称为占空比(也有称为负载率、调制率,英文duty),$\alpha = T_1/(T_1+T_2) = T_1/T$。

使用下面3种方法的任一种,都可以改变 α 的值,从而达到调压目的。

①定宽调频法:T_1 保持一定,使 T_2 在 $0\sim\infty$ 范围内变化。

②调宽调频法:T_2保持一定,使T_1在$0\sim\infty$范围内变化。

③定频调宽法:$T_1+T_2=T$保持一定,使得T_1在$0\sim T$范围内变化。

不管哪种方法,α的变化范围均为$0\leqslant\alpha\leqslant1$,因此电枢电压平均值$U_a$的调节范围为$0\sim U_d$,均为正值,即电机只能在一个方向调速,称为不可逆调速。当需要电机在正反两方向调速,即可逆调速时,就要使用图4-15所示桥式(或称H形)降压斩波电路。

图4-15a)中晶体管V_1、V_4是一组,同时导通同时关断,V_2、V_3是另一组,同时导通同时关断。

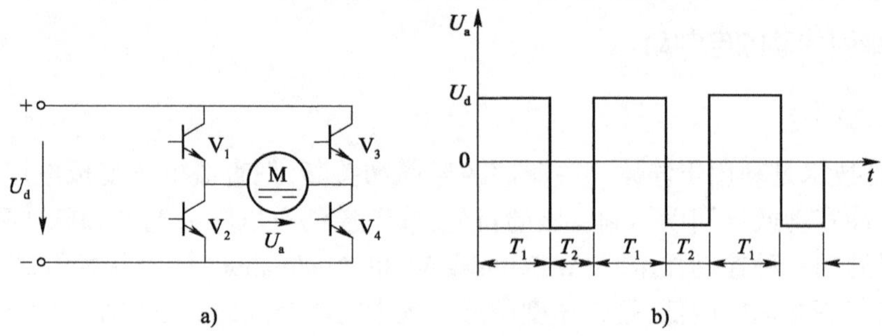

图4-15　降压斩波电路图

设V_1、V_4先导通T_1秒后同时关断,再使V_2、V_3同时导通T_2秒后同时关断。如此反复,则电机电枢端电压波形如图4-15b)所示,则电机电枢端电压的平均值为:

$$U_a=(T_1-T_2)/(T_1+T_2)U_d=[(2T_1/T)-1]U_d=(2\alpha-1)U_d \tag{4-2}$$

由于$0\leqslant\alpha\leqslant1$,所以$U_a$的范围是$-U_d\sim+U_d$,因而电机可在正、反两个方向调速运行。

以上介绍的都是降压,当然也可以升压。例如,在主电路中接入电抗器储能,在晶体管通断过程中也可达到升压的目的。

总之,我们可以通过对直流牵引电机主电路的配置,用晶体管开关器件,采用PWM控制技术进行斩波,从而改变电机端电压,升压或降压,正压或负压;对电机运转而言,即加速或减速,正转或反转。

2. 直流牵引电机斩波调压调速系统

以广州地铁1号线车辆为例,图4-16所示为直流1500V电网经受电弓和高速断路器下来,通过电路"线路输入滤波回路"后的主电路"牵引制动回路"的简化原理图。图中1K1～1K11为接触器,1M1～1M4为牵引电机,V1、V2为GTO晶闸管(主斩波器),V3、V4为制动晶闸管,V5为续流二极管,V9为制动二极管,1L3为平波电抗器,1R3为制动电阻。

1)牵引工况

牵引工况下,其简化原理如图4-17所示。牵引接触器1K9、1K10闭合,制动接触器1K11打开,直流牵引电机1M1、1M2和1M3、1M4均为串励。此时,若1K1、1K2闭合而1K3、1K4打开,1K5、1K6闭合而1K7、1K8打开,设电机为正转,电流和电枢反电动势方向相反,则为向前牵引工况;若将1K1、1K2打开而1K3、1K4闭合,将1K5、1K6打开而1K7、1K8闭合,则直流电机电枢端电压极性改变,电机反转,电枢反电动势方向也反向,电枢电流与电枢反电动势方向仍相反,因而动车由向前牵引变为向后运转,为反向牵引工况。牵引工况下,无论牵引电机是正转还是反转,均可调节降压PWM斩波器主管V1、V2的占空比来改变电机的电枢端电压的大小,以调节电机的转速,从而控制动车的运行速度。

斩波器的工作方式是定频调频,斩波器的两个 GTO 晶闸管(V1、V2 主管)轮流工作,斩波器输出为两相一重,每相频率为 250Hz,斩波器输出频率为 500Hz。PWM 降压输出电压波形,如图 4-14 所示。在这里实际使用的占空比 α 的调节范围为 $0.05 \leqslant \alpha \leqslant 0.95$。

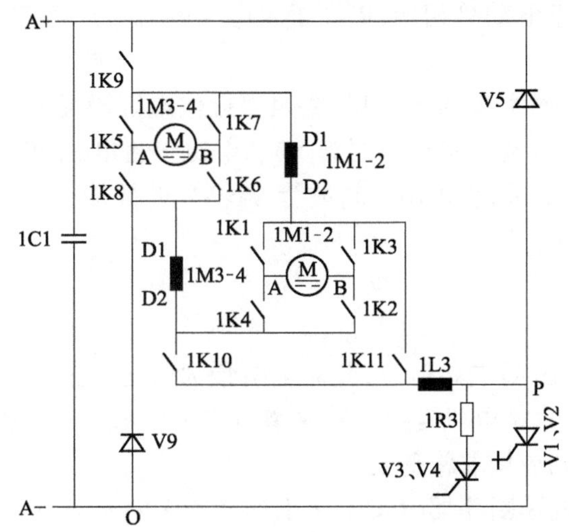

图 4-16　牵引制动回路简化原理图

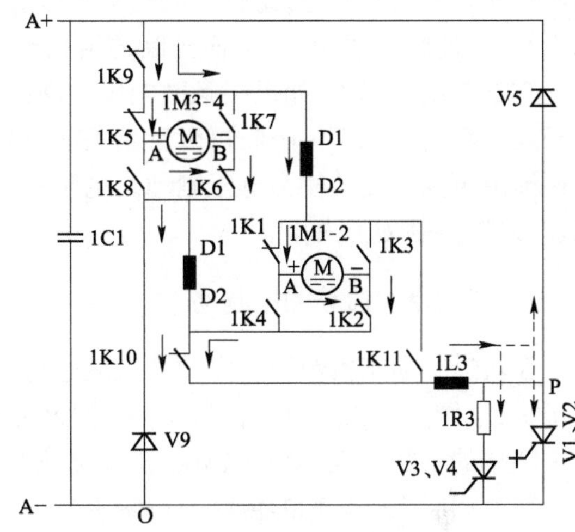

图 4-17　向前牵引工况简化原理图

2)制动工况

制动工况下,其简化原理如图 4-18 所示。此时,将牵引接触器 1K9、1K10 打开,将制动接触器 1K11 闭合。若图 4-18 中 1K1、1K2 闭合,1K5、1K6 闭合,而 1K3、1K4 打开,1K7、1K8 打开,则为向前运行的制动工况。在向前牵引工况时,直流牵引电机电枢反电动势的方向如图 4-17 中“+”、“-”号所示。当转换为向前运动中的制动工况时,电路被改接,如图 4-18 所示。此时,因为电机的转向未变,励磁方式由串励被改成为交叉式他励,励磁电流方向也未变,因而直流电机的电枢反电动势方向仍不变。所形成的电流回路如图中箭头方向所示,电流方向与电枢电动势方向一致了,因而直流牵引电机转换为发电机工况,而产生电制动力。

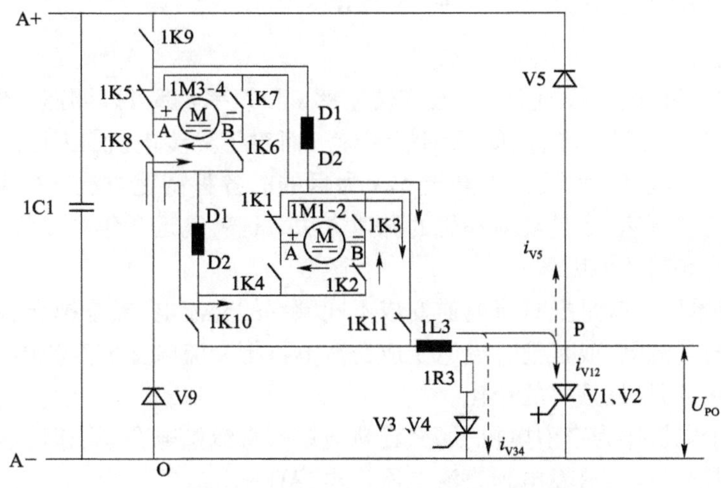

图 4-18　向前运行中的制动工况简化原理图

电制动时,当动车速度足够高,则电机电枢电动势足够高,电流经续流二极管 V5 反馈至电网,则为再生制动。再生制动时,为了调节电机主电路的电压值,可控制主管 V1、V2 进行升压斩波。当 V1、V2 导通时,电流 i_{v12}将电机的电能储存于 1L3 中;当 V1、V2 关断时,1L3 中的储能转换为感应电动势,此感应电动势与电机电枢电动势相加,提高了主电路的总电压值 U_{po} 的大小,即控制 i_{v5}的大小,从而控制再生制动力的大小。

在电制动工况下,如果接触网电压过高(变电站本身网压过高,或因邻近供电区段无其他车辆处于牵引工况下可吸收再生反馈的能量),则可调节制动晶闸管 V3、V4 的导通角 β,使电流逐渐由再生制动转换为电阻制动。电阻制动工况下,也可由主斩波管 V1、V2 进行升压斩波工作,以调节制动力大小。

二、交流牵引传动的电制动

在轨道交通车辆牵引动力领域交流电机目前占据主导地位,交流电机最大的优点是不易受干扰,维护保养相对很少,但它的调速控制远比直流电机复杂。随着牵引控制技术的进步和相关产品的不断升级,交流电机在轨道交通领域的应用非常普及。

交流调压变频车辆的传动与控制由受电弓、高速断路器 HSCB、牵引逆变器 VVVF、牵引控制单元 DCU/UNAS、牵引电机、制动电阻等组成,并采用微机控制系统。其中,VVVF 牵引逆变器采用 PWM 脉宽调制模式,将直流电逆变成频率、电压可调的三相交流电,平行供给车辆四台交流鼠笼式异步电动机,对电机进行调速,实现列车的牵引、制动功能。

由电机学原理可知,对于交流同步电机,其转速 n 为:

$$n = \frac{60f}{P_n} \tag{4-3}$$

式中:f——定子电源频率,Hz;

P_n——电机极对数。

而对于交流异步电机,其转速为:

$$n = \frac{60f \cdot (1-s)}{P_n} \tag{4-4}$$

式中:s——转差率。

因此,从原理上讲,改变极对数 P_n,改变转差率 s 和频率 f 都可以调速。但对同步电机,在运行中改变极对数会引起失步,因此只调频调速。而对于异步电机,以上 3 种方法虽均可采用,但是变极调速是有极调速,而改变转差率 s 为目的的各种调速方法,又都是耗能型调速方法。只有改变频率的调速,才是最为理想的调速方法。这就是近几年来变频器、变频调速成为交流电传动中最为热门的原因。

变频技术,简单地说就是把直流电逆变成不同频率的交流电,或是把交流电变成直流电再逆变成不同频率的交流电,或是把直流电变成交流电再把交流电变成直流电。总之,这一切都是电能不发生变化,而只是频率的变化。

采用交流异步电机作为牵引电机,那么轻轨地铁的直流供电在牵引时,是直流电到交流用电:DC→AC,电制动时是交流发电到直流电网用电:AC→DC。

但是在交流电传动变频调速中,变频的同时也必须协调地改变电机的端电压,否则电机将出现过励磁或欠励磁。因此,交流电传动中的变频实际上是又变压(Variable Voltage—VV)又变频(Variable Frequency),即变压变频技术 VVVF(图4-19)。我们通常所说的轻轨地铁车辆采用 VVVF 新技术。

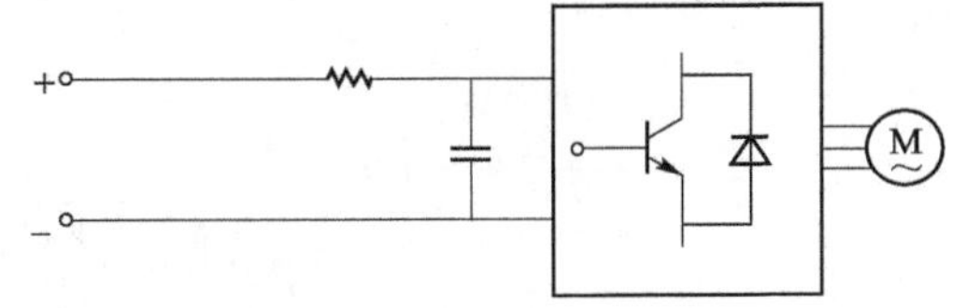

图4-19　DC-AC 变换示意图

交流电 PWM 控制的基本原理:在采样控制理论中有一个重要的结论,即冲量相等而形状不同的窄脉冲加在具有惯性的环节上,其效果基本相同。冲量是指窄脉冲的面积。这里所说的效果基本相同,是指该环节的输出响应波形基本相同。如果把各输出波形用傅里叶变换分析,则它们的低频段特性非常接近,仅在高频段略有差异。图4-20a)为矩形脉冲,图4-20b)为三角形脉冲,图4-20c)为正弦半波脉冲,它们的面积(即冲量)都等于1。把它们分别加在具有相同惯性的同一环节上,输出响应基本相同。脉冲越窄,输出的差异越小。

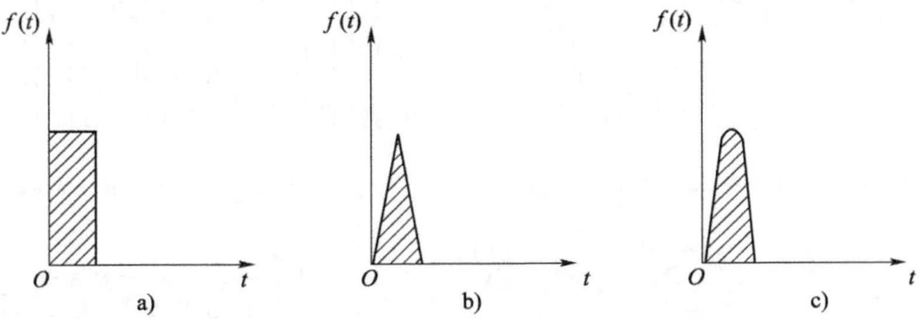

图4-20　形状不同而冲量相同的各种窄脉冲

上述结论是 PWM 控制的重要理论基础。下面来分析如何用一系列等幅而不等宽的脉冲代替正弦半波。

把图4-21a)所示的正弦半波看成由 N 个彼此相连的脉冲所组成的波形。这些脉冲宽度相等,都等于 π/N,但幅值不等,且脉冲顶部不是水平直线,而是曲线,这个脉冲的幅值按正弦规律变化。如果把上述脉冲序列用同样数量的等幅而不等宽的矩形脉冲序列代替,使矩形脉冲的中点和相应正弦等分的中点重合,且使矩形脉冲和相应正弦部分面积相等,就得到图4-21b)所示的脉冲序列,这就是 PWM 波形。可以看出,各脉冲的宽度是按正弦规律变化的。根据冲量相等效果相同的原理,PWM 波形和正弦半波是等效的。对于正弦波的负半周,也可以用同样的方法得到 PWM 波形。所以对于单极性一个完整的正弦波可见图4-22。

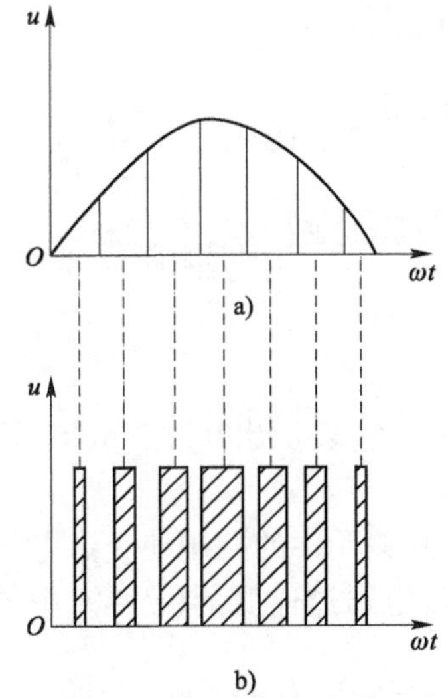

图4-21　PWM 控制基本原理示意图

双极性 PWM 控制方式原理,见图4-23。

而在实际应用中是三相交流电,如三相交流异步电机,主电路一般采用三相桥式逆变电路如图4-24所示。其控制方式中,一般也必须是双极性的。U、V 和 W 三相的 PWM 控制通常共用一个三角载波 u_c,三相调制信号 u_{ru}、u_{rv} 和 u_{rw} 的相位依次相差120°,U、V 和 W 各相功率开关器件的控制规律相同。因涉及电力电子技术中很多知识,本书介绍一些必要的最基本概念,便于读者理解电制动是如何产生的。

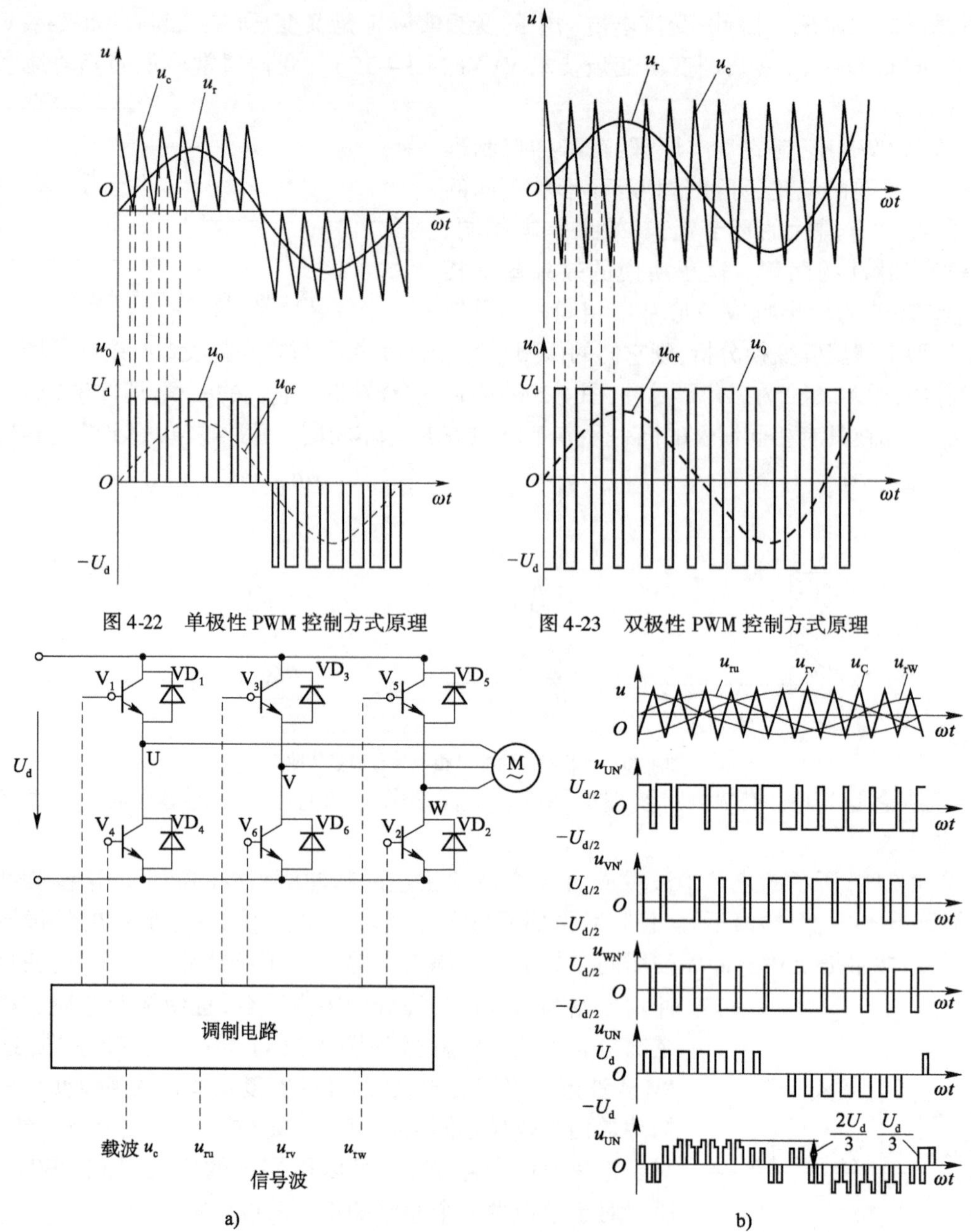

图 4-22 单极性 PWM 控制方式原理

图 4-23 双极性 PWM 控制方式原理

a) b)

图 4-24 三相 PWM 逆变电路波形

图 4-25 所示,为一节地铁动车三相交流传动主电路原理简图。它表示出从 DC1500V 输电到该车 4 个电机的情况,它是一台逆变器拖带 4 台电机(1C4M)。

在电制动工况时,通过对 KM1 ~ KM3 直流接触器和 V1 ~ V9 开关元件的控制使交流电机转变成交流发电机,产生制动转矩,并控制其大小,生成的三相交流电通过逆变器(VVVF 中的桥式整流电路)变成直流电返回电网。

现代城市轨道交通车辆,交流牵引传动的控制方式很多。目前有转差控制方法、矢量控制方法和直接转矩控制方法等。它们各自的 PWM 的生成也不尽相同,各有特点。但是作为电制动的目的来说,要求对电机从原牵引或惰行工况转换到制动工况迅速,对电机的电制动转矩控制精确、平滑、响应快。

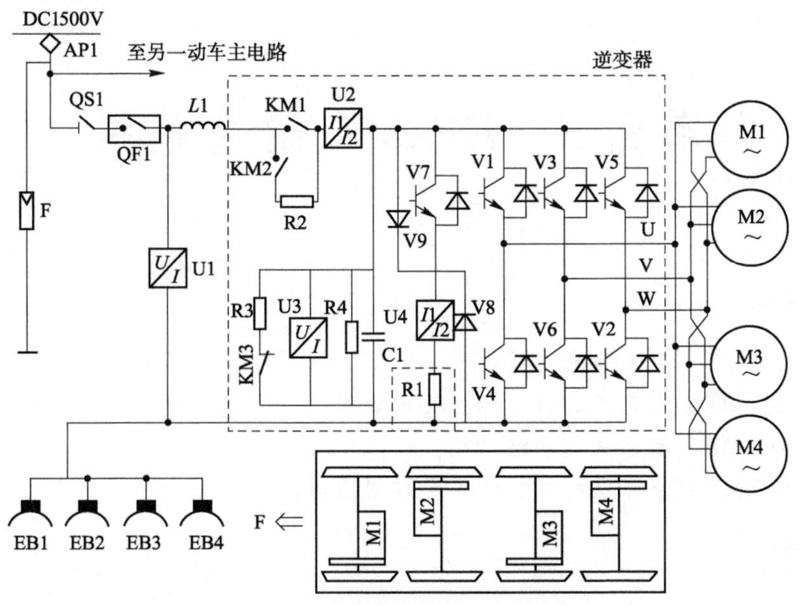

图4-25　三相交流传动系统原理简图

无论是直流传动,还是交流传动,对主电路斩波器或逆变器及电机的控制装置都设置在DCU中。DCU为英文Drive Control Unit的缩写,译为驱动(牵引)控制单元,所以电制动是在DCU中进行的。

复习思考题

1. 简述再生制动的工作原理以及进行再生制动必须具备的条件。
2. 简述电阻制动的工作原理。
3. 简述地铁车辆空气制动防滑系统的组成及工作原理。
4. 简述城市轨道交通车辆动力制动的防滑控制系统工作原理。
5. 简述动力制动的几种控制模式。
6. 根据地铁动车三相交流传动主电路原理简图,叙述电制动的工作过程。
7. 交流调压变频车辆的传动与控制系统是由哪些主要部分组成的?

单元5　EP2002制动系统

教学目标

(1)掌握EP2002制动系统的结构；
(2)了解EP2002制动系统的特点和主要优缺点；
(3)了解EP2002制动系统的网络结构；
(4)掌握EP2002制动系统的控制过程和作用原理。

建议学时

8学时

单元5.1　EP2002制动系统的结构和主要优缺点

一、系统特点

EP2002制动系统是德国克诺尔公司生产的轨道车辆制动控制系统,为电气模拟指令式制动控制系统。其核心部件为EP2002阀,负责空气制动系统的控制、监控和车辆控制系统的通信。EP2002制动控制系统与常规制动控制系统的最大区别在于设计思想不同:常规的制动控制系统采用车控式,即一个制动电子控制单元控制同一节车的两个转向架;而EP2002制动控制系统采用架控式,即一个EP2002控制一个转向架。这样当一个EP2002出现故障时,只有一个转向架空气制动时失效,减少了对车辆的影响。由于其与常规制动系统相比具有相对突出的优点,目前在国内多条新建轨道交通车辆上得到广泛应用。广州地铁3号线是首个(2004年)采用EP2002制动系统的车辆项目。

EP2002制动系统将制动控制和制动管理电子设备以及常用制动(SB)气动阀、紧急制动(EB)气动阀和车轮防滑保护装置(WSP)气动阀都集成到装在各转向架(EP2002网关阀、RIO阀和智能阀)上的机电包中。气动系统可以通过一个中心点向各个EP2002阀门供风或从各处向阀门供风。

EP2002阀有完全分布式控制和半分布式控制两种形式。完全分布式控制,如图5-1所示。半分布式控制,如图5-2所示。

车控方式(集中式)制动系统包括集中气动控制、集中电子控制和本车转向架气动控制阀,如图5-3所示。

架控(分布式)制动系统,如图 5-4 所示。将制动控制和带气动阀的制动管理电子装置结合在安装于每个转向架上的单个机电一体化包中。

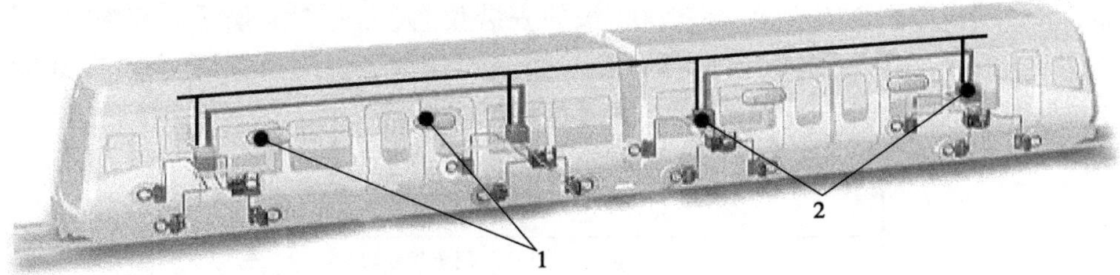

图 5-1　EP2002 阀完全分布式控制
1-分布式供风;2-分布式控制

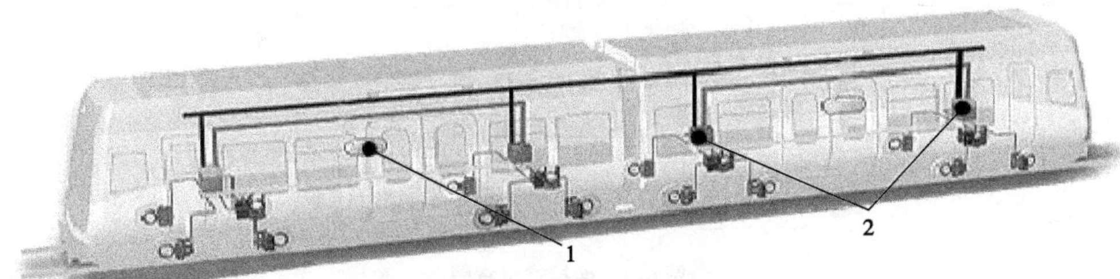

图 5-2　EP2002 阀半分布式控制
1-集中供风;2-分布式控制

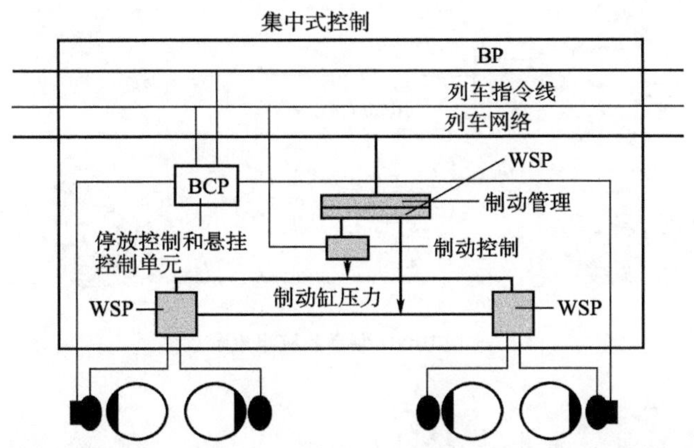

图 5-3　车控方式示意图

EP2002 制动系统的设计寿命为 40 年,大修周期间隔为 9 年,而且所有设备都有一个基于软件的寿命过期指示器,提示系统部件何时需要预防性大修。

整个 EP2002 制动系统,包括它的空气压缩机、空气干燥塔、大小储风缸、控制单元和检测点,均采用模块化设计。因此,它的结构紧凑、质量轻,适用于各种不同的安装方式,使用、维护方便。

二、系统组成

EP2002 制动系统组成,如图 5-5 所示。它主要由 EP2002 阀、制动控制模块以及其他辅助部件组成,其中核心部件是三个机电一体化的电磁阀,即网关阀又叫先导阀(Gateway Valve)、智能阀(Smart Valve)和远程输入/输出阀(RIO Valve)。网关阀和输入输出阀的外形,如图5-6所示。智能阀外形,如图5-7所示。EP2002阀的安装位置,如图5-8所示。EP2002阀的外接线缆,如图5-9所示。EP2002阀各接口的功能,如图5-10所示。三个阀分别装在其所控制的转向架上(每个转向架对应一个阀);三个阀通过一个专用的CAN总线连接在一起。

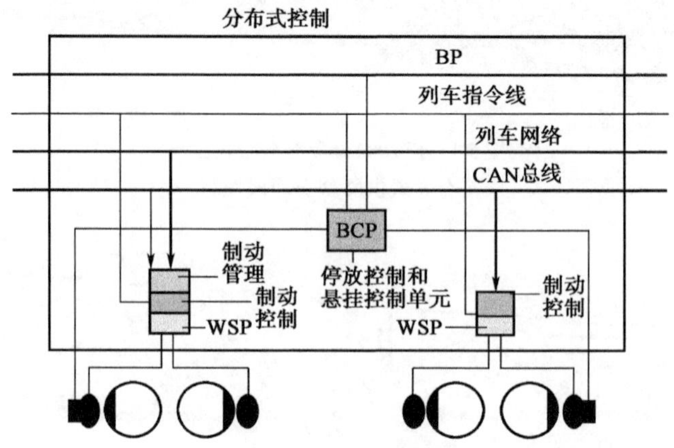

图5-4　架控式示意图

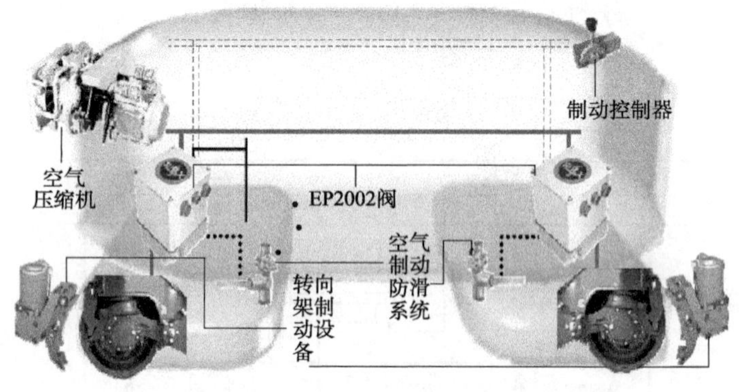

图5-5　EP2002制动系统组成示意图

图5-6　网关阀和输入输出阀外形

图5-7　智能阀外形

与 EP2002 制动系统联系最紧密的有供气单元和基础制动装置。供气单元主要由空气压缩机、空气干燥塔、储风缸及供气压力控制等部件组成。它的主要功能是向列车提供压缩空气(风源)。压缩空气不仅是空气制动系统的风源,而且是列车上其他气动设备,如空气弹簧、升弓风缸和刮水器等使用的风源。供气单元的所有部件被集成在一个安装架上,既节省了安装空间,又缩短了气路管,减少漏泄,方便检修。一般空气压缩机配置 VV120 型,空气干燥塔配置双塔型。基础制动装置是空气制动系统的执行机构,大多选用德国克诺尔制动机公司的单元制动机,其中一半为带停放制动机构的单元制动机。

图 5-8　EP2002 阀安装位置

图 5-9　EP2002 阀的外接线缆

图 5-10　EP2002 阀各接口的功能

SK1-CAN/PAL 总线;PL1-测速;PL2-电源;PL3-数字 I/O;SK2-模拟 I/O;PL4-MVB 总线

在每个驾驶室内设有一个双针压力表,用于显示主风缸的压力和第一根车轴上的单元制动机的制动缸压力。双针压力表带有内部照明,并有常规测试/校正接口。

三、EP2002 阀的结构

一个 EP2002 阀就相当于一般空气制动系统中的微机控制单元(EBCU)加上制动控制单元 BCU 的组合。此外,它还具有网络通信的功能。根据架控的需要,装备了 EP2002 制动控制系统的列车,每节车均装有两个 EP2002 阀,并且分别安装在其控制的转向架附近的车体底架上。所有的EP2002阀上都带有多个压力测试口,可以方便地测量储风缸压力、制动机风缸压力、车辆荷载压力以及停放制动缸压力等。EP2002阀的内部结构,如图5-11所示。EP2002阀的气动部件,如图5-12所示。

图5-11 EP2002阀的内部结构

电子装置:1-BCU卡;2-模拟卡;3-总线耦合器("通信")卡;4-RBX卡;5-电源卡;PVU(气动阀单元)伺服控制阀包括:6-反馈传感器;7-继动阀;8-先导控制提升阀

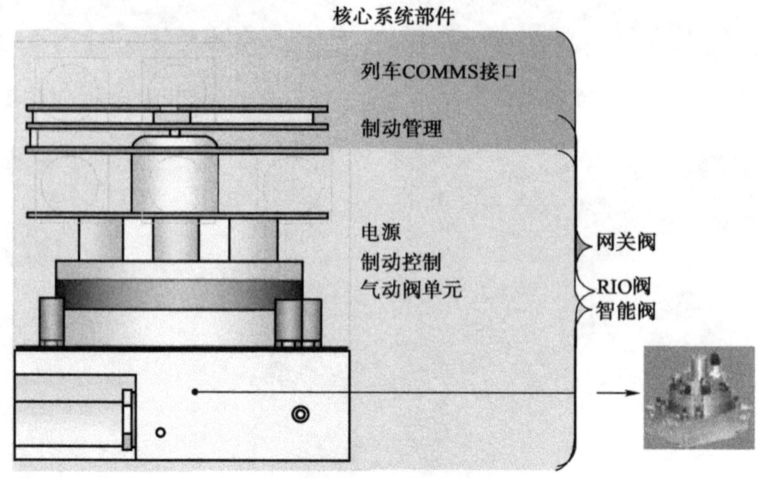

图5-12 EP2002气动阀单元

1.智能阀

智能阀的内部结构,如图5-13所示。智能阀是一个"机电EP"装置,其中包括一个电子控制段(RBX卡),该电子控制段直接装在一个称为气动阀单元(PVU)的气动伺服阀上。起控制作用的EP2002网关阀通过CAN制动总线传达制动要求,每个阀门据此控制着各自转向架上制动调节器内的制动缸压力(BCP)。本设备通过转向架进行常用制动和紧急制动,同时通过车轴进行车轮防滑保护控制。阀门受软件和硬件的联合控制和监控,并可以检测潜在的危险故障。结合使用各车轴产生的车轴速度数据和其他阀门通过专用CAN制动总线传来的速度数据即可进行车轮防滑保护。图5-14展示了智能阀的I/O状况。

从输入输出关系可以看出,智能阀的主要功能有以下几方面:

（1）常用制动时根据转向架的负载对输出制动压力进行调整并输出制动机压力；

（2）紧急制动时根据转向架的负载对输出制动压力进行调整并输出制动机压力；

（3）对每个轮对的滑行进行保护（WSP 控制）；

（4）制动应用显示；

（5）储风缸失压时向继电器输出断开信号；

（6）通过 CAN 总线向网关阀报告本车故障监视情况。

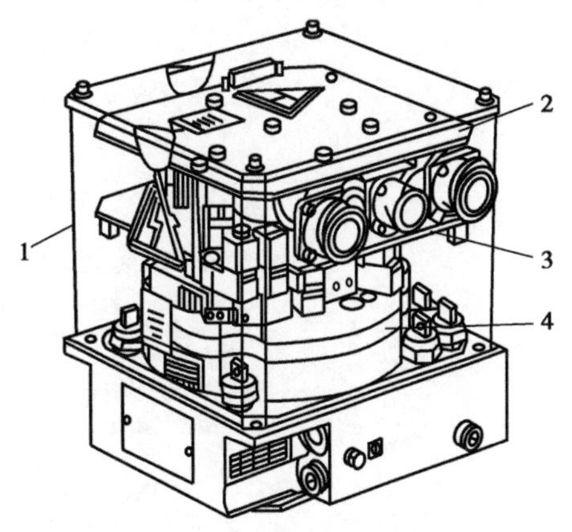

图 5-13　智能阀的内部结构

1-外罩壳；2-本车制动控制板；3-电源板；4-气动阀

2. RIO 阀

RIO（远程输入/输出）阀的内部结构，如图 5-15 所示。它比智能阀多了两块电子控制板，即制动控制单元板和模拟输入输出板。除了具有智能阀的所有功能外，RIO 阀还可以通过制动控制单元板和硬线与其控制的转向架上的牵引控制单元通信，使电制动和空气制动协调工作。

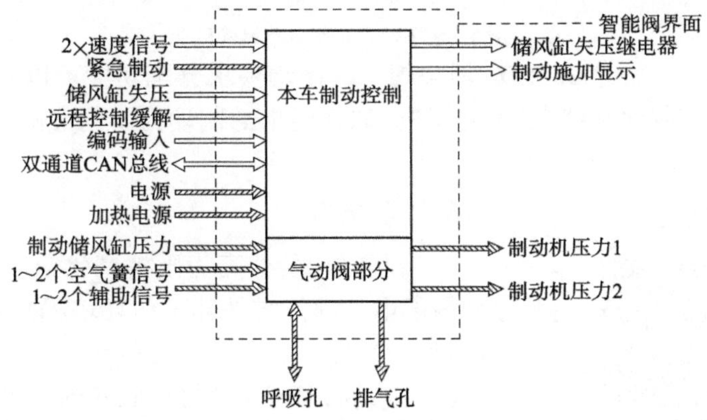

图 5-14　智能阀的输入输出接口

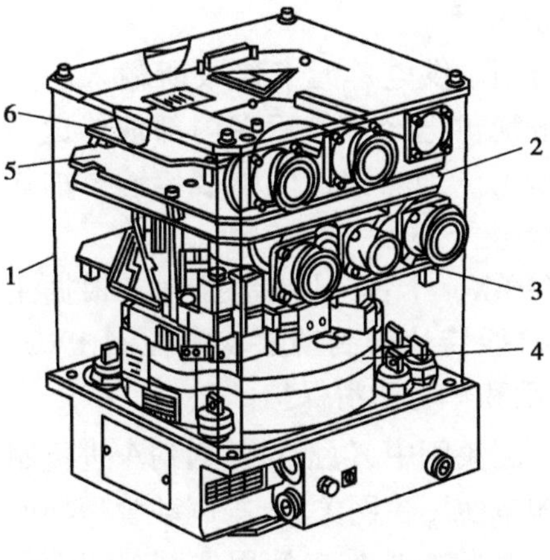

与网关阀有着相同的 I/O 口，但并不进行制动控制运算而且没有安装网络接口卡。可编程的输入被 RIO 阀读取，然后通过 EP2002 双通道 CAN 总线传至主网关阀。RIO 阀的可编程输出状态由主网关阀控制。RIO 阀的输入输出接口，如图 5-16 所示。

图 5-15　RIO 阀的内部结构

1-外罩壳；2-本车制动控制板；3-电源板；4-气动阀；5-制动控制单元板；6-模拟输入输出板

3. 网关阀

网关阀的内部结构，如图 5-17 所示。它比 RIO 阀又多了一块电子控制板——网络通信板，具有 RIO 阀和智能阀的所有功能，并将常用制动压力要求分配至所有装在本地 CAN 网络中的 EP2002 阀门。网关阀也可以提供 EP2002 控制系统与列车控制系统的连接。EP2002 网关阀可以按要求定制，以连接 MVB、LON、FIP 和 RS485 通信网络或者传统的列车线缆和模拟信号系统。

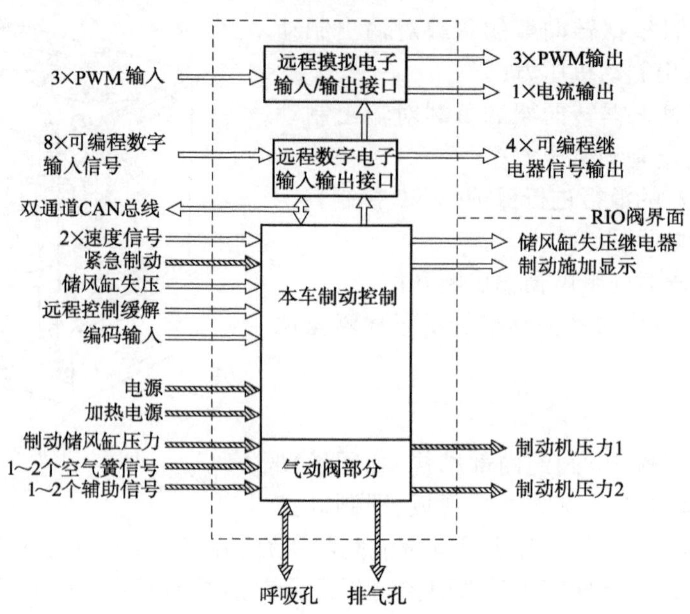

图 5-16　RIO 阀的输入输出接口

在 EP2002 系统中,一个 EP2002 网关阀中的制动要求分配功能可以将 SB 制动力要求分配至列车装有的所有制动系统,以达到司机/ATO 要求的制动力。网关阀的输入输出接口,如图 5-18 所示。

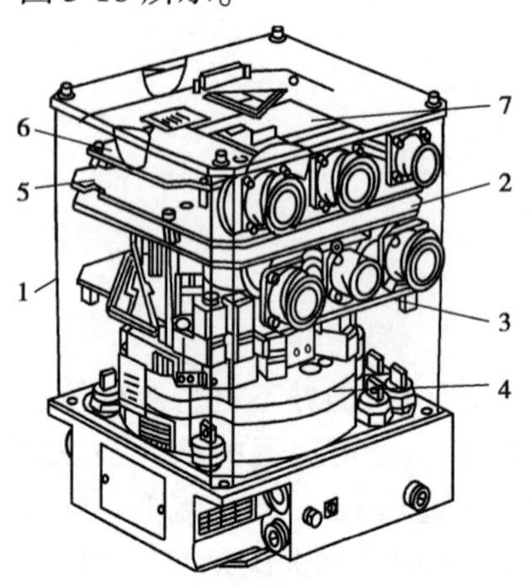

图 5-17　网关阀的内部结构

1-外罩壳;2-本车制动控制板;3-电源板;4-气动阀;5-制动控制单元板;6-模拟输入输出板;7-网络通信板

4. 设备结构

(1)设备外壳:外壳为阳极氧化铝重载挤出成型。外壳保护内部电子部件与外部工作环境隔离并为设备提供 IP66 级密封。

(2)气动阀单元(PVU):此气动伺服单元由本地制动控制卡发出指令,用来控制进行常用制动、紧急制动和车轮防滑保护的各车轴上的 BCP 压力。

(3)供电单元(PSU)卡:供电单元卡接收所输入的电池供电和加热器供电。电池供电经调控后在内部被传送至设备内的其他电子元件卡上。加热器供电则被传输至加热器单元,使其可以在极低温度下进行工作。

(4)本地制动控制(RBX)卡:本地制动控制卡根据主网关单元通过专用 CAN 总线传达的制动要求来控制 PVU,以进行常用制动、紧急制动和车轮防滑保护。

(5)制动管理(BCU)卡:制动管理卡仅安装在 EP2002 网关阀中,包括对整列列车进行制动管理的所需功能,而且还可以支持可配置的 I/O 端口。如果使用主网关阀,则制动管理功能激活并且与所有其他的智能阀和网关阀通过 CAN 总线建立通信。如果未使用主网关阀而仍使用一个普通网关阀,则 BCU 卡将作为一个远程输入/输出(RIO)工作,可以允许直接进入制动 CAN 总线而无须直接发送线缆信号至主网关阀。

(6)可选网络 COMMS 卡:可选择的网络通信卡仅安装在 EP2002 网关阀中。此卡可以符合 MVP、FIP、LON 和 RS485 接口标准(一个通信卡对应一种协议标准)。通信连接可以用于控制和诊断数据传输。

(7)可选模拟 I/O 卡:此卡可安装到各种型号的网关阀和 RIO 阀上,以提供进行常用制动控制所需的模拟信号。

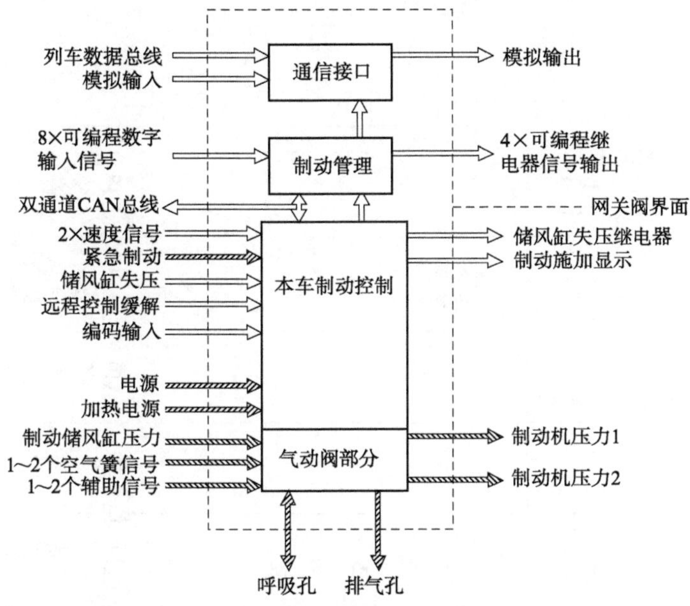

图 5-18　网关阀的输入输出接口

5. EP2002 阀的气动结构

位于各种型号的网关阀、智能阀和 RIO 阀中的 EP2002 阀气动段均相同,并且被视作气动阀单元(PVU)。其功能区域可分为下列组别。其气动结构,如图 5-19 所示。

(1)主调节器:继动阀负责调节装置的供风压力,并将其降低至一个按负荷增减的紧急制动压力的水平。继动阀同时还负责在电子负荷系统出现故障时提供机械系统产生的最小紧急制动压力。

(2)次级调节器:位于主调节器上游,负责将供给制动缸的压力限定在最大紧急制动压力。

(3)负荷单元:负荷单元用于向主调节器继动阀提供一个按负荷增减的紧急制动控制压力。此控制功能一直保持激活状态并与空气悬挂系统压力成一定比例。

(4)BCP 调节:BCP 调节功能负责从主调节器处接收输出压力并进一步将其调节至常用制动所要求的 BCP 等级。在进行车轮防滑保护时,BCP 调节段同样负责对制动缸压力进行气动控制。

(5)连接阀:可以使 BCP 输出以气动方式汇合或分开。在常用制动或紧急制动时,两个 BCP 输出汇合以通过转向架进行控制。在经车轴进行车轮防滑保护的系统上,当 WSP 动作时,两车轴互相被气动孤立,每个车轴上的 BCP 都通过 BCP 调节段得到独立控制。

(6)远程缓解:远程缓解功能可以使用也可以不使用,作为 EP2002 阀功能的一个组成部分。当远程缓解输入得电时,供风压力被隔离,制动缸经阀门的输出被排向大气。系统还具有一个硬件互锁,可以在出现紧急制动要求时防止 EP2002 阀被远程缓解。

(7)紧急制动脉动限制:紧急制动脉动限制可以使用也可以不使用。如果不使用紧急制动脉动限制,将气路中的紧急制动脉动限制电磁阀换成一块孔板。

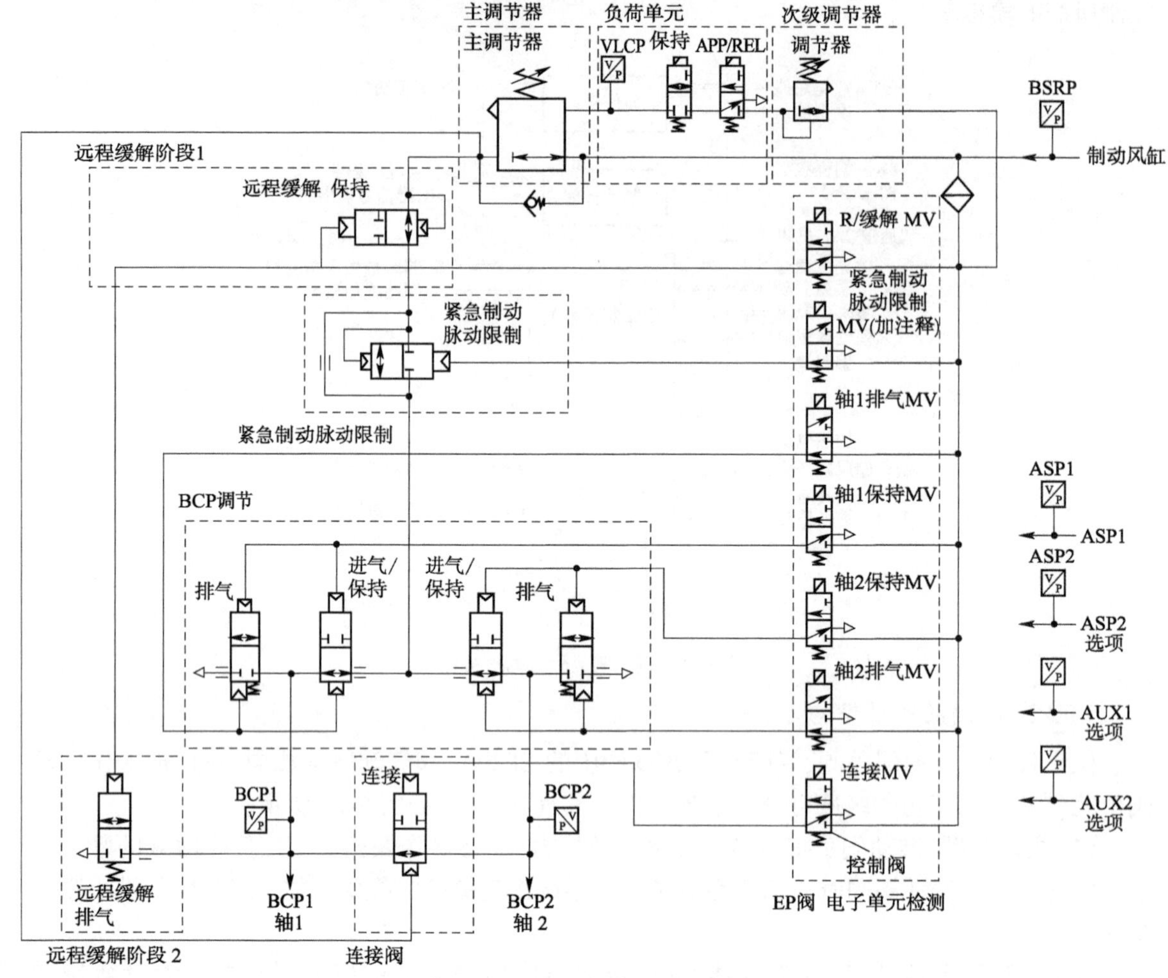

图 5-19 EP2002 阀的气动结构

四、EP2002 制动系统的优缺点

1. EP2002 制动系统的优点

EP2002 制动控制系统的优点,主要表现在以下几方面。

(1)减小了故障情况下对列车的影响。如果一个 EP2002 阀出现故障,则只有一个转向架的制动失效,列车只需要对此转向架损失的制动力进行补偿;而一般制动控制系统中的制动电子控制单元 ECU 出现故障,列车需要对本节车损失的制动力进行补偿。因此,使用架控方式的 EP2002 制动控制系统尤其适合于短编组的地铁列车。

(2)缩短了制动响应时间。根据克诺尔制动机公司的试验数据,EP2002 制动控制系统的响应时间比常规制动控制系统的响应时间缩短约 0.2s。

(3)提高了制动精确度。常规制动控制系统的精确度约为 $\pm 0.2 \times 10^5$ Pa;而 EP2002 制动控制系统提供给制动缸制动力的精确度可达到 $\pm 0.15 \times 10^5$ Pa。

(4)减少了空气消耗量。由于 EP2002 阀靠近转向架安装,从 EP2002 阀到制动缸的管路长度减少,所以在制动时的空气消耗量将减少,同时空气泄漏量也将减少。

(5)节省了安装空间。减轻质量,减少布管和布线数量。

(6)提高了可靠性和可用性,降低了故障率。根据克诺尔制动机公司的计算,EP2002 制动控制系统的故障率比常规制动控制系统的故障率降低了约 50%。

(7)减少了维护工作量。EP2002 制动控制系统部件集成化程度较高,需要维护的部件较少,大修期从常规制动系统规定的 6 年提高到 9 年。

(8)缩短了安装和调试时间。

(9)降低了总体成本。EP2002 制动控制系统的产品价格基本与一般制动控制系统价格相同;但是由于缩短了安装和调试时间及降低了后期维护费用等,EP2002 制动控制系统的总体成本将低于一般制动控制系统。

(10)提高了控制精确度。EP2002 制动控制系统可以根据每个转向架的载荷压力调整施加在本转向架上的制动力,比一般制动控制单元以每节车荷载压力进行制动力控制更加精确和优化。

2. EP2002 制动系统的缺点

EP2002 制动控制系统的缺点,主要表现在以下几方面。

(1)关键部件维护难度增大。由于 EP2002 阀的技术含量和集成化程度提高,万一 EP2002 阀出现故障,基本上都需要将整个阀送回制造厂家进行维修,维修周期长。而如果一般制动控制系统出现故障,只需要有经验的工作人员直接查找并更换故障部件(如压力传感器、防滑阀和插件板等),就可缩短维护周期,减少对车辆使用产生的影响。

(2)互换性差。在 EP2002 制动控制系统中如果一个 EP2002 阀出现故障,只能够用相同类型的阀进行更换;而一般制动控制系统中的制动电子控制单元 ECU 甚至 ECU 中单独的插件板在所有车上都可以互换。

(3)无直观的故障显示代码。一般制动控制系统中的制动电子控制单元 ECU 安装在车上电器柜内,可以提供四位数字的故障代码显示,有利于检修人员查找故障;而 EP2002 制动控制系统没有直观的数字故障代码显示功能,检修人员只能通过专用软件才能查找故障,需要的维修技能较高。

单元 5.2　EP2002 制动系统的控制过程和作用原理

一、EP2002 制动系统网络结构

网关阀、智能阀、RIO 阀三个核心产品,可以通过多种方法安装在一起以满足系统可用性要求和成本要求。但不管系统有何要求,在构建 EP2002 网络结构时都必须遵从下列规定。CAN 网络中必须至少有一个 EP2002 网关阀来执行制动管理功能(主网关阀)。主网关阀将制

动信息发送至一个 CAN 总线段中的 EP2002 智能阀,或从智能阀处获取制动信息。CAN 总线段的长度可为 2 ~ 10 个转向架之间的任意值(1 ~ 5 节车厢)。诸如紧急制动线和远程缓解功能一类的硬连线安全输入分别进入各网关阀、RIO 阀和智能阀。在对智能阀要求更多 I/O 时则使用 RIO 阀。

1. 半列车 CAN 总线网络结构

图 5-20 所示是 EP2002 制动系统半列车 CAN 总线示意图。(8 车编组)半列车 CAN 总线结构是将半列车所有的 EP2002 阀用 CAN 总线相连,并由 B 车和 C 车上的两个网关阀通过 MVB 总线或其他总线与列车控制系统进行通信。其网络结构,如图 5-21 所示。其中一个网关阀被定义为主网关阀,另一个网关阀被定义为从网关阀。当主网关阀出现故障时,从网关阀会自动接管主网关阀的工作,保证系统的冗余性。如果 MVB 总线出现故障,网关阀则按默认状态工作。此外,CAN 总线由两对双绞线组成,具有较好的冗余性。

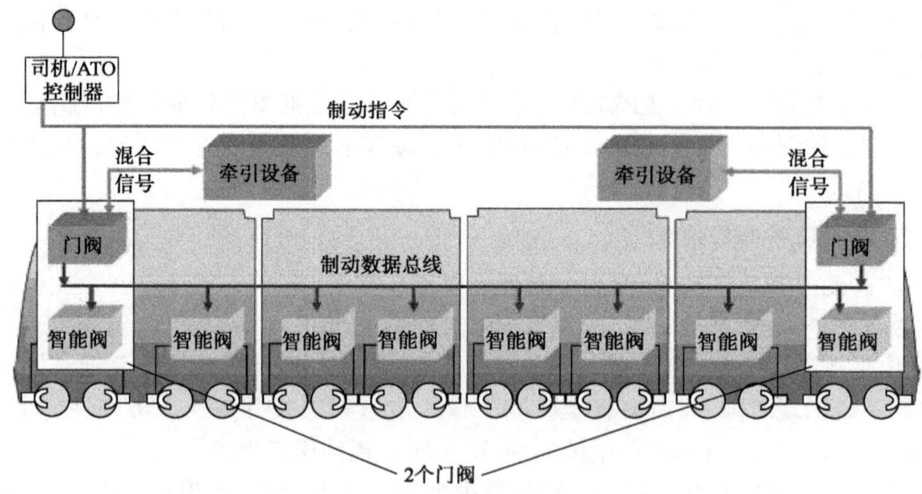

图 5-20 典型的 EP2002 制动系统半列车 CAN 总线示意图

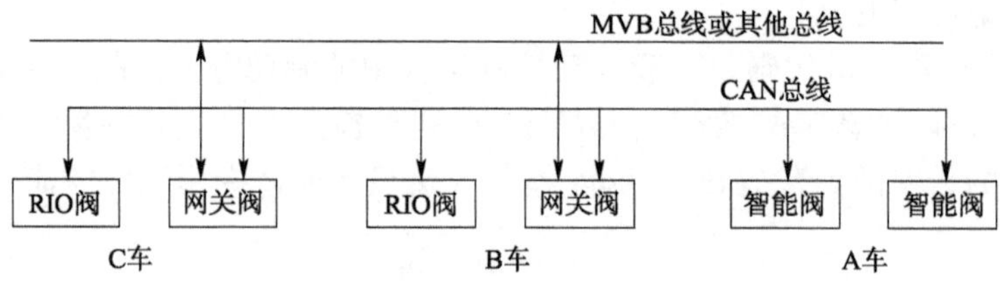

图 5-21 半列车 CAN 总线网络结构

在 B 车和 C 车上各设一个 RIO 阀的目的是:RIO 阀可通过硬连线与其控制的转向架上的牵引控制单元进行通信,使电制动和空气制动协调工作。这种方法也不是唯一的,RIO 阀与本转向架牵引控制单元的通信工作也可以用网关阀与 MVB 总线或其他总线之间的通信代替,这样 B 车和 C 车上的 RIO 阀就可以用智能阀来代替。

2. 单节车 CAN 总线网络结构

单节车 CAN 总线网络结构是将每节车上的两个 EP2002 阀用 CAN 总线相连,并由每节车上的网关阀通过 MVB 总线或其他总线与列车控制系统进行通信。单节车 CAN 总线示意图,如图 5-22 所示。其网络结构,如图 5-23 所示。如果 MVB 总线出现故障,网关阀则按默认状态工作。

图 5-22　单节车 CAN 总线示意图

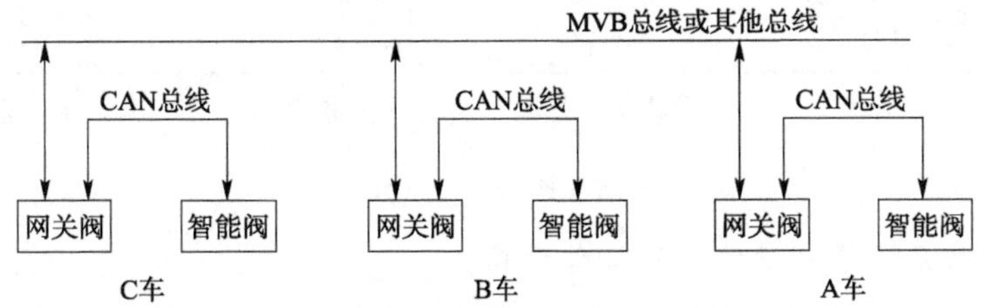

图 5-23　单节车 CAN 总线网络结构

从可靠性角度分析,半列车 CAN 总线网络结构中的从网关阀作为主网关阀的备份,具有较好的冗余性。如果 CAN 总线在 A 车和 B 车之间断开,将导致 A 车的空气制动失效。而如果单节车 CAN 总线网络结构中某节车的网关阀出现故障,则该节车的空气制动失效。如果某节车上的 CAN 总线断开,则一个转向架上的空气制动失效。由此可见,半列车 CAN 总线网络结构的可靠性略高于单节车 CAN 总线网络结构。

从经济角度分析,半列车 CAN 总线网络结构比单节车 CAN 总线网络结构少一个网关阀,多一个 RIO 阀或智能阀。单从 EP2002 阀的总价来看,单节车 CAN 总线网络结构比半列车 CAN 总线网络结构要高,但是考虑到半列车 CAN 总线网络结构所使用的总线更长,因此两者的成本基本相同。

3. 按网关阀的个数进行划分有以下三种网络结构

(1)单个网关阀网络结构,如图 5-24 所示。

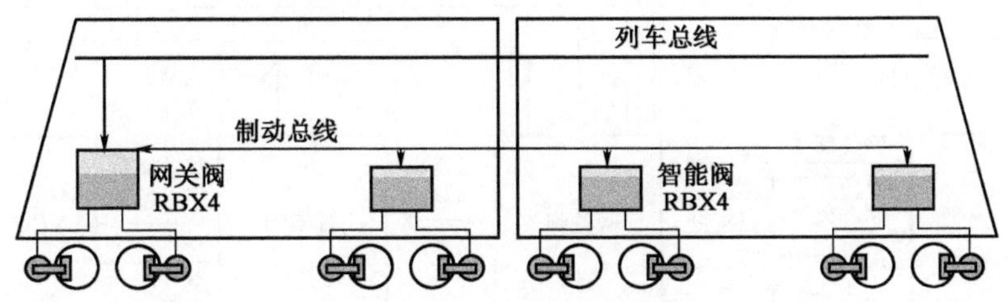

图 5-24　单个网关阀网络结构

(2)双网关阀网络结构,如图 5-25 所示。

(3)多个网关阀网络结构,如图 5-26 所示。

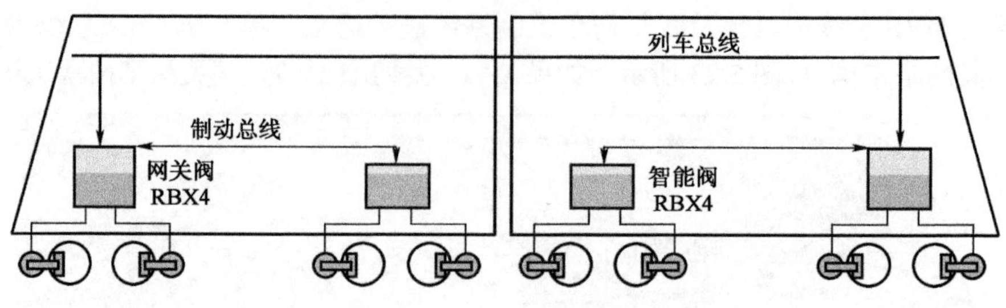

图 5-25　双网关阀网络结构

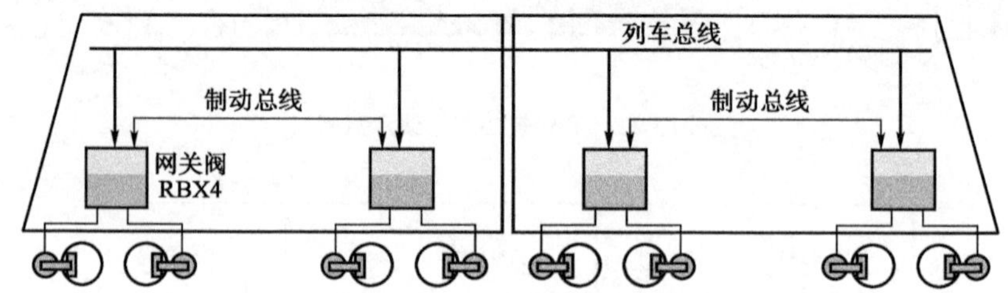

图 5-26　多个网关阀网络结构

4. EP2002 制动系统的制动管理及工作逻辑

EP2002 制动系统如果采用单节车 CAN 总线网络结构,一般由列车的主车辆控制单元(VCU)来管理制动。除了紧急制动,主 VCU 会控制列车电制动与空气制动之间的制动力分配。制动力指令由列车总线发给 VCU 和网关阀,主 VCU 连续循环计算列车所需制动力的大小,还要加减车辆的负载来最终确定总制动力。主 VCU 根据网压、电—气制动分配特性将总制动力分配给电制动控制单元和空气制动控制单元。同时,主 VCU 和网关阀之间还要通过列车总线和 CAN 总线进行一系列实际制动施加值的数据交换,使列车具有负载补偿功能和万一制动系统发生故障后的制动力合理分配,如图 5-27 所示。

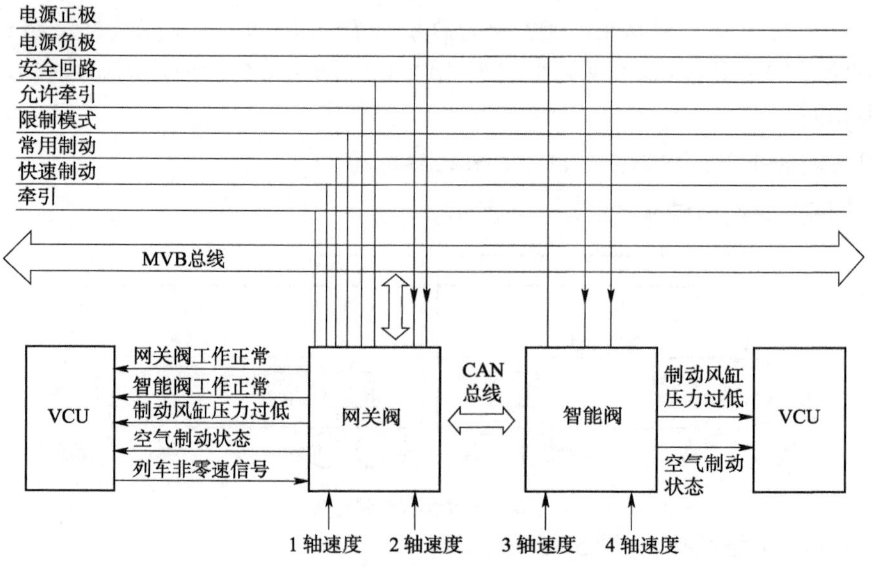

图 5-27　列车制动控制系统的工作逻辑

如果 EP2002 制动系统选用半列车 CAN 总线网络结构，也由列车的主 VCU 来管理制动。可以选择两个半列车 CAN 总线网络中的任何一个主网关阀作为整个列车的主网关阀，而另一个半列车 CAN 总线网络中的主网关阀作为备份。

二、EP2002 制动系统的控制过程和作用原理

1. 常用制动

在常用制动模式下，电制动和空气制动一般都处于激活状态，以便电制动和空气制动之间的及时转换，优先采用电制动。常用制动具有冲击极限限制和防滑的功能。

每个 EP2002 阀测量本转向架的负载，并通过本车制动控制板传输数据到 CAN 总线。CAN 总线内的主网关阀通过 MVB 总线或其他总线与列车控制系统进行通信；根据列车控制数据和转向架负载为本车的每个转向架产生单独的、与负载信号相关的空气制动指令，再通过 CAN 总线将指令发给各个 EP2002 阀。上述过程考虑到了每个转向架的黏着限制情况，每个局部制动控制板通过气动阀和气动阀单元内的传感器反馈信号提供闭环空气制动控制。

2. 快速制动

当司机手柄处于快速制动挡时，快速制动被触发。快速制动与紧急制动的制动力相同，但是快速制动是可逆的（可撤销）。快速制动也是优先使用电制动，当电制动故障或不足时，由空气制动来补充。快速制动有防滑保护和冲动限制，其工作原理与常用制动时相同。

3. 紧急制动

紧急制动是通过列车安全回路来控制的。紧急按钮被按下、列车超速、警惕按钮松开、车钩断钩和 ATP 系统的报警触发信号等都会触发列车紧急制动信号。紧急制动信号一经触发，列车安全回路中断，触发信号传输给列车控制单元和牵引控制单元。牵引控制单元中断牵引系统工作。紧急制动全部由空气制动承担，而且制动命令是不可自动恢复的，紧急制动有防滑保护，但不受冲动极限限制。

4. 停放制动

停放制动是采用带弹簧制动器的单元制动机，利用释放弹簧储存的弹性势能来推动弹簧制动缸活塞，带动两级杠杆使闸瓦制动的。停放制动的缓解则需要向弹簧制动缸充气，通过活塞移动使弹簧压缩，从而使制动缓解。这种单元制动机还具有手动缓解停放制动的功能。EP2002 阀将实时监控停放制动缸的空气压力。

5. 保压制动（停车制动）

1）激活保压制动的条件

当地铁列车施加制动后，速度传感器检测到列车速度约为 0.5km/h 时（该速度值可加以调整），由 EP2002 阀激活保压制动，以防止列车溜车。保压制动可使 AW3（9 人/m^2）荷载的列车停放在最大坡度线上而不产生溜滑。

2）缓解保压制动的条件

缓解保压制动的条件有以下几项。

（1）司机将主控制器手柄放在牵引位上，每个牵引系统将牵引力的实际值发送给列车

主 VCU。

(2)主 VCU 计算列车牵引力实际值的总和。

(3)牵引力实际值的总和足以启动列车(不会引起列车后溜)。

(4)主 VCU 向 EP2002 阀发出缓解保压制动信号。

空气制动状态信号将反馈给 VCU,VCU 通过该信号确认制动是否缓解。如果空气制动在某一时间内没有缓解,则主 VCU 向各牵引系统发出中断牵引指令,并再次施加保压制动。

6. 防滑保护功能

轮对防滑保护系统采用轴控防滑方式,包括防滑阀、测速齿轮、速度传感器和防滑电子控制单元。防滑电子控制单元和防滑阀都集成在 EP2002 阀内。

系统通过控制制动力来检测和校正车轮滑行。安装于每根轴上的速度传感器用来监控轴速,这个信息共享于 CAN 区域内的 EP2002 阀。

如果 EP2002 阀检测到滑行,它将通过控制制动缸压力来校正该轴上的车轮滑行。当列车制动并且检测到滑行存在时,车轮防滑保护控制能独立控制每根轴制动力。以下两种检测车轮滑行的方法可用于确定低黏着情况的存在。

(1)单一车轴的减速过量。

(2)车轴与车轴最高转速之间出现的速度差异。

当由上述任意一条件检测到车轮滑行,则对应该转向架的 EP2002 阀将快速连通该轴制动缸与大气之间的通路,通过减小制动缸的压力来消除滑行现象。同时,控制系统将定期执行地面速度检测,以便更新计算真实的列车速度。轮对防滑保护系统能根据轨道条件精确地控制滑行深度,这将改进后面车轮的黏着条件,在低黏着情况下使用最大制动力,同时确保没有车轮擦伤。当车轮防滑保护装置计算确定的黏着条件回到正常状态,系统将返回到最初的状态,地面速度检测将结束。

为了确保制动在延长期内不出现缓解,硬件监视器定时器电路会在持续保持超过 8s 和持续排气超过 4s 内监测阀门的状态。

每个车轴的减速检测是独立于其他车轴的,而且车轴之间的补偿也不会影响精确性,但该软件会使用从维护连接处输入的实际车轮尺寸信息来对每个车轴进行准确的减速检测。

此外,EP2002 制动系统还具有空气制动和停放制动状态检测功能、制动风缸压力过低检测功能、自测功能和故障记录功能等。

7. 低压力制动储风缸(可选)

EP2002 阀可以防止车轮防滑保护的动作将供风压力消耗到低于支持启用紧急制动的水平。每个 EP2002 阀都监控着供风压力,如果压力降至极限值以下,则 EP2002 进气阀和排气阀的车轮防滑保护控制都会由阀门控制器硬件进行本地隔离,并且 EP2002 阀的一个无电压输出口也会改变状态。EP2002 进气阀和排气阀的常用制动控制功能仍然保持激活状态。

8. 制动指示

当压力大于 0.4×10^5Pa 时,无电压继电器输出进行指示。制动指示独立于 EP2002 微控制器。

9. 位置编码

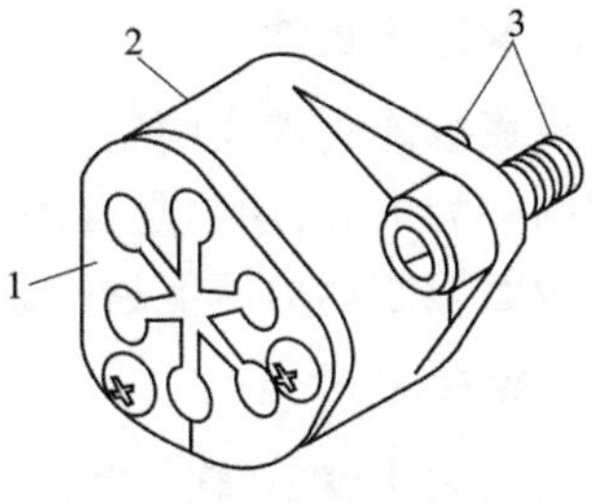

装置带有一个位置编码插头输入，如图 5-28 所示。装在阀门安装集合管上的插头，用来依据列车位置调整紧急制动压力控制（ASP 与 VLCP 的关系）。编码也可以用于 CAN 总线网络配置。位置编码可以使相同的 EP2002 硬件安装在车组内的多个位置上。

图 5-28　编码插头

1-编码量；2-编码插头外壳；3-安装螺栓

三、EP2002 阀的故障管理

1. 紧急制动故障

如果出现紧急制动回路故障，EP2002 阀会提供一定的机械保护。紧急控制阀采用机械方式防止制动缸输出压力超过或低于设定值。在出现紧急制动控制故障时，会发出一个“降级”故障指示。

当出现供电故障时，加权荷载压力保持在最后的荷载水平上。

2. 速度探测装置故障

当一个速度传感器出现故障时，受到影响的阀会利用邻近车轴的速度传感器继续提供 WSP 控制。

3. 空气簧压力故障

1）常用制动时的故障

一个转向架上空气簧传感器故障导致空气簧的读数被设定在超员的水平。这个数值与另一个转向架上的空气簧压力平均。这一平均压力值可以被用作常用制动荷载计算。如果一辆车的两个空气簧传感器都出现故障，则会给常用制动发出一个替代的平均“超员”空气压力值。空气簧的压力探测最低点设在 10^5Pa。在空气簧压力过低时，空气簧压力默认为超员。这一数值将与车上另一转向架的其他空气簧压力平均。这一平均数值用于常用制动荷载质量计算。两个转向架的空气簧都过低将导致常用制动默认的数值为超员。

2）紧急制动时的故障

空气簧的压力探测最低点设在 10^5Pa。在空气簧压力过低时，该类型车辆的紧急制动压力默认为超员状态时的水平。空气簧传感器的故障会导致紧急制动时制动缸压力默认为超员状态下的压力水平。

4. 制动总线故障

如果在正常运行时出现单个制动总线故障，通过冗余总线，整个控制系统会得到保证。当两条总线都出现故障时，阀会缓解制动。这个故障模式将会被检测到并发送给 TMS。如果故障排除，则常用制动控制可以恢复到正常。这个制动缓解操作可以被紧急制动指令替代。

5. 网关阀故障

主网关阀出现断电或 TMS 通信故障时，制动管理和 TMS 通信由辅助网关阀承担。在过渡期间（约 1s），制动缸的压力和所有的或编程输出保持在各自最后的程序状态。

6. 智能阀故障

故障智能阀损失的制动力将被平均分配至列车的其他转向架上。这可以补偿转向架上的摩擦制动力损失,原因是常用制动默认状态下,故障控制阀处于缓解状态。在正常情况下,加权荷载摩擦制动力不能超过紧急制动水平。

7. WSP 故障

为了防止 WSP 软件控制不会长时间激活制动和缓解阀,监控电路可以将 WSP 控制与制动缓解阀隔离。

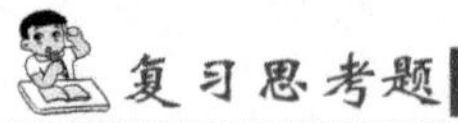

1. EP2002 制动系统有何特点?
2. EP2002 制动系统是由哪些部件组成的?
3. EP2002 制动系统核心产品是哪三种阀?这三个阀有什么区别?它们各有什么作用?
4. 简述 EP2002 阀气动单元 PVU 各功能区域的作用。
5. 简述 EP2002 制动系统在常用制动时的控制过程和作用原理。
6. EP2002 制动系统有哪些优缺点?
7. 简述 EP2002 制动系统防滑保护的基本原理。
8. 紧急制动和快速制动有什么区别?它们各在什么情况下使用?
9. 叙述智能阀的主要功能。
10. 画图说明单节车 CAN 总线网络结构。
11. 画出单个网关阀和多个网关阀的网络结构图。
12. EP2002 阀是怎样进行故障管理的?

单元 6　HRDA 数字指令式制动系统

教学目标

(1)掌握 HRDA 制动系统的结构组成,各阀的基本结构及工作原理;
(2)掌握 HRDA 制动系统的作用过程、工作原理。

建议学时

6 学时

单元 6.1　HRDA 数字指令式制动系统的组成

日本纳博克公司为适应城市轨道交通车辆发展的需要,研制了一套采用微机控制的数字指令式制动系统——HRDA 制动系统。它内设监控终端,具有自诊断和故障记录功能;还具有反应速度快,可与 ATP、ATC 及牵引电制动等系统协调配合等特点。

一、系统构成

HRDA 制动系统主要由以下部分构成。

(1)风源系统:F1 电动空气压缩机组、F3 二次冷却器、F4 空气干燥器、F5 总风缸、F7 空压机启动装置及 F8 安全阀等组成;

(2)制动控制系统:由 C3 空气过滤器、C1 制动风缸、B1 制动控制装置及停放制动控制箱等组成;

(3)防滑控制系统:由 J2 测速齿盘、J1 HIS 速度传感器、J5 防滑电磁阀及装在 B1 制动控制箱内的防滑控制单元组成;

(4)基础制动装置:由 E1 不带停放单元制动缸及 E2 带停放的单元制动缸等组成;

(5)辅助系统供风设备:由 G2 减压阀、G4 辅助风缸、H3 高度阀、H4 高度阀及 H5 差压阀等组成。

其中,制动控制单元由常用制动系统和紧急制动系统组成 ,如图 6-1 所示。

二、HRDA 制动系统各部分结构及原理

1. 风源系统

风源系统是列车空气供给的源头,包括直流电动空压机组、二次冷却器、干燥器(单筒式)、空压机启动装置、风缸、安全阀等零部件组成。安装在首尾车上。

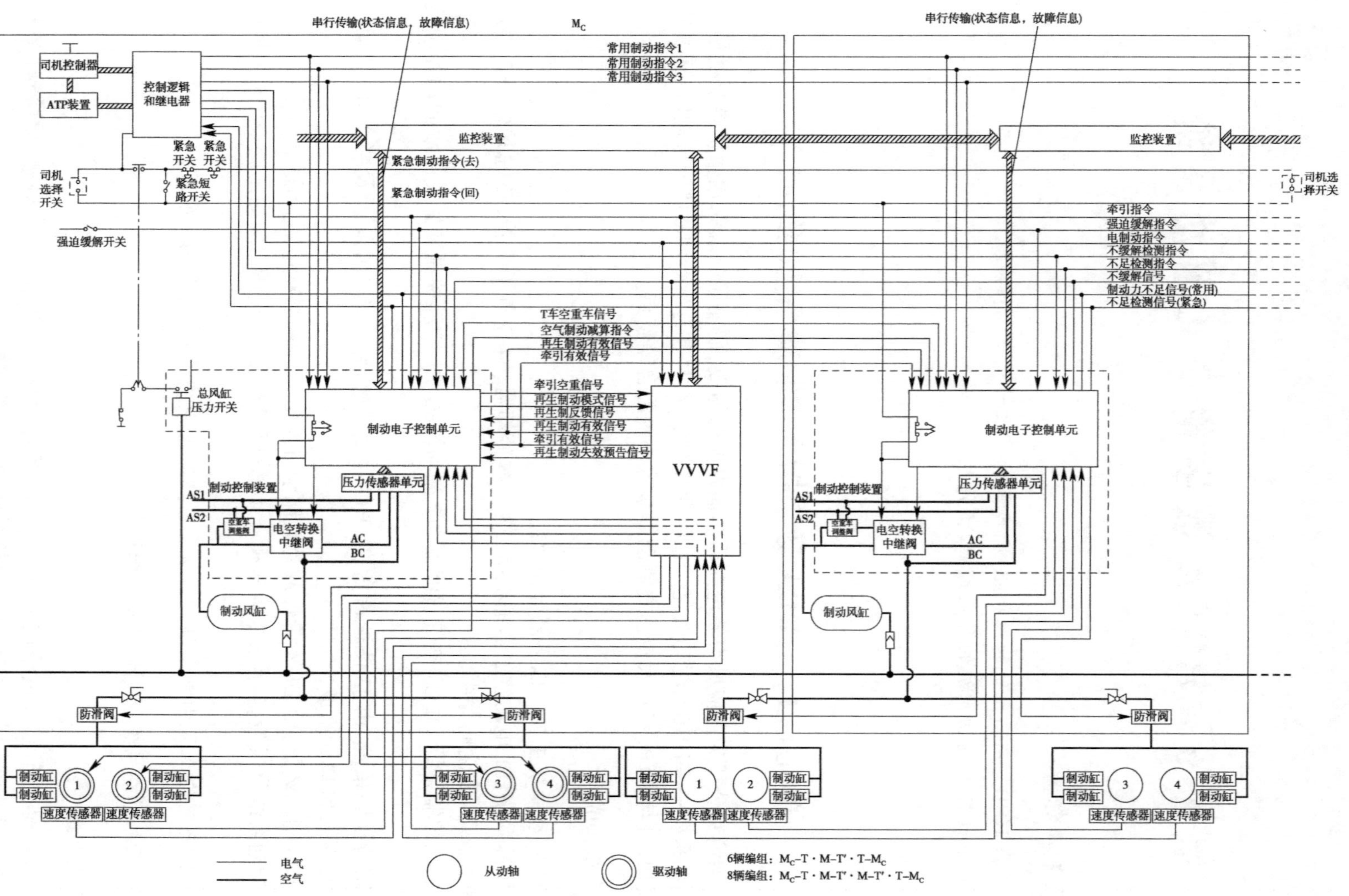

图 6-1　HRDA 制动系统组成

1)电动空压机组

电动空压机组是由空气压缩机和电机通过橡胶柔性联轴节直接连接组成。

电动空压机组的工作制可以保证当一台空压机停止工作时,另一台空压机能保证全车用风量,保证制动性能。

其主要技术规格如下:

型号:HS20N;类型:活塞式单作用(两级压缩);气缸配置:4 个气缸,水平放置;

缸径×冲程×数量:高压 110mm×80mm×2 个 、低压 62mm×80mm×2 个;排气压力(额定):900kPa;转速:1400r/min;额定排气量:2130L/min;冷却方式:自然冷却;润滑方式:齿轮泵式强制润滑。

2)A-1-RD 冷却器

从空压机输出的高温压缩空气,通过冷却器把空气中的水蒸气变成液态水,减少进入制动系统空气的含水量;同时在冷却器上安装了自动排水阀,使积存于冷却器中的水分适时定期排出,当冷却器内空气压力低于 1.5kPa 时,自动排水阀排水。

3)空压机启动装置

当总风压力降至 800±20kPa,空压机工作;

当总风压力达到 900±20kPa,空压机停止工作。

4)D20BD 干燥器

D20BD 干燥器是采用单塔无热再生式除湿装置,它利用活性氧化铝吸收空气中的水分,提高压缩空气的干燥度,并利用处理后的干燥空气对干燥剂进行再生,使设备循环工作。

空压机开始工作时,空气干燥器中的电磁阀得电,关闭排气阀。空气流经干燥器,除去其中的水、油进入主风缸。当总风压力达到预设值时,空压机停止工作,电磁阀失电,打开排气阀。存在空压机与干燥器间的空气迅速排向大气,同时排掉干燥器内水、油。从而减少空压机再次启动的负载。

5)安全阀

当总风压力达到 950±20kPa,安全阀的阀口打开排风;当压力下降上限值压力 47kPa 时,安全阀将关断,停止排风。

2. 制动电子控制单元(ECU)

1)概述

制动电子控制单元安装在制动控制装置内,是采用微机进行数字运算的系统,装有控制系和监视系 2 种 CPU。每车均设有 1 套制动电子控制单元。制动电子控制单元由 16 位单片微处理器(单片机)组成,采用数字计算处理方式。KBCD3 制动电子控制单元装在 M 车制动控制装置内,KBCD4 装在 T 车的制动控制装置内。另外,在紧急制动时 ECU 具有后援功能。

本装置由常用制动指令线接收常用制动指令,检测 2 个空气弹簧的压力,产生本车的制动模式。对于 M 车的制动电子控制单元从 T 车的制动电子控制单元得到 T 车的车载信号,产生 M-T 单元的制动模式信号,向 VVVF 输出再生制动模式信号。然后从 VVVF 接收再生制动的反馈指令进行电空协调配合控制。这时,进行 M-T 单元的制动力不足计算,对 T 车优先补足计算空气制动补足模式。将这个 T 车补足模式作为减算指令传送给 T 车的制动电子控制单元。对于 T 车,本装置接收从 M 车电子控制单元传送来的空气制动减算指令,进行本车的空气制动补足模式计算。

除此之外,ECU 还有下列功能。

(1)本装置由预控压力反馈控制,控制制动电磁阀电流,控制制动力(控制系统微机)。

(2)本装置接收 4 个轴的速度信号,控制各转向架的防滑电磁阀,进行滑行检测和再黏着控制(控制系统微机)。

(3)本装置监视制动缸压力,检测不缓解和制动力不足,不足时自动产生紧急制动。另外不缓解时,此车辆的制动可以强制地被缓解(监视系统微机)。

(4)本装置由串行传输,在向监控装置传送各种信息的同时,还可以用 7 段 LED 表示各种状态信息(控制系统微机)。制动电子控制单元方框,如图 6-2 所示。

2)单元构成

制动电子控制单元整体安装在制动控制装置内,直接安装在管路安装板上。制动电子控制单元内的印刷电路板单元由 3 块构成,它们为电源电路板、接口电路板、CPU 线路板。这些电路板之间用插座进行电路连接。各线路板前面的插座与制动机箱连接。

另外,在制动电子控制单元的前面设有各种开关及 LED 显示,根据开关的位置显示制动电子控制单元的控制信息,可以确认动作的状态等,以方便使用各开关类。LED 灯的配置如图 6-3 所示。

3. 制动控制单元(BCU)

制动控制单元由气路集成板及安装在气路上的相关气动部件组成。它主要包括 EPR2B 电空转换中继阀(带压力传感器)、空重车阀、UM 空气过滤器、压力传感器单元、总风欠压开关(仅 Mc 车安装)、箱体、消声器等。

制动控制装置的内部结构,如图 6-4 所示;制动控制单元的内部原理,如图 6-5 所示。

电空转换中继阀是将电气指令变成空气压力,它由 EP 阀及紧急制动电磁阀和双活塞中继阀构成。EP 阀输出压力(AC 压力)由制动电子控制单元采用闭环反馈控制。这个 AC 压力输到中继阀部的控制室进行流量放大。将这个放大流量的压力空气,送给制动缸产生常用制动力。

空重车调整阀输入 2 个空气弹簧的压力信号,进行计算后,将代表车重的压力空气输送给电空转换中继阀。此压力空气在紧急制动时,通过紧急电磁阀,输送到中继阀部进行流量放大,送给制动缸产生紧急制动作用。

压力传感器单元是为向制动电子控制单元输入控制电空转换中继阀的常用制动 AC 压力,输入代表车重信号的 AS1、AS2 压力及监视用的 BC 压力,把这些压力信号变成电信号,以便于计算机对其进行控制。

1)EPR2A 型电空转换中继阀

(1)结构。

电空转换中继阀包括一个可放大流量的中继阀及两个电磁阀,如图 6-6 所示。在阀座体(2)的供气阀部装有供风阀(3)、供气阀弹簧(1)和上盖(10),供气阀(3)在供气阀弹簧(1)的作用下被紧压在阀座体(2)的供气阀座(4)上,供、排气杆(9)由阀座体(2)、中间支撑(8)、底盖(6)以及活塞(7)相接触的三个 O 形密封圈所支承。在上部平膜板(5)的两面,工作压力(AC2)和二次压力(BC)通过供风阀(3)施加。在下部平膜板(5)的两面,其工作压力为(AC1,AC2)。这两个平膜板的面积是一样的。由于 BC 压力和工作压力 AC1 或 AC2 之差使供排气阀杆(9)滑动,因此二次供风与排风通过供气阀(3)的开关来实现。

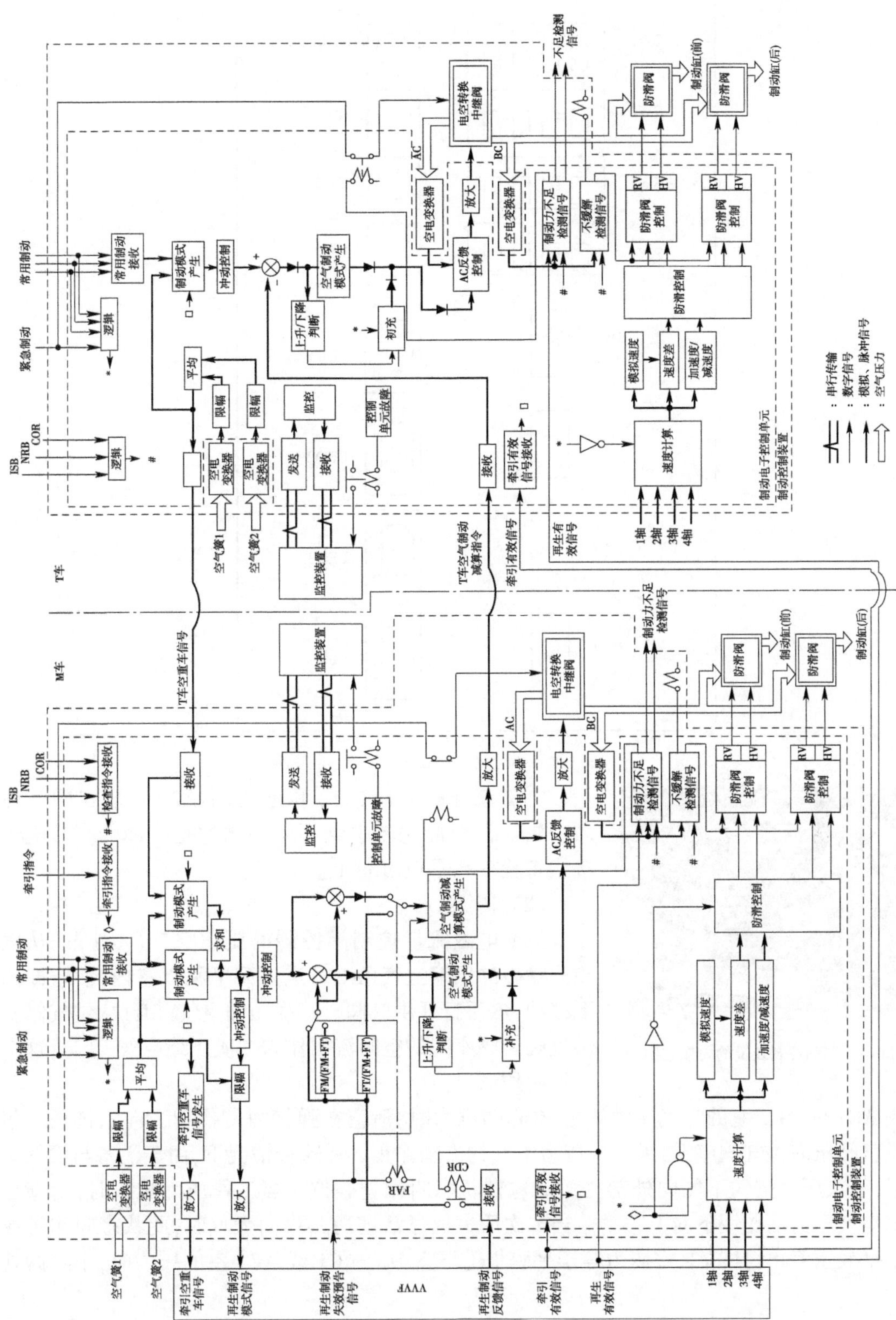

图6-2　制动电子控制单元方框

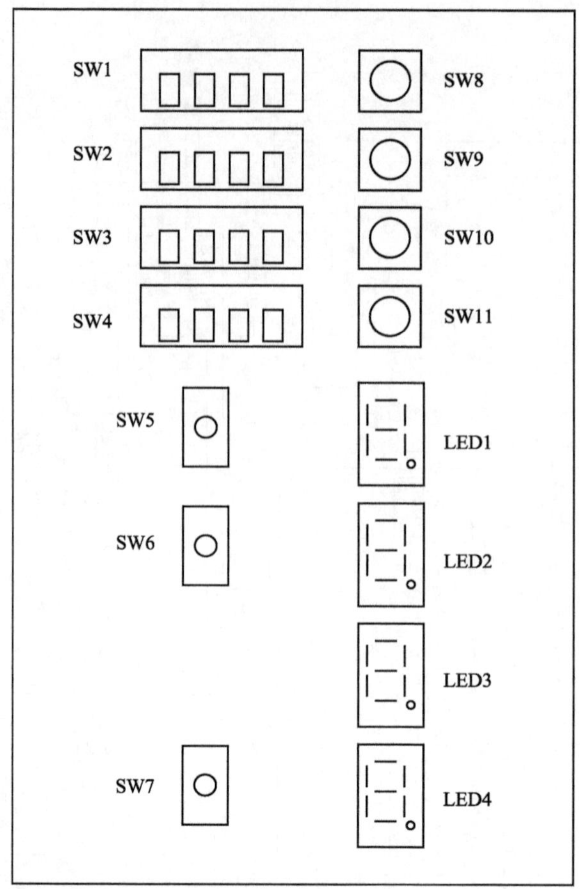

图 6-3　LED 灯的配置

图 6-4　制动控制装置的内部结构

电磁流量控制阀(11)和电磁阀(12)安装在阀座体(2)的前部,因此它与中继阀体的结构是一体的。其电气接线布置在端子板(13)上。

(2)作用原理。

只要电磁流量控制阀控制的压缩空气(AC1)或从电磁阀输出的压缩空气(AC2)进入到平膜板室内,活塞即向下移动,尔后打开供气阀。一次压缩空气(SR)从供气阀及供气阀体阀座间的空间流出作为二次压缩空气(BC),这个位置叫作供风位。

当 AC1 或 AC2 室的空气压力等于 BCF 的压力时,活塞在弹簧力的作用下向上推进。尔后将供气阀压向供气阀座,结果一次压力空气的流动停止。在这种情况下,由于活塞与供气阀相接触,一次压力空气不能向外部排放。这种状态叫作重叠位。当工作压力减压时,活塞在 BCF 室空气压力的作用下向上移动。当二次压力通过活塞通路排向大气时,此状态叫作排放位。如果减压停止,且 BCF 室压力等于平膜板上下室中的 AC1 或 AC2 室的压力时,中继阀处于重叠位。

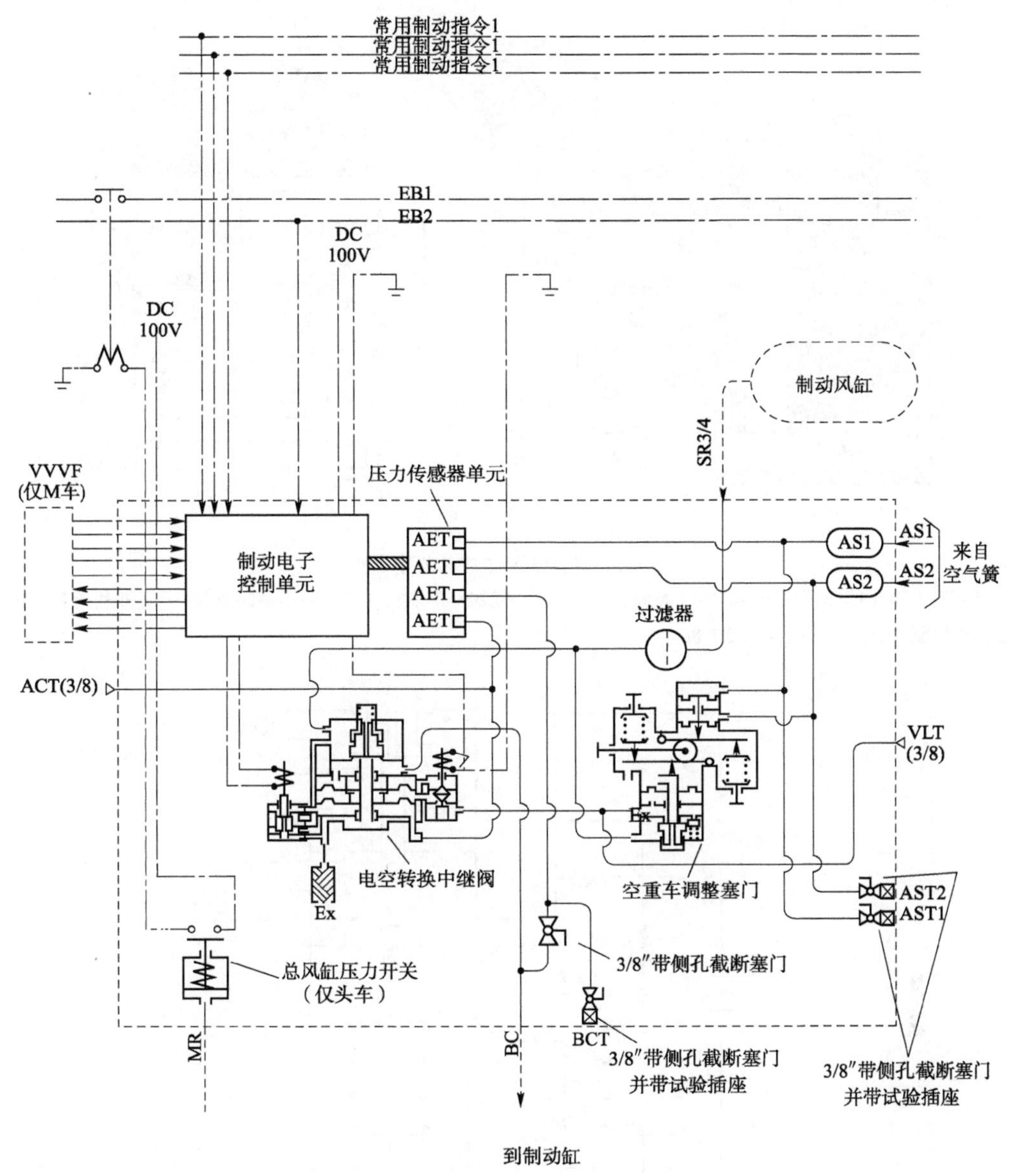

图 6-5　制动控制单元的内部原理

2）空重车调整阀

空重车调整阀在全电气指令的制动装置中使用，它根据乘客多少检测空气簧压力作为车辆载荷，使空气制动压力根据车辆的质量即时增减，对同一制动指令得到与乘客多少无关的相对应的减速度。

空重车调整阀主要由作用力给排阀部、空气弹簧压力检测部、作用给排阀部、支点调整部、RV 调整弹簧部、AS 调整弹簧部逆止阀部构成。空重阀结构，如图 6-7 所示。空气弹簧压力的检测部及作用压力给排阀部分别安装在本体的上侧及下侧，支点调整部安装在空气弹簧压力检测部和作用压力给排阀部之间，由本体的前面安装。另外，AS 调整弹簧部及 RV 调整弹簧部分别安装在本体的下侧及上侧。

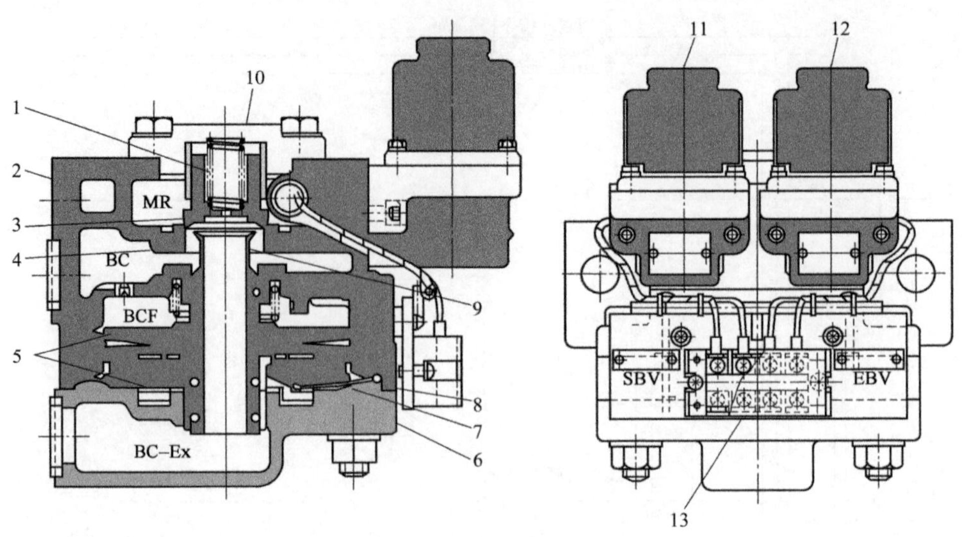

图 6-6 EPR2A 型电空转换中继阀

1-供气阀弹簧;2-阀座体;3-供风阀;4-供气阀座;5-上、下部平膜板;6-底盖;7-活塞;8-中间支撑;9-供排气阀杆;10-上盖;11-电磁流量控制阀;12-电磁阀;13-端子板

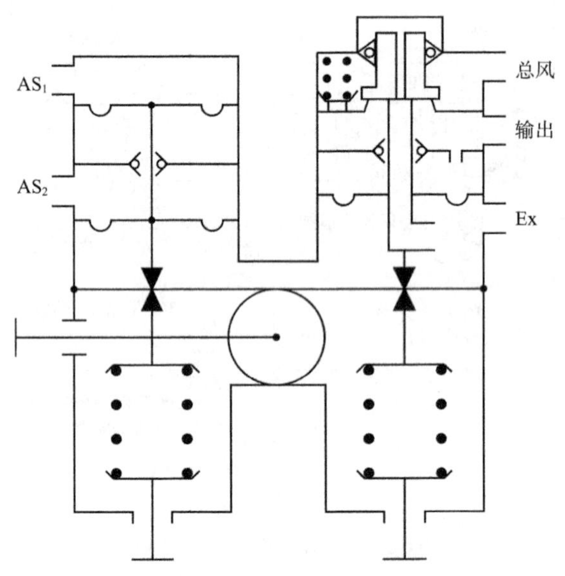

图 6-7 空重阀结构示意图

单元 6.2 HRDA 制动系统的作用过程、工作原理

一、常用制动作用原理

常用制动是正常使用的制动。此系统的制动指令是由制动控制器(或 ATP、ATC),通过 3 根列车贯通线(二进制代码)送给制动控制装置内的制动电子控制单元。图 6-8 所示为常用制动系统方框图。

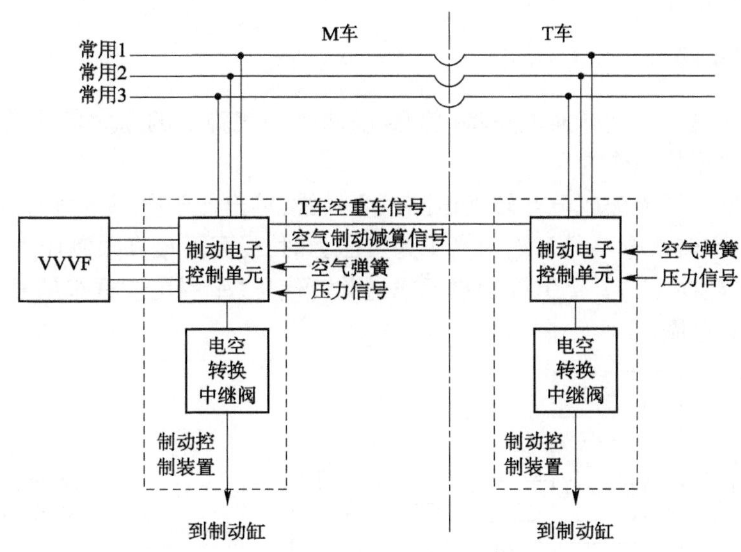

图6-8　常用制动系统方框图

制动电子控制单元采用微机进行运算及控制的系统，其内设有控制和监视系统的两种CPU。本装置由常用制动指令线接收常用制动指令，并通过检测到的两个空气弹簧的压力，产生本车的制动模式。对于M(动)车的制动电子控制单元还要从T(拖)车的制动电子控制单元得到T车的载重信号，产生M—T单元的制动模式信号，向VVVF输出再生制动请求信号。然后接收VVVF再生制动的反馈信号进行电空协调配合控制。这时进行的M—T单元电、空制动力计算，采用对电制动不足部分按T车优先补足计算空气制动模式，并将这个T车补足模式作为减算指令传送给T车的制动电子控制单元。

二、紧急制动作用原理

紧急制动考虑到安全性及可靠性，采用列车贯通线(紧急线)断电产生制动作用的常时带电系统。紧急线失电时，全列车自动产生紧急制动作用。

紧急制动不仅是ATP指令、司机控制器指令(手动指令)、紧急制动按钮，而且在列车分离、总风缸压力显著降低等时，也能产生紧急制动作用。

紧急制动系统方框图，如图6-9所示。

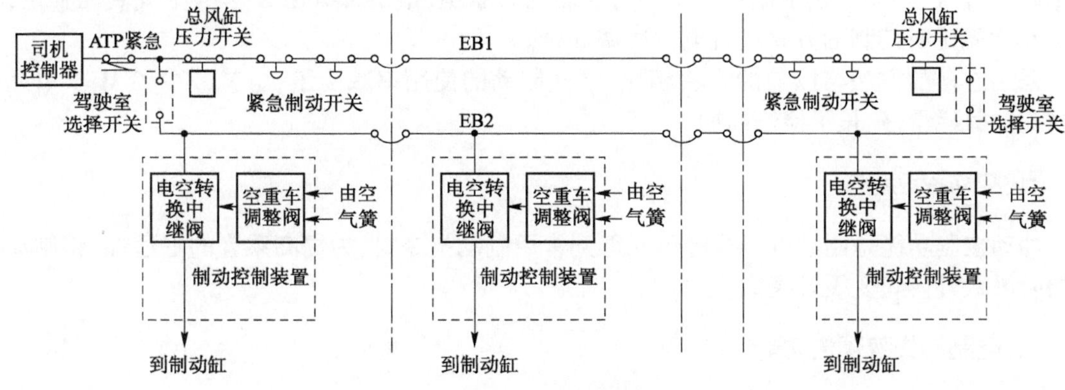

图6-9　紧急制动系统方框图

三、荷载调整功能

荷载调整功能是由电空转换电路将检测到的两个空气弹簧的压力信号转变成电信号,并以两个荷载信号的平均值作为车重。

此功能在空气弹簧爆破或电空转换电路发生异常,输出低于空车压力时,设置最低保证压力。另外,由于电空转换电路异常输出高于超员压力时,设置了最高限制压力。

此外,本装置还向 VVVF 牵引控制单元输送载荷信号(牵引用空重车信号)。图 6-10 所示为荷载调整功能方框图。

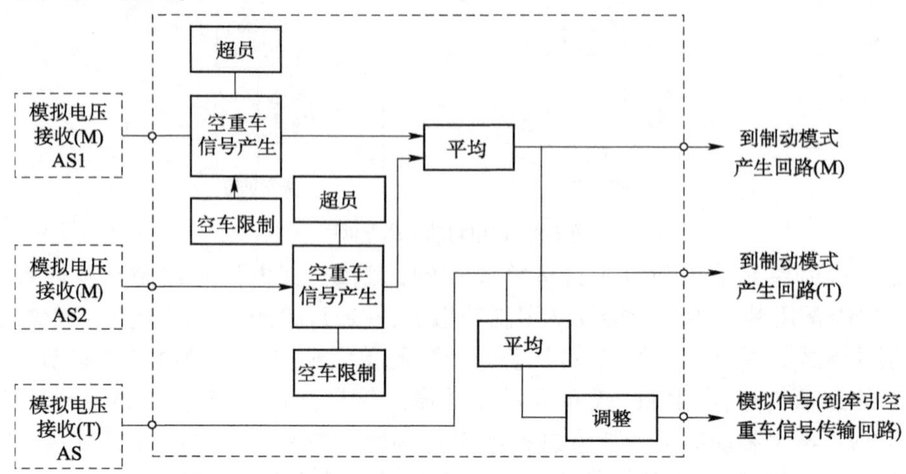

图 6-10　荷载调整功能方框图

四、制动模式的产生和电空配合

由 M 车和 T 车构成一个制动单元。在制动时制动电子控制单元接收到常用制动指令后,它根据常用制动指令、M 车和 T 车的荷载信号、惯性系数等进行综合运算后产生各车的制动模式。

M 车单独承担的最大制动力是由钢轨和车轮间的黏着限制所决定。

VVVF 控制车具有车轮在滑行和空转时迅速恢复的能力,因此可以有效地利用再生制动。常用制动时,T 车的制动力也由 M 车的再生制动力承担,不足部分由 T 车的空气制动补足,采用 T 车优先延时控制的方式进行电空协调配合。

采用这样的方法与以前的方法相比,空气制动的使用率减少了,也就减少了 M、T 单元制动闸瓦的磨耗量,延长了检修周期。

五、冲动控制功能

冲动控制功能是制动电子控制单元得到常用制动指令时,为提高乘客的舒适性,将制动模式的阶段跃升模式变缓升模式。

六、电制动失效预告功能

电制动失效预告功能是减少列车将要停止之前,由于再生制动失效,而空气制动反应延迟将引起冲动。它改善了列车的舒适性。

七、防滑控制功能

装在各轴的速度传感器及脉冲发生器将与其速度相当的脉冲信号传送给制动电子控制单元(M车的速度脉冲信号是与牵引共用的,通过VVVF传送来的)。由制动电子控制单元通过检测各轴速度,进行防滑控制。

各转向架的防滑电磁阀由制动电子控制单元控制,排出、保持或向制动缸供给压力空气。图6-11所示为防滑控制用相关部件的连接。

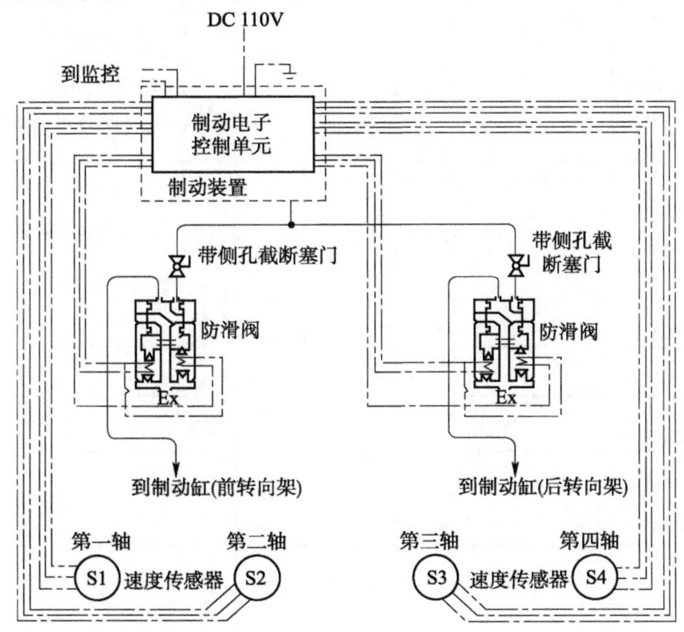

图6-11　防滑控制用相关部件的连接

1.减速度检测

当某一轴发生滑行,其轴的减速度超过规定值时,电子控制单元就会发出缓解其转向架BC压力的指令。

发生滑行轴的速度向黏着力恢复的方向加速,其加速度超过规定值时,制动电子控制单元就发出供给其转向架BC压力的指令。

2.速度差检测

各轴的速度同最高轴的速度(四个轴中)或模拟速度比较,其差值超过规定值时,制动电子控制单元就向这个转向架发出减少其BC压力指令。

其速度差,小于规定值,充分恢复黏着以后,制动电子控制单元就向这个转向架发出增加其BC压力指令。

制动电子控制单元的两种检测方法(减速度检测、速度差检测)中任一个检测出滑行时,防滑控制装置都会控制防滑电磁阀产生防滑作用。图6-12所示为防滑控制曲线图;图6-13所示为防滑控制系统方框。

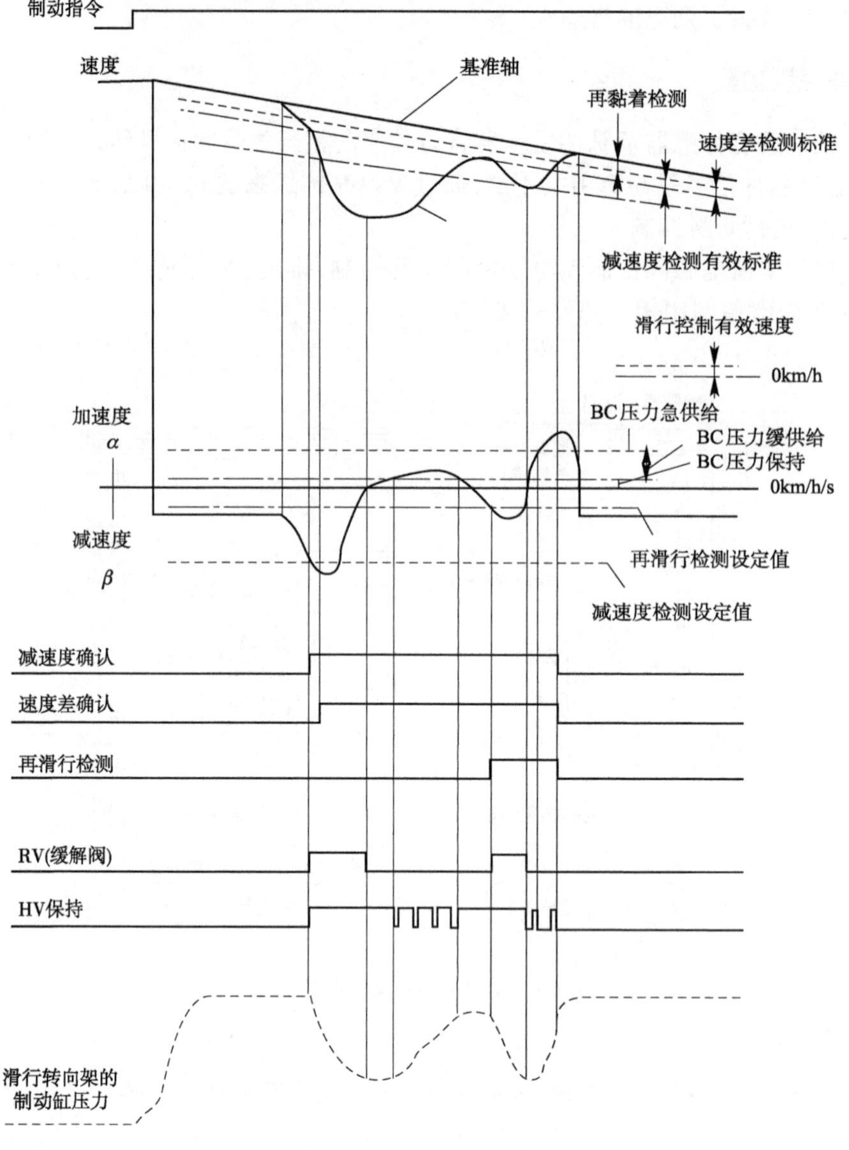

图 6-12 滑行控制曲线

八、不缓解检测功能

不缓解检测功能,如图 6-14 所示。制动电子控制单元内设有独立的微机控制检测系统,它可根据不缓解检测线的输入状态,利用传感器监视制动缸压力。当不缓解检测线得电后,经过 5s 制动缸压力还超过规定值压力时,就判断为发生了制动不缓解。除向监控装置传送不缓解信号外,还断开牵引及控制车轴侧面灯用的继电器得电。

九、强迫缓解功能

强迫缓解功能,如图 6-14 所示。在发生制动不缓解时,司机可以操纵强迫缓解开关,使制动电子控制单元发出指令缓解制动,同时向监控装置传送强迫缓解信号。

十、制动力不足检测功能

制动力不足检测功能,如图6-14所示。在ATP常用制动或司机实施较高级别常用制动,且无电制动时,制动缸压力经过3.5s后还没有超过规定值,制动电子控制单元就判断为发生了制动力不足,使发生制动力不足的车辆产生紧急制动作用,同时向监控装置发出制动力不足信息。

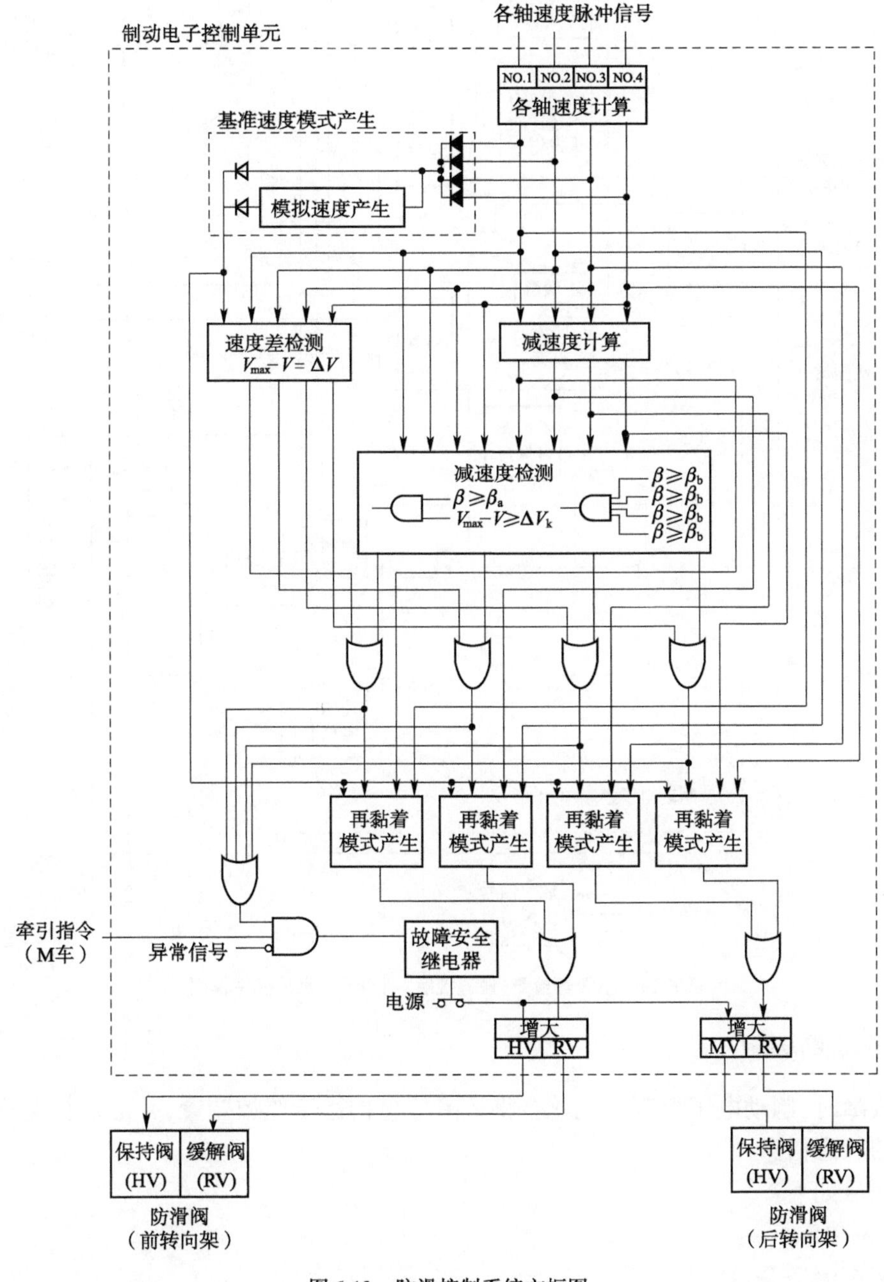

图6-13　防滑控制系统方框图

当再生制动作用,接收到VVVF的再生制动有效信号时,制动电子控制单元不进行制动力不足检测。

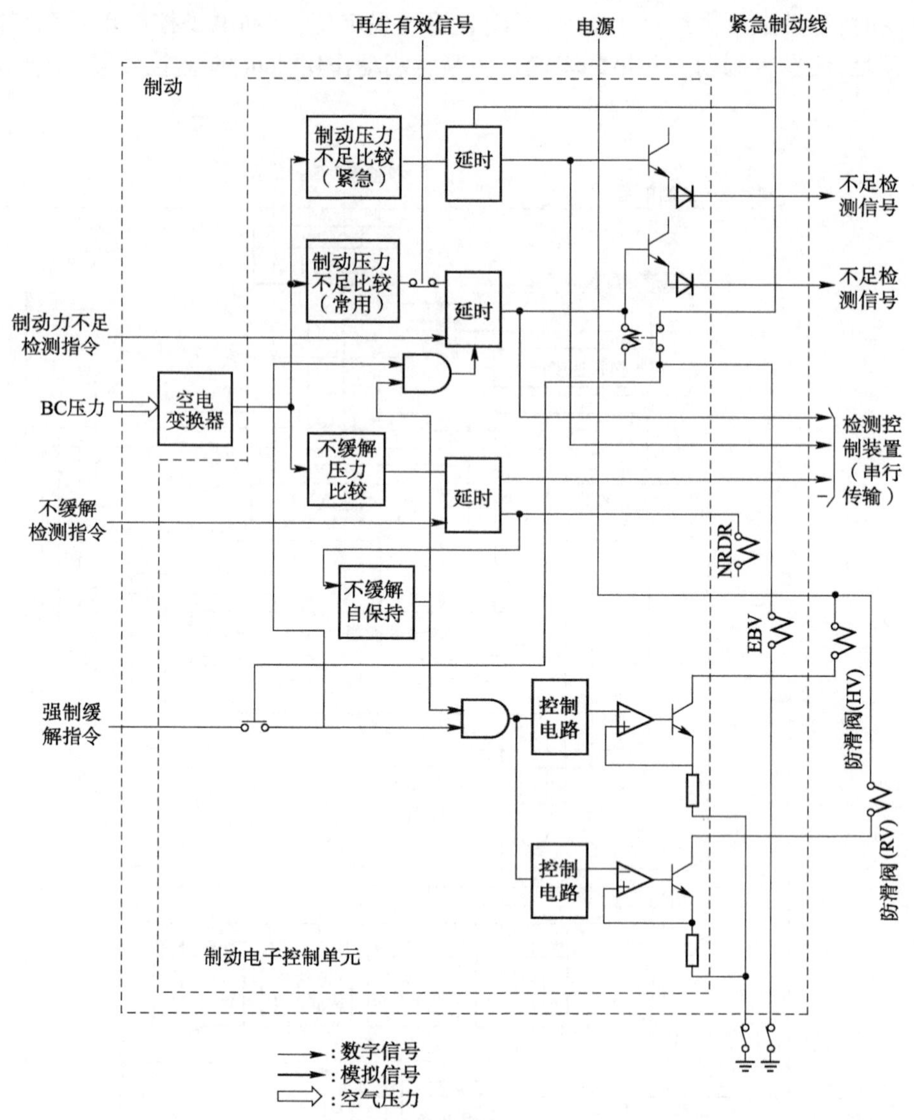

图6-14 不缓解检测、强迫缓解、制动力不足检测主框图

十一、自诊断功能

发生故障时,制动电子控制单元就会将故障信息传送给监控装置,并记录发生故障前后一段时间内的状态信息。

检查项目如下:

(1)控制电源;

(2)程序出错(W. D. T);

(3)空气弹簧压力;
(4)牵引空重车信号(仅 M 车);
(5)再生制动模式信号(仅 M 车);
(6)再生制动反馈信号(仅 M 车);
(7)空气制动减算指令;
(8)AC 压力;
(9)BC 压力;
(10)第一轴速度信号;
(11)第二轴速度信号;
(12)第三轴速度信号;
(13)第四轴速度信号;
(14)第一台转向架防滑阀保压信号;
(15)第一台转向架防滑阀缓解信号;
(16)第二台转向架防滑阀保压信号;
(17)第二台转向架防滑阀缓解信号;
(18)RAM 检查。

十二、监控信息

制动电子控制单元通过串行接口将各种制动数据信息(状态信息)送给列车的监控系统,以便司机随时了解制动系统状态。

状态信息如下:
(1)常用制动指令;
(2)再生有效信号;
(3)牵引有效信号;
(4)第一台转向架空气弹簧压力;
(5)第二台转向架空气弹簧压力;
(6)AC 压力;
(7)BC 压力;
(8)牵引空重车信号(仅 M 车);
(9)再生制动模式信号(仅 M 车);
(10)再生制动反馈信号(仅 M 车);
(11)空气制动减算指令;
(12)电空转换电流;
(13)车重;
(14)不缓解检测信号;
(15)强迫缓解信号;
(16)制动力不足检测信号。

复习思考题

1. HRDA 制动系统是由哪些部件组成的?
2. 简述电空转换中继阀和空重车调整阀的用途。
3. 简述电空转换中继阀的结构组成。
4. 简述电子制动控制单元的构成。
5. 简述 HRDA 制动系统常用制动的作用原理。
6. HRDA 制动系统具有哪些功能?
7. 试述 HRDA 制动系统的防滑控制原理。

单元7　微机控制直通式电空制动系统

教学目标

(1)掌握微机控制直通式电空制动系统的组成；
(2)掌握微机控制直通式电空制动系统的控制过程及功能。

建议学时

6学时

单元7.1　微机控制直通式电空制动系统的组成

铁道科学研究院机车车辆研究所研制的车控式城市轨道交通车辆制动系统，于2005年在天津滨海快轨装车运用，在2006年底完成了10万km的运用考核目标，并于2007年初通过运用考核评审，可靠性指标达到并在防滑控制等指标上优于国外同类产品水平，满足安全性、可用性、可维护性、可靠性的要求，具备城市轨道交通车辆制动系统的推广应用的条件。沈阳地铁2号线，天津滨海快轨、地铁3号线，北京地铁13号线、八通线等安装的都是该制动系统。

该制动系统是采用微机控制的直通式电空制动系统，它反应迅速、操纵灵活，具有空电复合制动、防滑控制、故障诊断和状态信息显示等功能，是一个充分考虑安全的城市轨道交通制动系统。

该制动系统主要是由风源系统、列车制动控制单元、制动控制装置和基础制动装置组成，如图7-1所示。

1. 风源系统

风源系统为全列车制动系统、空气弹簧等使用压缩空气的装置提供干燥、清洁的压缩空气。每列车设有两套电动空气压缩机组，分别装在M_1/M_4车上，并配有相应的总风缸和制动辅助风缸。两套电动空气压缩机组经列车总风管相连通。每套压缩机单元采用压缩机与干燥器的集成模块，包括螺杆式空气压缩机、膜式空气干燥器、启动装置、安全阀、压力开关等。

2. 列车制动控制单元

列车制动控制单元接收司机控制器及ATO、ATP的制动指令，然后通过制动控制线向全列车的制动电子控制装置发送制动指令。制动控制装置根据制动指令对制动缸的压力进行控制,并由基础制动装置实施机械摩擦制动。

列车制动控制单元主要由司机主控制器、编码器、制动逻辑继电器箱3部分组成。司机主控器产生牵引/制动的逻辑控制指令及级位的模拟指令;编码器接收司机主控器的ATP、ATO的指令向列车制动控制线输出PWM的制动指令;同时制动逻辑继电箱可并行接收司机主控器、紧急制动、安全警惕防护、ATP、ATO等指令,优先响应/或必要联锁控制。

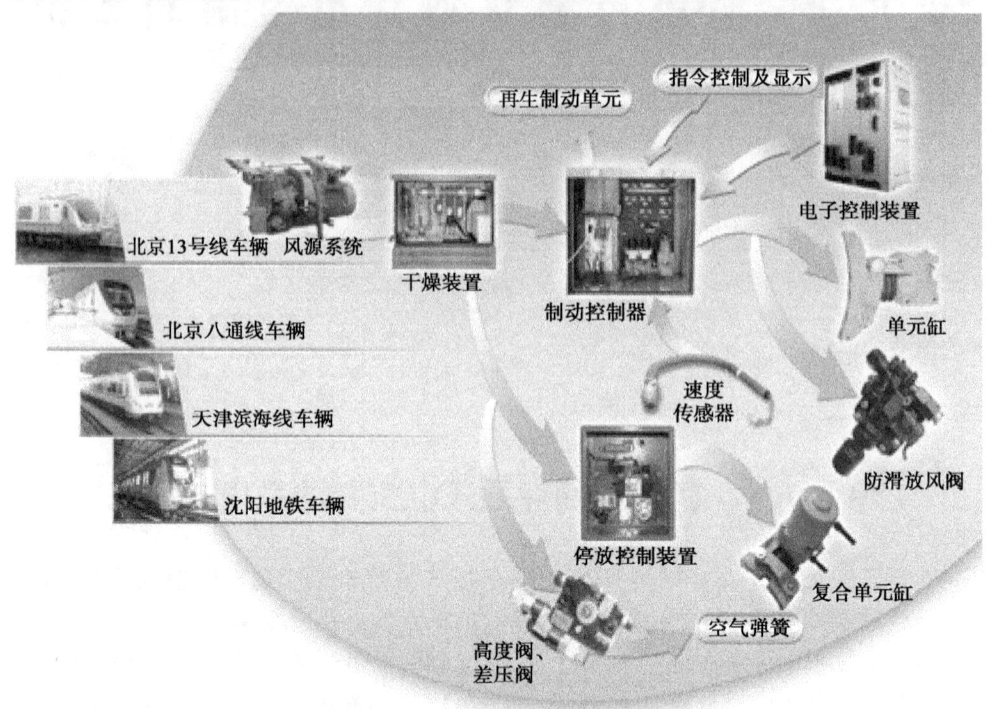

图7-1　铁道科学研究院微机控制直通式电空制动系统

制动控制部分主要包括两个装置模块,制动控制装置和停放制动控制装置。

1)制动控制装置

制动控制装置由电子制动控制单元EBCU和气动制动控制单元PBCU组成,制动控制装置外观如图7-2所示;制动控制装置内部组成如图7-3所示。EBCU可分为制动控制、防滑控制、通信及故障诊断3个部分。EBCU制动控制装置的原理及组成,如图7-4所示。EBCU的制动控制部分可以接收列车制动控制线的PWM的制动指令编码,进行空气和电制动的混合制动模式运算,控制常用制动电磁阀的电流以实现对制动缸的压力控制,并根据两路空气弹簧的压力AS1、AS2实现制动力按载重的自动调整。EBCU的防滑控制部分可以测定各车轴的速度,一旦检测到有车轮滑行,便驱使防滑排风阀降低滑行轴的制动缸压力,使滑行车轮恢复到正常的黏着滚动状态。EBCU还具有通信及故障诊断信息的显示与存储功能。

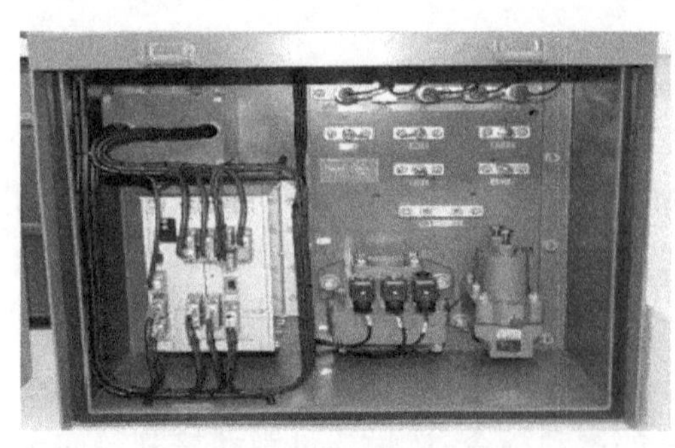

图7-2　制动控制装置外观

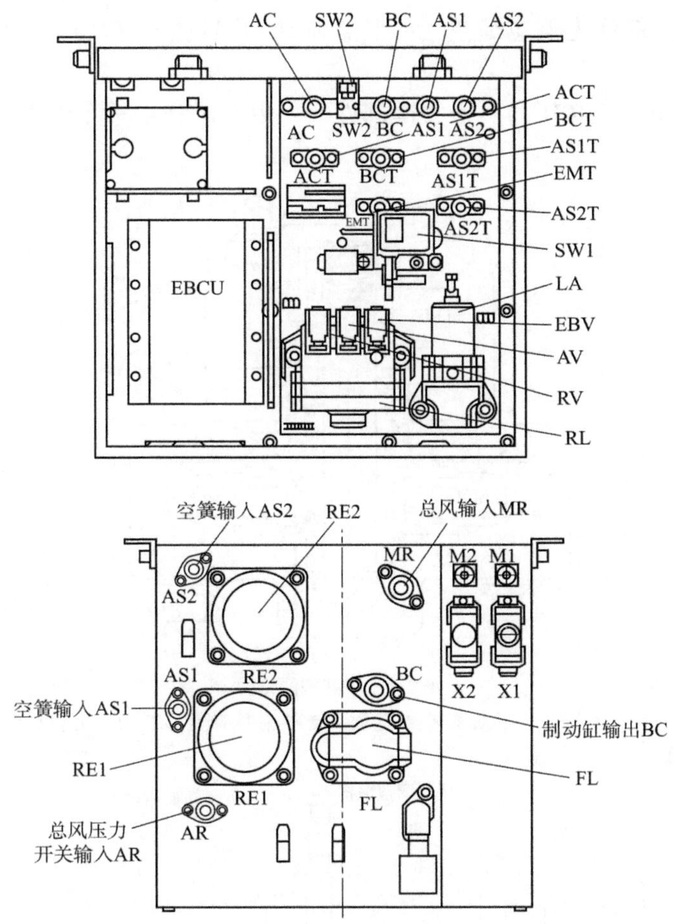

图7-3　制动控制装置组成

AV-制动电磁阀;RV-缓解电磁阀;EBV-紧急电磁阀;LA-空重阀;RL-中继阀;压力传感器;压力开关及相应的压力测点

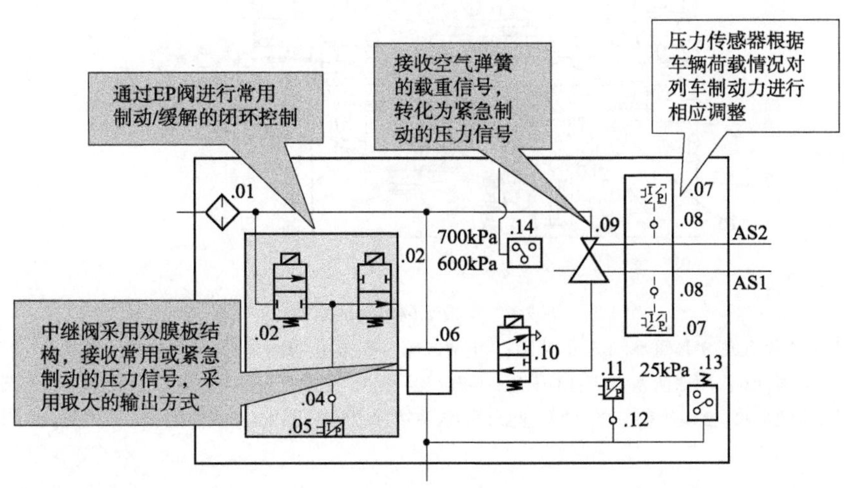

图7-4　制动控制装置的原理及组成

制动控制装置还能优先响应纯空气的紧急制动,并封锁 EBCU 的作用,达到安全制动的目的。

气动制动控制单元 PBCU 的两个关键部件——中继阀和空重车调整阀,它们的结构组成分别如图 7-5 和图 7-6 所示。

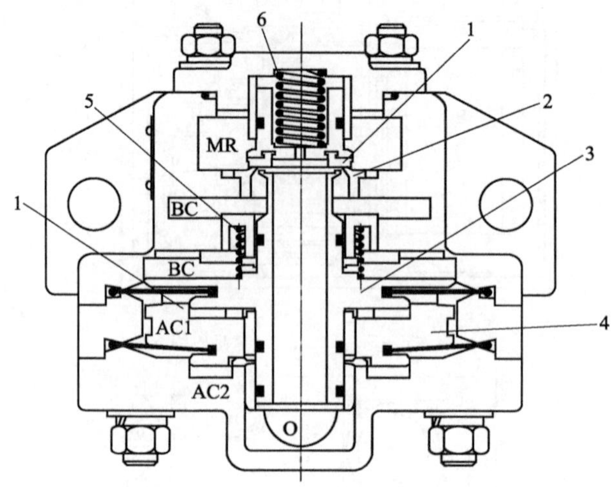

图 7-5　中继阀的结构

1-总风阀座;2-总风口轴套;3-上活塞体;4-下活塞体;5-复位弹簧;6-总风弹簧;MR-总风腔;BC-制动腔;AC1-紧急制动腔;AC2-常用制动腔;O-排风口

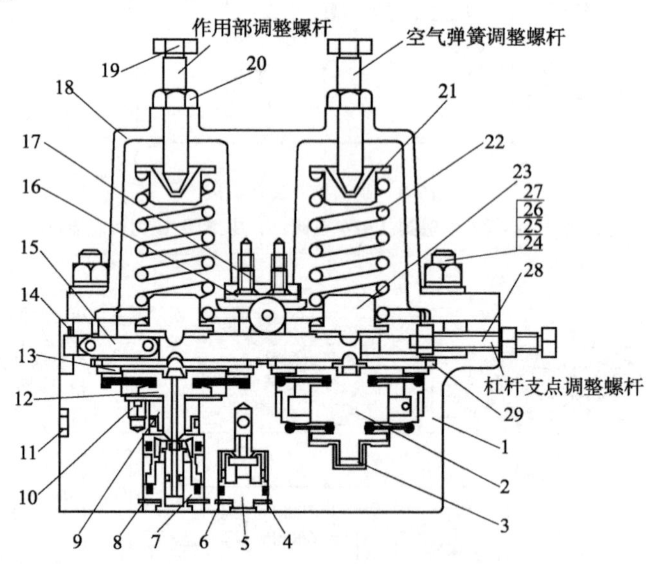

图 7-6　空重车调整阀的结构

1-主阀体;2-称重部活塞组成;3-称重部轴套;4-挡圈;5-止回阀部组成;6-止回阀部轴套;7-总风部组成;8-挡圈;9-作用部轴套;10-缩堵;11-矩形圈;12-作用部活塞组成;13-压环;14-开口挡圈;15-支承杠杆组成;16-滚轮支承座;17-沉头螺钉;18-阀盖;19-调整螺杆;20-螺母;21、23-弹簧座;22-调整弹簧;24-双头螺柱;25-螺母;26-弹簧垫圈;27-平垫圈;28-调整杠杆支点组成;29-挡圈

2)停放制动控制装置

停放制动装置集成在一个控制箱内,直接由停放制动线控制。停放制动控制装置实物,如

图7-7a)所示。在每根轴上,具有一个带停放制动功能的踏面制动单元,停放制动通过弹簧施加,缓解通过充风实现,如图7-7b)所示。停放制动控制装置由双脉冲电磁阀、减压阀、压力开关、压力测点、滤清器、带电节点排风塞门、气路集成板和箱体组成。

a)

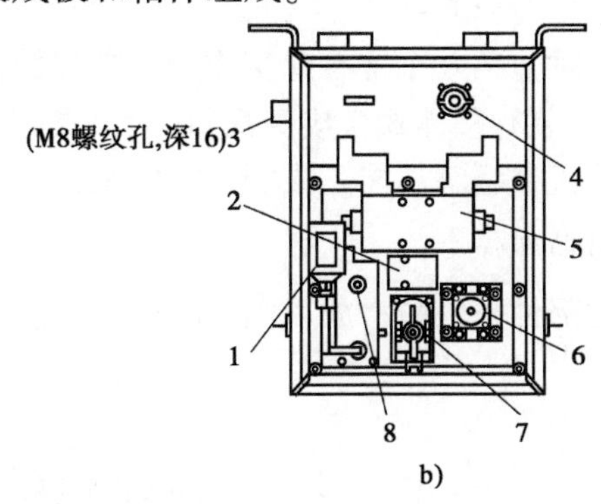

b)

图7-7　停放制动控制装置

1-压力开关;2-双向止回阀;3-接地螺栓;4-连接器;5-双脉冲电磁阀;6-减压阀;7-截断塞门;8-压力测点

脉冲电磁阀是先导控制的二位三通阀(左、右二位,B、P、S三通口),它由一个气动往复阀芯和用于预控的电磁阀组成。此外,它还配有附加的手动控制。当拆掉A通口的封口螺帽时,即变成一个二位五通阀(左、右二位,B、P、S、R、A五通口)。其结构如图7-8所示。

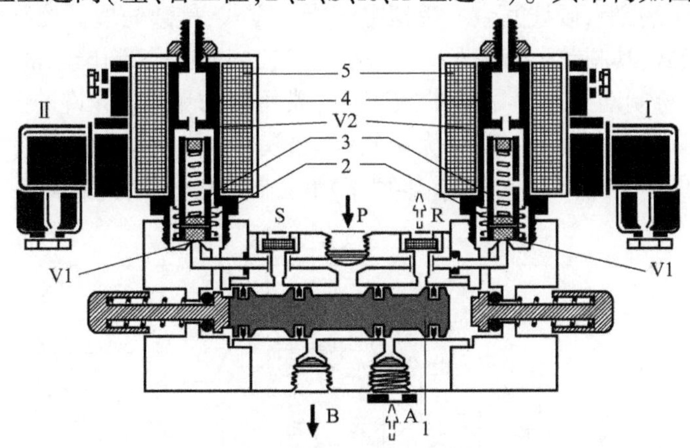

图7-8　脉冲电磁阀(二位五通阀)

1-活塞;2-弹簧;3-衔铁;4-电磁阀体;5-线圈;V1、V2-阀座

脉冲电磁阀用于气电控制回路中,如果电脉冲被触发,则控制腔充气或排气,或按顺序交替进行。例如,用于单作用风缸或双作用风缸(操作弹簧加载的停车制动,控制门风缸)等。其操作原理是:当阀磁铁Ⅰ和Ⅱ失电时,在缓解位,即电磁铁断电,活塞总处于一个端部位置,活塞位于左端。二位三通阀工作时,进气口P和排气口B形成通路。

当阀磁铁Ⅱ得电时,控制空气经阀座V_1到活塞,活塞移到右端位。当电脉冲终止,衔铁连同其底座被弹簧压在阀座V_1上,流进活塞的控制空气被切断,活塞仍留在原先的位置上。从V_1通向活塞的控制管经阀座V_2排气。活塞保持在右端位。当活塞保持在右端位时,操作气流B经排气口S排入大气。当阀磁铁Ⅰ得电时,压力空气推动活塞运动到左端位,即如之前未得电时一样。

在断电情况下,可手动操作脉冲电磁阀。压下按钮到停止位,使活塞移到左右两端中的一端;松手后,按钮在弹簧作用下复位,活塞仍停留在原位。

3. 基础制动装置

每个轴包括一个带有弹簧作用具有停放制动功能的踏面复合制动缸和一个单元踏面制动缸;每个缸装有整体式合成闸瓦,它们都具有闸瓦间隙自动调整功能。复合制动缸具有停放制动和手动机械缓解功能。该制动系统采用 PEC7 型和 PEC7F 型踏面单元制动器。

4. 制动部件

制动部件是由防滑放风阀、速度传感器、减压阀、止回阀、安全阀、溢流阀、电接点塞门等组成的。

单元 7.2 微机控制直通式电空制动系统的功能

一、系统功能

1. 常用制动功能

常用制动采用网络控制,硬线冗余。模拟电气指令方式,是微处理器控制的直通式电空制动,它采用减速度控制模式,其制动力随输入指令大小无级控制;制动控制单元根据减速度指令和车辆实际载质量来计算目标制动力,产生相应的减速度。常用制动受最大允许冲击率限制,以改善乘坐的舒适性;常用制动采用空电混合制动并优先使用电制动,当电制动不足时,由空气制动补充。常用制动控制原理,如图 7-9 所示;二动一拖(半列车)混合制动信息流程,如图 7-10 所示。

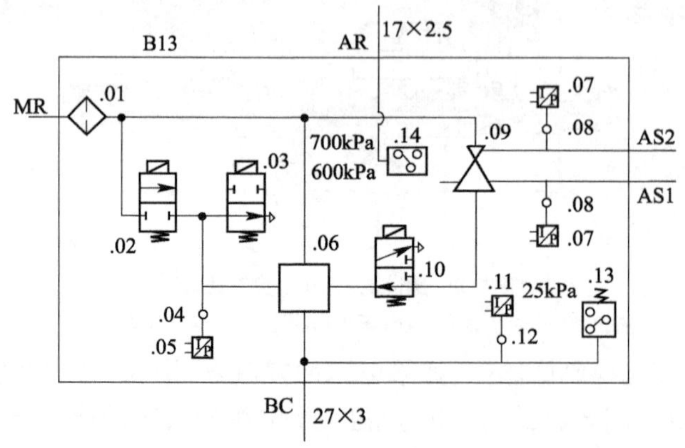

图 7-9 常用制动控制原理

2. 快速制动功能

快速制动的控制模式与常用制动相同;快速制动力与紧急制动相当。同时,快速制动有空电复合的功能,且是可逆操作的(发出快速制动指令后可撤销)。

3. 紧急制动功能

紧急制动采用紧急安全环路的纯空气制动,由列车线直接控制的直通式制动模式。该制动环路独立于常用制动，不受微处理器控制，它受紧急的二位三通紧急电磁阀控制，具有故障导向安全的功能。紧急制动发生后，在列车完全停止前不允许缓解制动（零速联锁以防止车辆减速过程中重新启动）。在 ATP 系统发出紧急制动指令、列车分离、总风欠压、DC110V 控制电源失电等情况下，均能产生最高安全等级的紧急制动。紧急制动不受纵向冲击率限制。紧急制动控制原理，如图 7-11 所示。

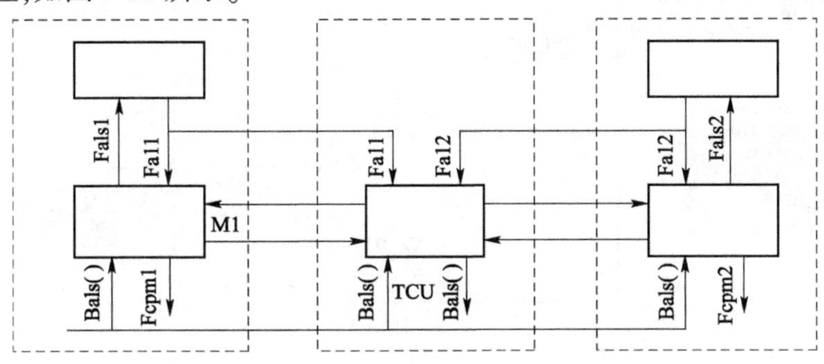

图 7-10　二动一拖（半列车）混合制动信息流程

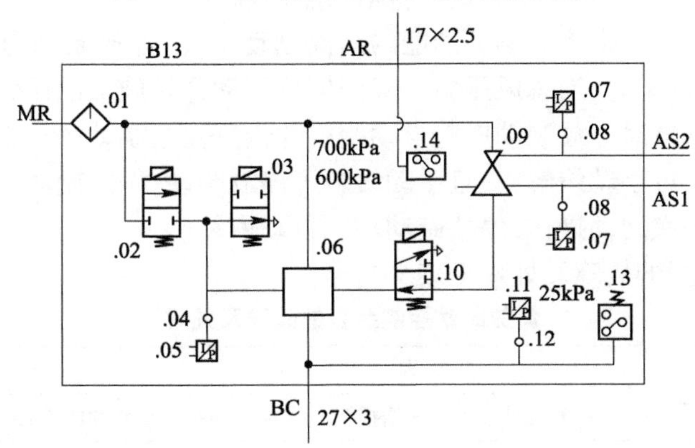

图 7-11　紧急制动控制原理

4. 空电混合制动控制功能

空电混合制动控制是以一个单元为基本单位进行的混合制动控制。动车的制动电子控制单元也从拖车的制动电子控制单元得到拖车的车重信号，产生编组单元的制动请求信号，再向牵引系统请求电制动信号。根据牵引系统反馈的电制动信号，进行编组单元的制动力不足计算，动车优先响应电制动力，减少空气制动力，单元内不足的制动力则由拖车优先补充。

5. 保持制动控制功能

ATO 模式下，由 ATO 通过网络发出保持制动施加与缓解指令；非 ATO 模式下，由 TMS 发出保持制动施加与缓解指令；TMS 故障情况下，由制动系统自动施加与缓解保持制动；应急模式下，制动系统根据牵引系统提供的保持制动缓解信号进行缓解。回送模式没有保持制动。

6. 停放制动控制功能

停放制动装置集成在一个控制箱内，直接由停放制动线控制。它采用释放弹簧储能的方式来控制停放制动力的施加,停放制动施加和缓解采用独立的控制线,满足坡道停放的需要,并具有和牵引系统联锁的功能。停放制动的控制原理如图7-12所示。

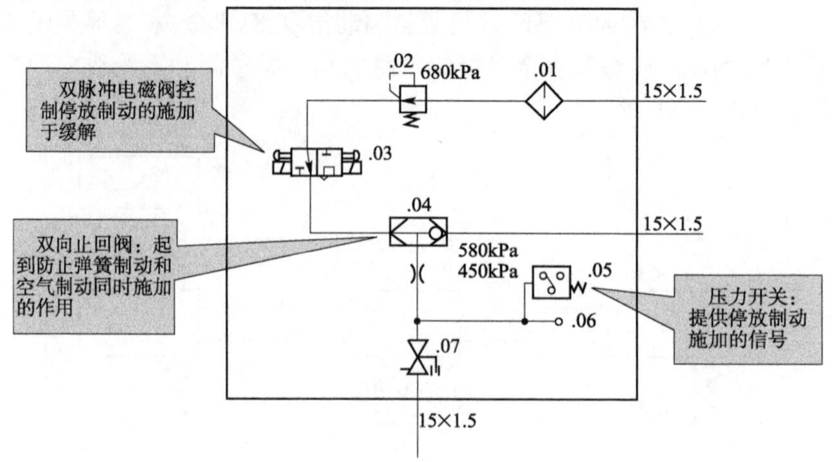

图7-12　停放制动的控制原理

在每根轴上,具有一个带停放制动功能的踏面制动单元,停放制动通过弹簧施加,缓解通过充风实现。在列车停车时,当总风压力下降到停放制动开始施加的压力后,停放制动能够自动施加,当总风压力恢复时停放制动应能自动缓解并恢复停放制动的正常功能。

停放制动实施后,可手动缓解,一旦手动缓解了停放制动,停放制动即失效,在总风压力处于正常范围时,进行一次制动操作,停放制动功能自动恢复。

停放制动控制装置的故障及处理见表7-1。

停放制动控制装置的故障及处理　　表7-1

故　障	可能原因	处理措施
不响应停放指令	(1)双脉冲电磁阀线圈损坏	更换新双脉冲电磁阀
	(2)减压阀调整压力低	将减压阀压力调整到680kPa
驾驶室监控无停放信号	压力开关损坏	更换压力开关
零件与气路板密封面之间漏风	(1)法兰连接面上无密封圈; (2)安装时密封圈损坏	拆卸零部件并添加密封圈或更换密封圈
双脉冲电磁阀排风口漏风	双脉冲电磁阀内部O形圈损坏	拆解双脉冲电磁阀并更换新的双脉冲电磁阀

7. 空气制动防滑控制功能

电子制动控制装置(EBCU)接收各轴速度传感器的信号,可根据各轴速度信号或减速度信号来判断车辆每根轴是否出现滑行,EBCU实施防滑放风阀的充风、保压、排风控制。在紧急制动和常用制动时都可以起作用;对列车各轴实施滑行检测,并实施对空气制动的防滑保护;空气滑行控制能够与电制动滑行控制系统协调动作,可以使发生滑行的车轮尽快恢复黏着;根据速度差、减速度等多个判据的变化进行防滑控制;具有自检和故障存储功能,自动检测速度传感器和排风阀状态及控制输出状态,同时控制单元进行自检测。

8. 检测及故障诊断功能

制动控制装置具有自诊断功能,可以对制动系统的关键部件和性能进行监测,及时通知列车监控系统。同时根据故障情况进行分级:小故障、中等故障、重大故障,指导司机进行正确有效的处理。

(1)制动力不足检测功能。在常用制动时,如制动缸压力不能在规定的时间内上升到一定的压力,同时又没有电制动时,判定制动系统的制动力不足;当检测到制动力不足时,制动系统断开本列车的紧急电磁阀电路,使本列车产生紧急制动。

(2)制动缓解不良检测功能。在没有制动施加指令时,如制动缸压力不能在规定的时间内下降到一定的压力,则判定制动系统缓解不良;当制动系统检测到有不缓解故障时,可通过按下“强迫缓解”按钮由防滑阀缓解制动缸的压力,以维持列车的运行。

(3)故障诊断和监测功能。当诊断系统有故障时,故障信息能够通过 MVB 总线发送给列车监控系统(TCMS),并能够在司机显示屏上显示,根据故障的影响程度,提示司机进行适当的处理。系统故障信息及发生故障前后一段时间的数据同时在 BCU 中存储,存储信息可以通过通信接口下载分析。

(4)制动系统调试与维护功能。从贯穿全列车的外部 CAN 总线上接收制动控制装置发出的状态信息、控制信息和故障信息;通过 USB 通信接口将这些数据信息发送到上位机;进行制动系统调试与维护。

(5)车辆载荷信号检测及制动载荷补偿功能。根据车辆载荷情况对列车制动力进行相应调整。空气弹簧破裂或压力传感器的输出小于空车的信号,按空车计算。当压力传感器的输出大于超员时的车重信号时,按超员计算。此外,此载荷信号还传递给牵引控制单元,以控制牵引力和电制动力的大小。

二、网络接口

采用 MVB 网络结构,ESD + 物理介质,网络正常情况下,制动系统的电子制动控制单元 EBCU 通过网络接收列车指令,同时将制动信息通过网络进行传输。主要包括:制动控制指令、制动减速度、保持制动指令、空电混合制动信息、电制动力设定值(目标值)、电制动力实际值(反馈值)、制动系统检测信息、制动缸压力、空气簧压力、制动系统故障信息。

复习思考题

1. 微机控制直通式电空制动系统由哪几大部分组成?各部分有何作用?

2. 简述微机控制直通式车控式制动系统制动控制装置的组成。

3. 简述微机控制直通式车控式制动系统空重车阀的结构组成。

4. 简述微机控制直通式车控式制动系统中继阀的结构组成。

5. 微机控制直通式车控式制动系统有哪些功能?

6. 微机控制直通式制动系统的常用制动和紧急制动是怎样控制的?

7. 微机控制直通式制动系统停放制动控制装置是如何控制的?有哪些常见故障?如何处理?

8. 简述微机控制直通式制动系统防滑控制的基本原理。

单元 8　EP09 制动系统

教学目标

(1)掌握 EP09 制动系统特点、结构组成及各部的基本原理;

(2)掌握 EP09 制动系统的控制过程及工作原理。

建议学时

6 学时

单元 8.1　EP09 制动系统的结构

一、概述

EP09 制动系统是铁道科学研究院研制的制动系统。该制动系统采用架控方式的微机控制模拟直通式电空制动系统,每辆车都配有两套电空制动控制模块。

1. 制动技术条件

(1)供电电压:DC110V ±5% ,波动范围:77 ~ 137V ;

(2)总风缸、管最大压力:1000kPa ;

(3)正常工作压力范围:750 ~ 900kPa ;

(4)常用制动平均减速度(100km/h):1.0m/s^2;

(5)紧急制动平均减速度(100km/h):1.2m/s^2;

(6)计算用制动黏着系数:0.15;

(7)冲击极限:≤0.75m/s^3;

(8)电制动与气制动转折点应尽可能低,一般应小于 6km/h(可调整);

(9)紧急制动时制动缸升至最高压力 90% 的时间(即动作响应时间加上增压时间):≤1.6s。

2. 技术特点

EP09 制动控制单元是一个机电一体化的电子机械装置,每个 BCU 由气动单元(PVU)和电子控制装置两部分组成。在结构设计上,它将安装在集成气路板上的气动单元(PVU)和实施电子控制的板卡机箱分隔成两个独立单元,但又组合在同一箱壳内,这就为故障检测和维修保养提供了方便。

所有 BCU 中的 PVU 单元的结构完全一致，它们接受电子指令的控制，产生气动压力的控制。但各 BCU 的电子板卡略有区别，制动网关单元中的 GBCU 板卡除包含本地制动控制单元 EP09G 中的 SBCU 所有功能外，它还含有与 MVB 总线的通信和列车制动管理功能的板卡。制动扩展单元 EP09R 中含有 I/O 接口功能。

3. 制动系统特点

（1）常用制动时制动力随输入指令大小进行无级控制，并可随载质量变化自动调整，并优先利用再生制动力不足部分由空气制动力补足，并满足常用制动 $0.75m/s^3$ 纵向冲击率要求。

（2）高性能的空气防滑控制，根据列车减速度、速度差进行滑行检测，同时实现列车的全轴滑行控制，满足列车安全应用要求。

（3）独立紧急制动控制安全回路，紧急制动采用纯空气制动的方式，其制动力随载质量变化通过电子称重自动调整。

（4）具有保持制动功能、制动力不足检测、不缓解检测等功能，并具有故障记录功能，便于故障分析和处理。

（5）具备稳定成熟的盘形制动装置，适用于 100km/h 及以上各速度等级车辆要求。

二、EP09 制动系统的组成

EP09 制动系统由空气制动系统及相关气动控制部分组成。它主要包括：风源系统、制动控制系统（包括制动控制模块和停放制动控制模块）、基础制动装置（盘形制动装置）、防滑装置、空气悬挂辅助装置。

1. 风源系统

整列车有两套风源装置，每个动力单元内装设一套，包括螺杆式空气压缩机、干燥器、油水分离器、安全阀、压力开关等。

2. 制动控制系统

制动控制系统包括微机控制的模拟电空制动控制模块和微机控制的空气防滑控制装置等。

每列车配有 1 套辅助控制模块，该模块集成了停放控制功能及空气弹簧供风用的溢流阀、减压阀、塞门以及风缸等部件。

3. 基础制动装置

基础制动装置采用盘形制动方式，包括制动夹钳、制动盘及闸片。

4. 防滑装置

每辆车有 4 路速度传感器及相应的测速齿轮。

5. 空气悬挂辅助装置

每台转向架配 2 个高度阀，并配置 1 个差压阀。

三、EP09 制动系统的功能

1. 风源系统

全列车有 2 个风源模块,包括空压机、空气干燥器、安全阀、压力开关等。

空气压缩机通过空气滤清器吸气压缩到 1MPa,然后经中间部件(如冷却器、过滤器和干燥器)从排气口排出。

冷却风扇直接由电动机驱动,供给足够的空气给冷却单元。经过冷却后的压缩空气,进入干燥器前的温度比环境温度高 15℃ 以下(环境温度在 -25℃ ~ +45℃之间)。

在空气处理单元中,空气首先经过分离和过滤,然后由干燥塔内的干燥剂进行干燥。

三相电机由法兰安装,机头安装于油气筒内,并且采用内置油水分离器。在油气筒上还安有油过滤器及温控单元,来控制油路循环系统。

风机后盖与蜗壳刚性连接在一起。蜗壳内装有离心式风扇,固定于机头的联轴器上。蜗壳上装有空气 - 油冷却器,由冷却风扇对压缩空气和润滑油进行冷却。

空气经过滤清器并由进气阀进入机头的吸气端,在机头的吸气终点进行压缩;压缩后的空气通过连接在机头上的排气管进入油气筒内。

如果空气压缩机在无负载时启动,最小压力阀将保持关闭状态,使油气筒内迅速建立压力,从而形成润滑油的循环。

1)空气压缩机

EP09 制动系统采用 AGTU-0.9G 型螺杆式空气压缩机。其结构如图 8-1 所示。

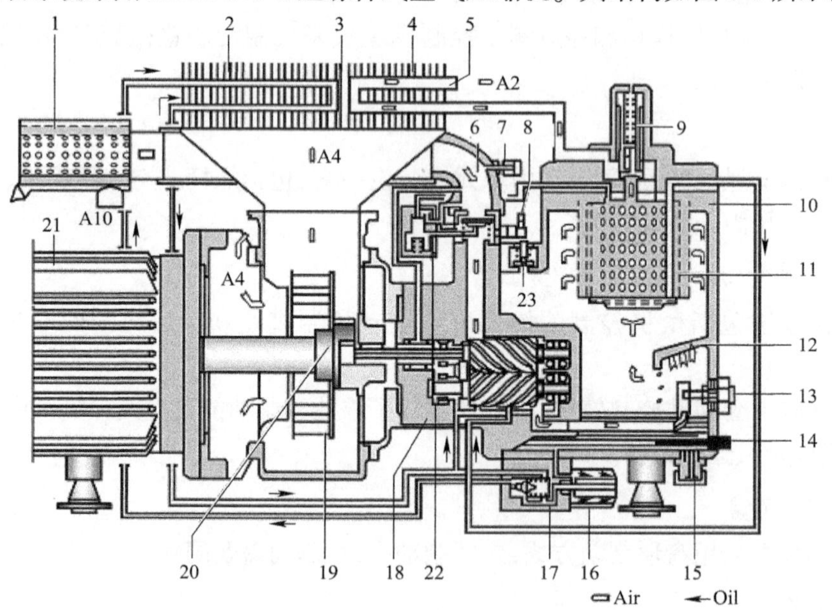

图 8-1 AGTU-0.9G 型螺杆式空气压缩机

1-空气滤清器;2-后冷却器;3-冷却器;4-油冷却器;5-空气供给口;6-进气阀;7-真空指示器;8-压力开关;9-压力维持阀;10-油气筒;11-油水分离器;12-隔板;13-温度开关;14-电加热器(可选);15-放油阀;16-油过滤器;17-温控器;18-机头;19- 离心式风扇;20- 联轴器;21-电动机;22-卸荷阀;23-安全阀;A1-空压机空气入口 ;A2-压缩空气出口;A4-冷却空气

当油气筒内压力达到 650kPa 时，最小压力阀开始打开，向空气系统输送空气。当系统压力达到设置值时，空气压缩机停机，此时最小压力阀关闭，而保持系统压力。随后将通过卸荷阀释放油气筒内的压力。

空气压缩机每次停机时，油气筒内的压力会通过气控卸荷阀自动卸放掉，最小压力阀和进气阀此时也处于关闭状态。停机时，油气筒内的压缩空气会倒流到进气口，从而使卸荷阀打开，油气筒内的压缩空气会通过空气滤清器排向大气，短时间内将压力释放到 300kPa 以下。剩余的压力通过进气阀上的排气小孔排出，直到油气筒内的压力为 0kPa。

该控制过程将极大地抑制润滑油产生气泡。在 7 ± 1s 后，能够低负荷再次启动。

2) 空气处理单元

(1) 前置过滤系统。

(2) 干燥过滤系统：含有污染物的空气进入到前置过滤器，然后通过前置过滤器的离心作用将污染物分离出来。大体积的液体物质被收集到过滤器的液体收集部分，之后通过卸放阀进行卸放。由于空气压缩机的连续运行的要求，此卸放阀每 60s 卸放一次。空气在进入干燥器之前会先经过一个高效的集成过滤单元。这个大容量的部件可以收集油以及凝聚的小水滴。收集起来的液体通过第二个卸放阀来卸放。为了保证安全，这里设计安装了两个相同的卸放阀。它利用中间收集装置来进行卸放，从而将卸放带来的空气损失降到最小。此外集成过滤器还可以将气体中的固体污染物分离出来。固体颗粒物被吸附在集成过滤器的纤维上，这样就能提高部件的使用寿命。此部件的尺寸比较大，从而能够最高限度地降低污染物对设备的损坏。

由于前置过滤器的作用，进入到干燥系统的空气中的液态水的含量已经得到了很大程度的减少，但是气态水的含量仍然处在饱和状态。空气经过干燥系统之后气态水的含量将会降低到出口空气的露点值以下。空气通过干燥系统的进气口之后通过一个进气转向阀使空气进入到干燥剂层中。进气转向阀通过一个被电磁阀控制的空气控制信号来驱动。此控制信号同时控制着另外一个干燥塔的卸放阀，通过这个卸放阀干燥塔将会得到泄压。一小部分经过干燥的空气将通过反吹孔进入到另一个已经卸完压的干燥塔中，之后穿过该干燥塔的干燥剂层通过卸放阀卸放入空气中。此干燥空气反吹的作用是带走干燥剂层中吸收的水分。这个带走干燥剂中收集的水分的过程被称为再生。一个出口处的自动换向阀使得通过干燥室的空气能够进入到出气口处，并且能够阻止处在再生状态的干燥室中的空气进入干燥塔。

两个干燥塔的干燥与再生是由一个时间继电器来控制的。在一个循环开始时，空气进入一个干燥塔，同时另一个干燥塔的卸放阀打开并且进行再生。在 48s 之后处于再生状态的干燥塔的卸放阀关闭 12s。在这 12s 中，再生的干燥塔通过反吹孔被外部的气流充满压力。这个渐进的升压过程可以避免气流的突然增大带来的再生耗气率过高或者干燥剂吸附能力的损坏。当此 12s 结束的时候，气流通过换向阀进入到刚刚完成再生的干燥塔，同时原来的干燥塔变为再生状态，并且泄放阀打开。这个 60s 的循环过程会在两个塔之间交替进行。

3) 空气压缩机的管理

风源系统安装在 Tc 车上。空气压缩机采用单双日控制。列车正常运行过程中，空气压缩机由空气制动系统根据总风压力大小进行控制；压力开关备用。

正常运行时总风压力到达900kPa时,停止打风。当初充风时,两台空气压缩机同时打风,达到900kPa时停止;当总风压力低于800kPa时,单台空气压缩机打风;当总风压力低于750kPa时,两台空气压缩机同时打风。

总风压力传感器故障时,当压力低于700kPa时,压力开关控制空气压缩机打风至900kPa后停止工作。

4)制动管路系统

EP09制动系统气路原理,如图8-2和图8-3所示。

由风源系统产生的压缩空气经塞门A10通入Tc车总风管中,总风管通过截断塞门(W1)和软管(W2)使车辆与车辆间的气路贯通。总风管的压缩空气给总风管上的风缸B3充气,同时通过B7.01滤清器、B7.02塞门和B7.03单向阀给制动供风缸B9充风。这些风缸的容积满足制动需求。

制动风缸可以为本列车的制动控制装置提供快速、稳定安全的压缩空气。截断塞门(B7.02)下游的压缩空气为停放制动控制装置供风。

空簧系统用风取自总风管,通过滤清器B7.01,再经过溢流阀L1和塞门L4给空簧系统供风。空簧系统的短时用风不会影响到制动供风缸和制动控制单元的风源压力。当空簧系统故障时可通过关闭塞门L4来切除。

由制动控制单元产生的制动缸压力空气,分别经由两个带电接点的截断塞门B5.01和B5.02送往两个转向架的制动缸;每个转向架的空气制动可以用截断塞门B5.01/B5.02单独切除。

2.制动控制系统

制动控制系统为地铁制动系统的关键部件,它主要是接收司机或列车监控系统给出的控制信号,实现对列车的制动/缓解控制。

一般每辆列车有两套制动控制单元,从功能上可以分为制动网关单元(EP09G)、制动控制单元(E09S)和制动扩展单元(EP09R)。制动网关单元负责和车辆制动系统的通信,并进行制动计算,分配制动力给其他单元。制动控制单元执行相关转向架的制动控制。制动扩展单元(EP09R)不进行制动控制计算,没有安装网络接口,但具有模拟和数字量接口功能。EP09G负责和TMS通信,还接收列车硬线信号执行相应的操作模式和制动级别。

对于采用MVB总线结构,架控制动系统的网络接口方式如图8-4所示,每个二动一拖单元中配置2个EP09G单元,负责与MVB总线的网络接口。EP09G单元通过MVB总线接收制动指令和电制动信号,并计算出本单元中各个转向架上应施加的空气制动;然后通过制动系统CAN总线传送给本单元的各架控EP09S/EP09R。正常情况下,一个单元内的EP09G只有一个工作在主控模式,另一个则作为备用。

1)制动控制单元的组成

EP09制动单元采用气电分离的设计,由独立的气动控制单元(PBCU)和电子控制单元(EBCU)组成。

(1)PBCU组成。EP09制动系统制动控制单元,如图8-5所示。制动控制单元气动控制部分,如图8-6所示。制动控制单元在车辆上安装情况,如图8-7所示。一般每辆列车有两套制动控制单元,从功能上可以分为制动网关单元(EP09G),如图8-8所示。智能控制单元(EP09S),如图8-9所示;制动扩展单元(EP09R),如图8-10所示。

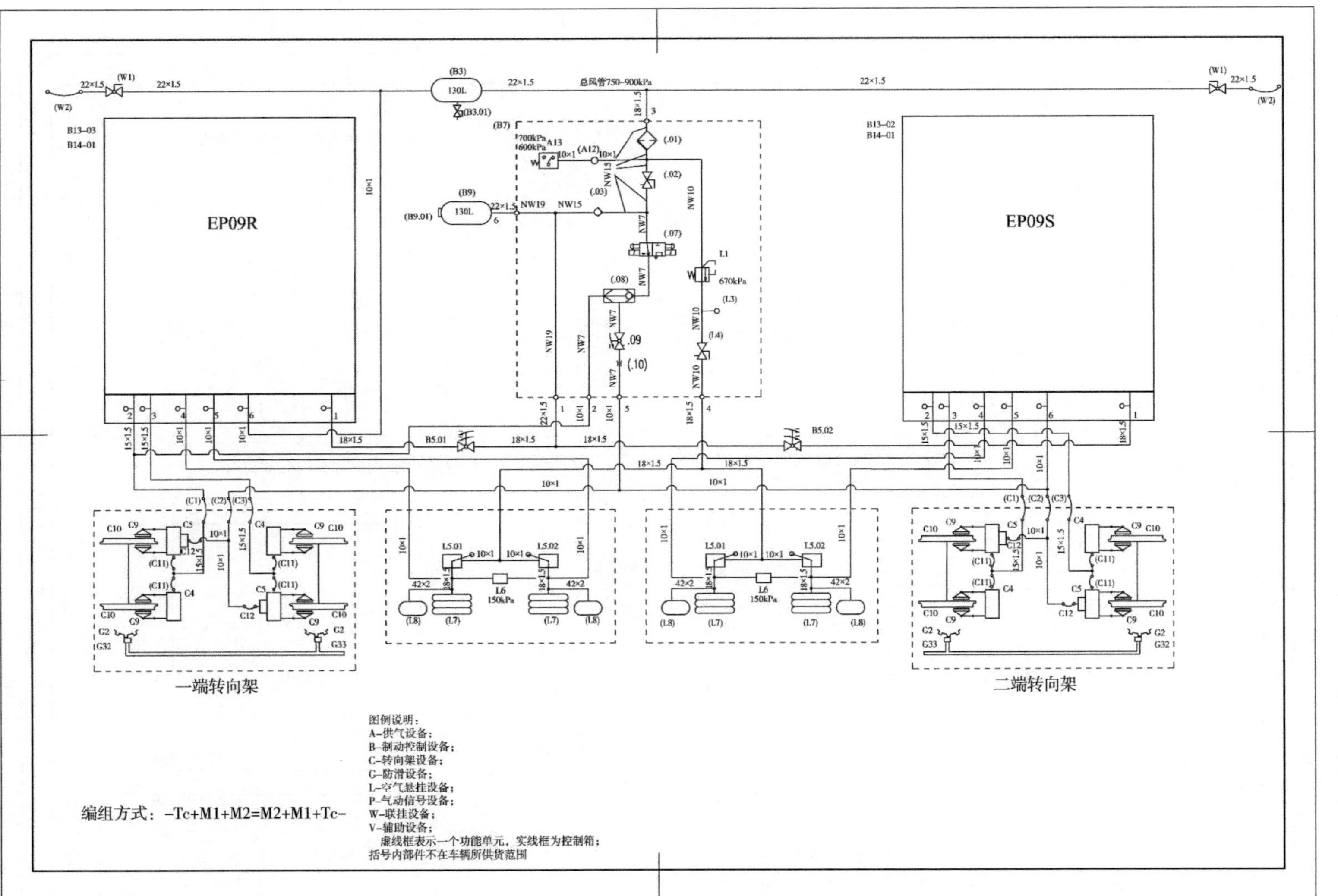

图 8-2　M1 车制动系统原理

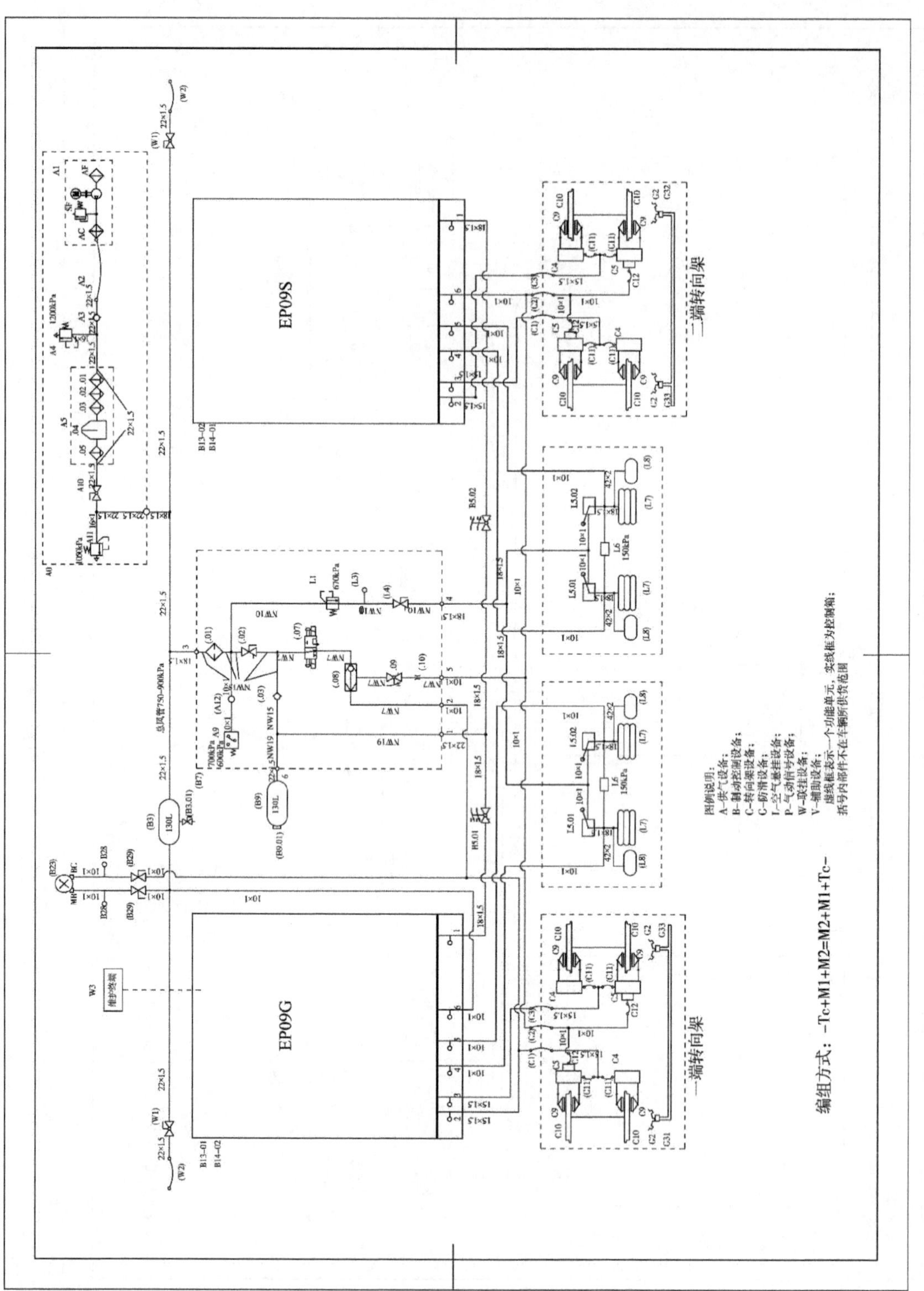

图 8-3　Tc 车制动系统原理

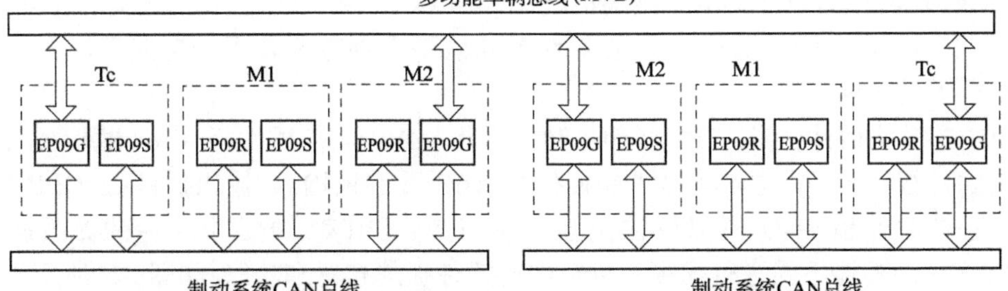

图 8-4　架控制动系统的网络接口方式

图 8-5　EP09 制动系统制动控制单元

图 8-6　制动控制单元气动控制单元

图 8-7　制动控制单元在车辆上安装情况

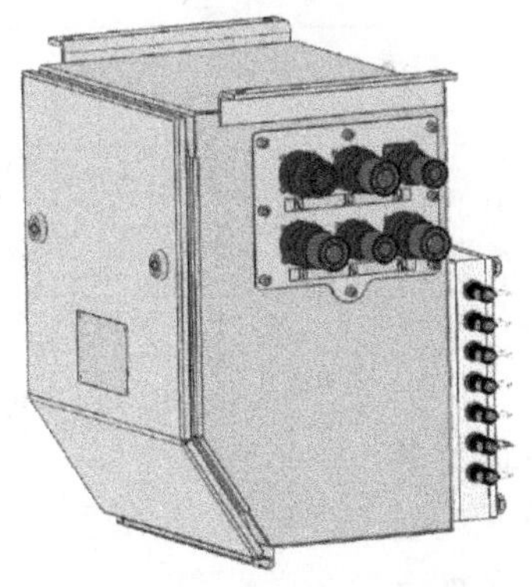

图 8-8　EP09G（网关控制单元）

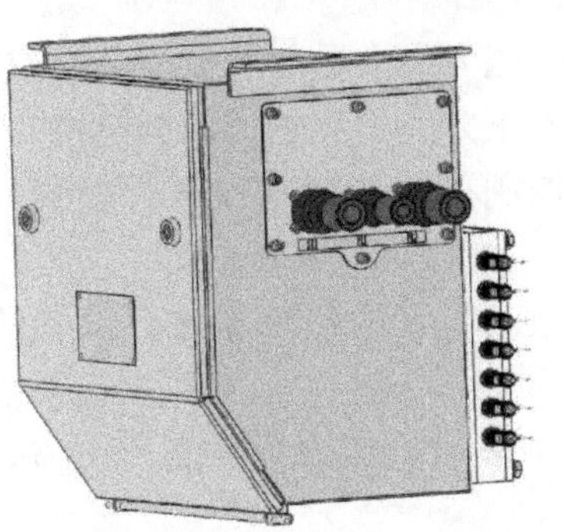

图 8-9　EP09S(智能控制单元)

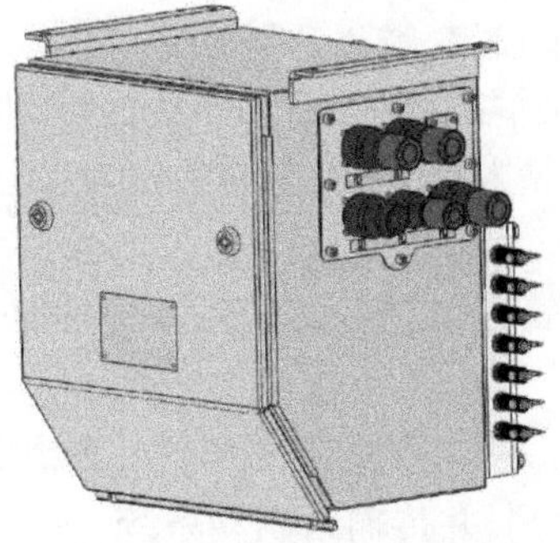

图 8-10　EP09R(远程 I/O 控制单元)

(2)EBCU 组成。EP09 的电子制动控制单元(EBCU)从设计、生产和检修、维护的标准化要求出发,采用了标准的模块化结构,按系统的功能要求划分为若干个功能模块,每个功能模块为一个电子插件板。

机箱中的模块插件,包括 EPC 制动控制插件板、MVB 通信插件板、CAN 通信插件板、VLD 载荷控制插件板、EXB 继电器输出扩展插件板、DIO 数字量输入/输出插件板、CDP 显示插件板、CDR 记录插件板、AIO 模拟量输出插件板、PW1 和 PW2 电源插件板等,根据 EP09G/EP09S/EP09R 的功能不同进行配置。机箱中的插件板的布置和功能,如图8-11所示。

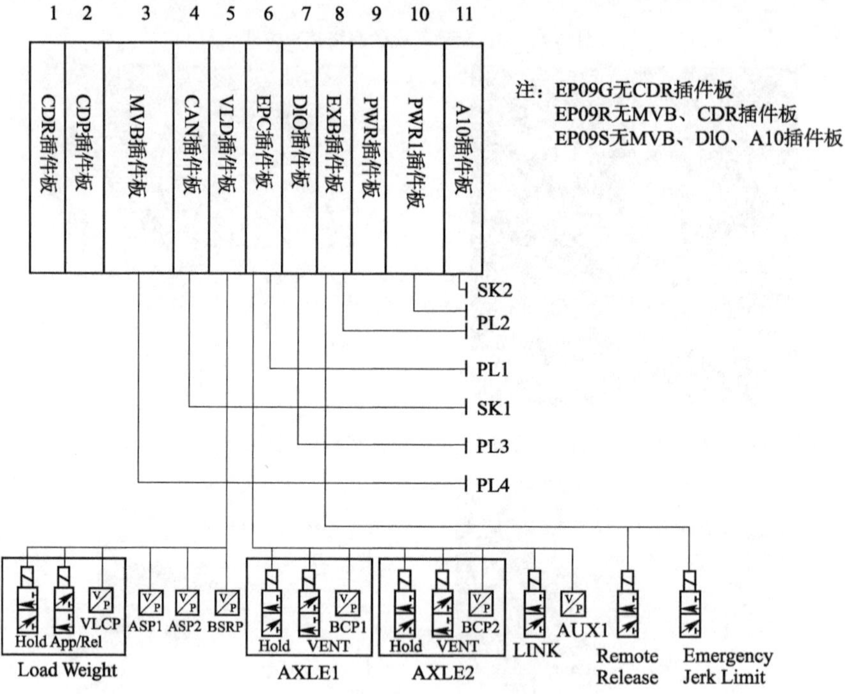

图 8-11 EBCU 电控制模块及功能

2)控制单元的结构

制动控制单元内各部件的位置,如图 8-12 所示。

背面接口定义如下。

1-总风输入口,通过各个气控阀给制动缸供风。

2-BCP2 轴输出,输出 2 轴需要的制动压力。该压力大小受电子控制模块的控制。

3-BCP1 轴输出,输出 1 轴需要的制动压力。该压力大小受电子控制模块的控制。

4-AS1 空簧入口,输入空簧的压力,通过制动控制单元的传感器进行检测,用于制动力的调整。

5-AS2 空簧入口,输入空簧的压力,通过制动控制单元的传感器进行检测,用于制动力的调整。

6-PB/MR 入口,根据不同车辆的配置,输入停放制动缸压力或者总风压力,由单元内部的传感器进行检测,并传输给制动系统。

根据 EP09G、EP09S、EP09R 配置的不同,其侧面连接的配置也不同,具体见表 8-1。

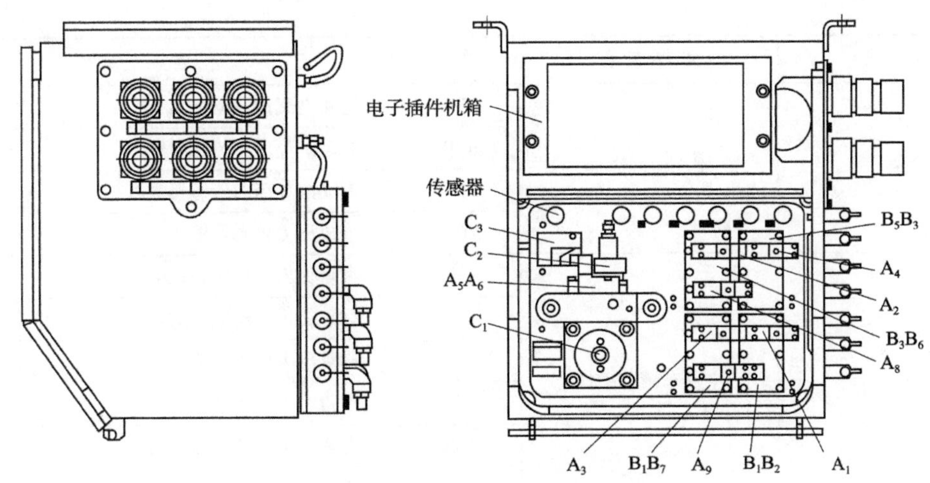

图 8-12 制动控制单元的结构

三个单元的插头配置表 表 8-1

插头编号 / 型号	PL3 插头	PL4 插头	SK1 插头	PL1 插头	PL2 插头	SK2 插头
EP09G	√	√	√	√	√	√
EP09S	—	—	√	√	√	—
EP09R	√	—	√	√	√	√

制动控制单元采用模块化设计，电子控制装置和气动单元 PVU 集成在一个箱体内。

各板卡的功能见表 8-2。

制动控制单元的电子制动装置机箱中的模块插件包括电源插件、强迫缓解插件、制动控制插件、空重车调节插件、开关量输入输出插件、CAN 通信插件、模拟量输入输出插件、CF 卡记录插件及显示控制插件。三个机箱中的插件配置，如图 8-13、图 8-14、图 8-15 所示。

各个板卡的功能 表 8-2

构 成	插件名称	序号	含 义
POWER ONE	电源模块		110V 转 24V
PWR	电源插件	PW	DC110V 电源输入
EXB	继电器插件	D11	紧急输入和强迫缓解输入
		R02	开关量输出
		REL	远程缓解电磁阀驱动输出
EPC	制动控制插件	FS	速度传感器输入
		HV1	1 轴保压电磁阀驱动输出
		RV1	1 轴排风电磁阀驱动输出
		HV2	2 轴保压电磁阀驱动输出
		RV2	2 轴排风电磁阀驱动输出

续上表

构　成	插件名称	序号	含　义
EPC	制动控制插件	LINK	连接电磁阀驱动输出
		BCP1	制动缸 1 压力传感器输入
		BCP2	制动缸 2 压力传感器输入
		AUX1	停放压力传感器输入
VLD	空重车调节插件	LHV	称重保压电磁阀驱动输入
		LAR	称重充风缓解电磁阀驱动输入
		VLP	称重压力传感器输入
		ASP1	空簧 1 压力传感器输入
		ASP2	空簧 2 压力传感器输入
		BSR	制动风缸压力传感器输入
DIO	开关量输入/输出板	DI	开关量输入
		ROI	开关量输出
AIO	模拟量输入输出	AILD	载重输出
		EBEA	电制动力
		PWM	制动指令
CAN	CAN 通信板	CAN1	CAN 通信
		CAN2	CAN 通信
MVB	MVB 接口板	MVB1	MVB 通信
		MVB2	MVB 通信
CDR	记录板		记录车辆运行状态
CDP	通信显示插件	COM	串口通信,数据显示

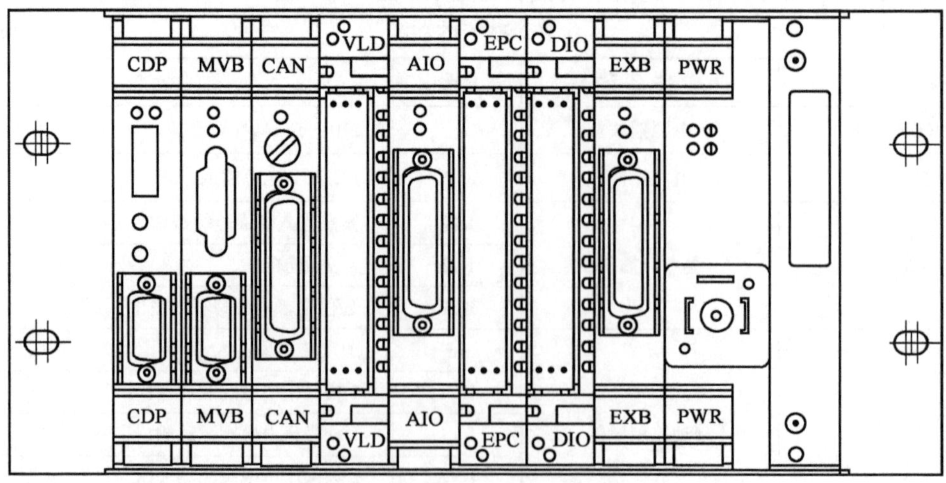

图 8-13　EP09G 电子插件机箱板卡

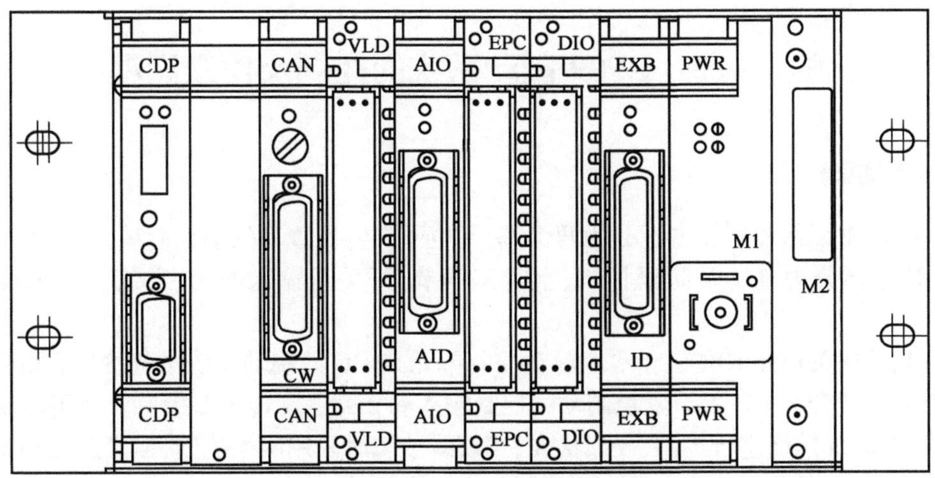

图 8-14　EP09R 电子插件机箱板卡

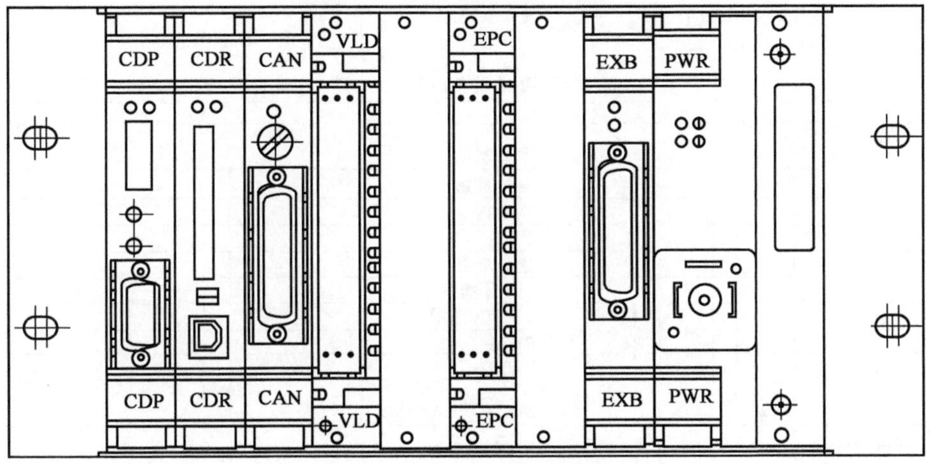

图 8-15　EP09S 电子插件机箱板卡

EP09 架控制动单元气动模块，如图 8-16 所示。其特点如下。

基于成熟的技术进行气控阀的设计；集成板的黏接技术大量应用，稳定可靠；气控阀安装于集成板上，便于维护。

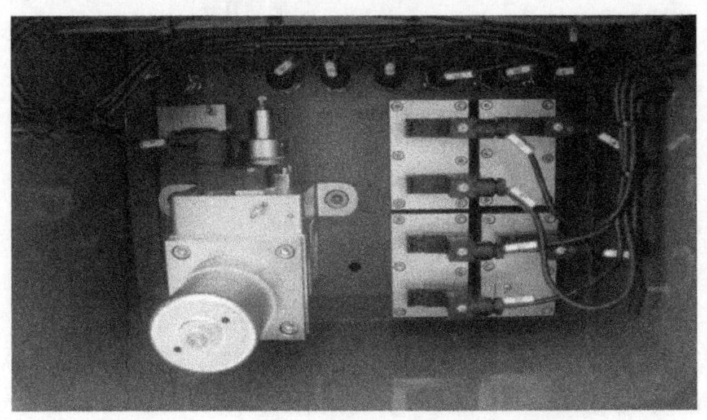

图 8-16　EP09 架控制动单元气动模块

单元 8.2　EP09 制动系统的控制及作用原理

一、电气原理

制动控制单元从控制类型上分为两个部分:电子控制装置和气动控制单元(PVU)。

EBCU 主要分为制动及防滑控制、空重车调节、开关量输入输出、通信及故障诊断 5 个部分。

配有制动网关单元 GBCU 和本地制动控制单元 SBCU 的制动系统电气接口,如图 8-17 所示。每个 GBCU 和 SBCU 都有紧急制动的控制输入和 2 路速度传感器接口。常用制动是通过车辆硬线和 MVB 网络进行控制,硬线优先,当硬线故障时采用网络控制,但紧急制动不采用网络线控制,而是由紧急制动列车线直接控制每个转向架的 BCU。

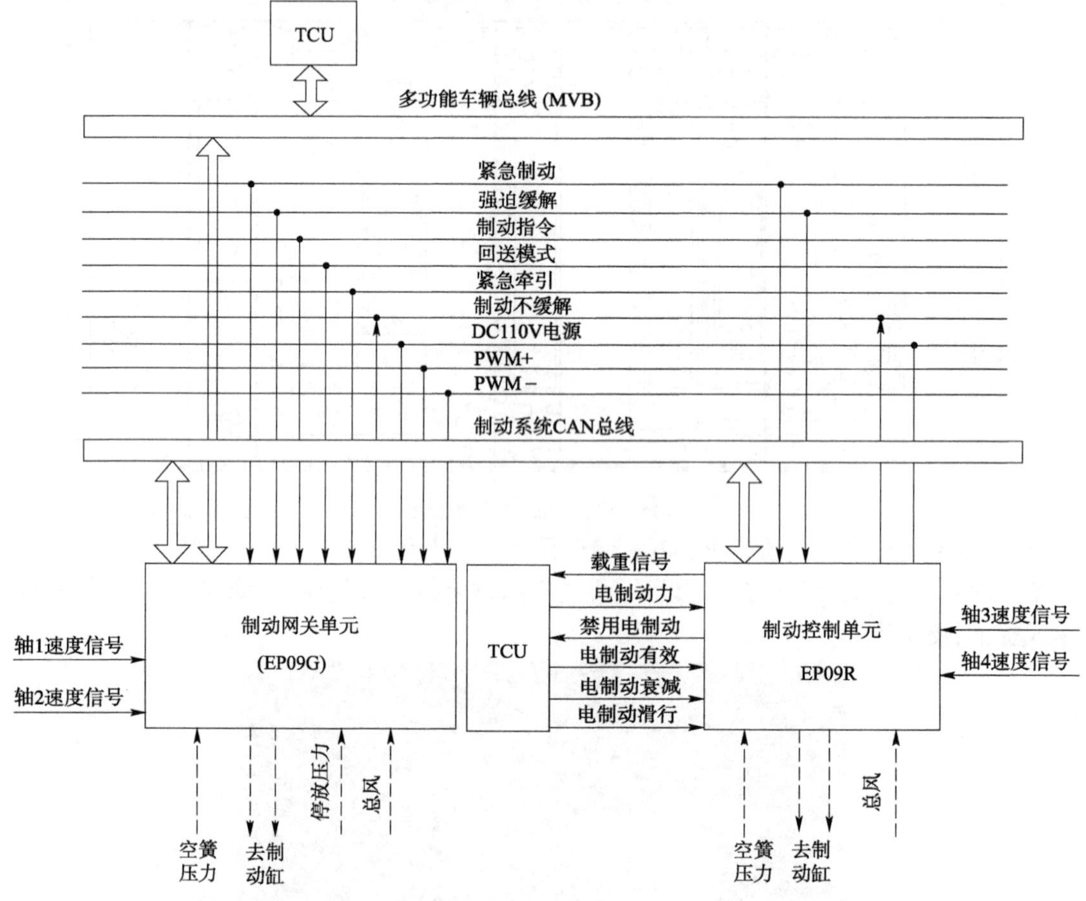

图 8-17　制动系统电气接口

常用制动控制指令通过硬线和 MVB 网络发送到 EP09G,EP09G 优先响应硬线指令,当硬线故障时,EP09G 响应网络指令。常用制动控制硬线采用 PWM 信号进行传输,实现无极控制。

紧急制动和强迫缓解通过硬线传输到每个 BCU,紧急制动指令硬线失电施加紧急制动。

BCU 与 TCU 之间通信采用网络和硬线同时传输,硬线优先。BCU 与 TCU 之间的硬线接口主要有:载重信号(电流)、电制动力(电流)、电制动有效、电制动衰减、电制动可用、禁止电制动。

列车两动一拖一个单元,制动力分配在一个单元内完成,只有 EP09G 进行制动力计算,并把各个转向架的制动力通过 BCU 内部 CAN 网络传输到单元内各个 BCU;CAN 网络存在冗余,当一个 CAN 网络故障时,自动由另一个 CAN 网络进行传输。

EBCU 由电插件箱及其上面的制动控制板、空重车调节板、开关量输入、输出板、继电器板、CAN 通信板、MVB 接口转换板、模拟量输入输出板、CF 卡记录板及显示控制板等组成,用于实现制动和防滑的控制及与外部电气接口和通信。PBCU 主要由气路集成板及其上面电磁阀、气控阀、调压阀等气动执行部分组成。

二、气动原理

PBCU 接收 EBCU 的指令实施制动、缓解的操作。EP09 制动控制模块的气动原理,如图 8-18 所示。

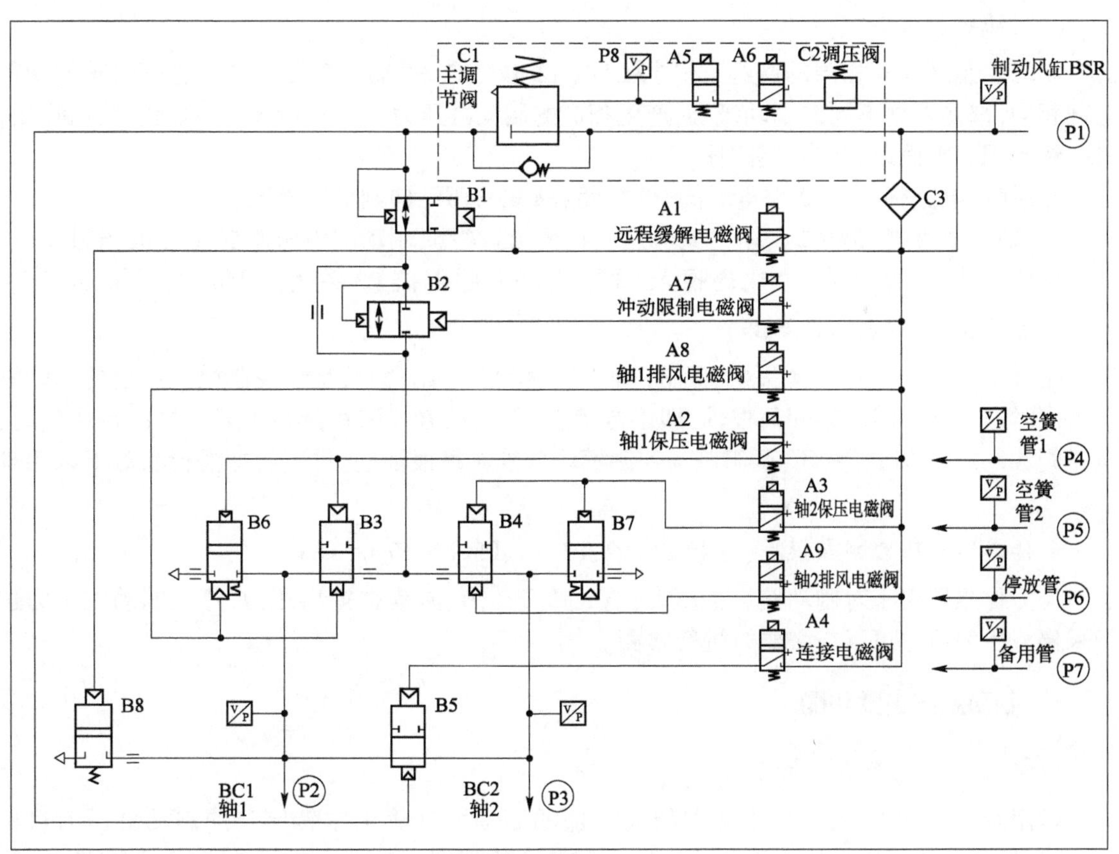

图 8-18　EP09 制动控制模块的气动原理

从结构上,制动控制气动单元分为如下功能模块。

1. 空重车调整模块(包括 C2、A6、A5、P8 和 C1)

C2 为减压阀,按重车的紧急制动缸压力设定。

A6、A5 为电子称重阀,输出为实际车重的紧急制动缸压力。

P8 为压力传感器和压力测点,用于调整后的压力。

C1 为主调节阀,最小(即无电子称重压力输入)输出为空车紧急制动缸压力。正常输出根据电子称重压力输入调整。

2. 远程缓解模块(包括 A1、B1、B8)

紧急缓解时电磁阀 A1 得电,阀 B1 和 B8 动作,在切断输入压力的同时,排出制动缸的压力空气。

3. 紧急冲动限制模块(包括 A7 和 B2)

常用制动时,电磁阀 A7 得电,B2 阀打开,使压缩空气不受限制地进入制动控制回路。

紧急制动时,电磁阀 A7 失电,B2 阀关闭,使压缩空气经限流后进入制动控制回路,从而具有冲动限制功能。

当取消紧急冲动限制功能时,可在电磁阀处安装一块带排风孔的遮断板。

4. 制动控制模块

制动控制模块有相同的两组,分别为 A8、A2、B6、B3 和 A3、A9、B4、B7。这两组阀的功能全部相同,都是根据不同的制动级别,产生相应的制动缸压力。正常情况下,只有一组阀作用,另一组备用。下面以其中一组阐述。

充风时,电磁阀 A8、A2 失电。阀 B6 关闭,阀 B3 打开,向制动缸充风。

排风时,电磁阀 A8、A2 得电。阀 B6 打开,阀 B3 关闭,制动缸内压缩空气经 B6 排出。

保压时,电磁阀 A2 得电,电磁阀 A8 失电,阀 B6 关闭,阀 B3 关闭,制动缸处于保压状态。

5. 连通模块(包括 A4 和 B5)

正常状态下,电磁阀 A4 失电,阀 B5 处于连通状态。制动时,制动控制模块产生的制动缸压力同时进入同一转向架的两根轴,即正常状态下,制动方式采用架控方式。当滑行产生时,电磁阀 A4 得电,阀 B5 关闭,两组制动控制模块分别对每根轴进行控制,即滑行状态下采用轴控方式。

6. 传感器和压力测点模块(包括 P1、P2、P3、P4、P5、P6、P7 和 P8)

压力传感器用于对制动储风缸压力、空气弹簧压力、制动缸输出压力、停放制动缸压力进行采集。压力测点可以在必要时进行检测。

三、制动系统主要功能

1. 常用制动/缓解控制功能

常用制动时,EPC 板根据本转向架应施加的制动力计算出本转向架的制动缸压力目标值,实际的制动缸压力由 2 根轴制动缸压力(BCP)传感器来检测。在没有滑行时,电磁阀 A4 是不通电的,使同一转向架上 2 根轴上的制动缸气路被连通,产生相同的制动缸压力,因此在常用制动控制时,2 路压力传感器信号是冗余的。

EPC 板通过对保压和排风电磁阀的组合通电控制，可以实现制动缸的充风、保压和排风。制动缸压力控制的保压和排风电磁阀的组合通电控制，可以实现制动缸的充风、保压和排风。

制动缸压力控制的保压和排风电磁阀的通电组合功能，如表 8-3 所示。

制动缸压力控制的保压和排风电磁阀的通电组合功能　　表 8-3

保压电磁阀	排风电磁阀	功　能
不通电	不通电	充风
通电	不通电	保压
通电	通电	排风
不通电	通电	禁用

由于常用制动时每台转向架上的 2 根轴的制动缸压力是相同的，在调节制动缸压力时，可以由其中任一根轴的保压/排风电磁阀来控制，另一根轴的保压/排风电磁阀始终工作在保压状态。

EPC 板根据实际制动缸压力的反馈信号实施对保压/排风电磁阀的控制来实现制动压力的闭环控制。当实际制动缸压力低于制动缸压力设定值时，EPC 板控制保压/排风电磁阀组为充风组合均(不通电)对制动缸进行充风使其压力上升；当实际制动缸压力高于制动缸压力设定值时，EPC 板控制保压/排风电磁阀组为排风组合(均通电)，对制动缸进行排风使其压力下降。EPC 板根据制动缸的设定值与实际值的偏差大小来控制一个控制节拍中(采样周期)充排风的时间长短(工作率和占空比)，偏差越大则通电时间就越长。当实际制动缸压力与制动缸压力设定值间的偏差小于允许误差时，就停止对制动缸的充风或排风，2 根轴的电磁阀组均处于保压状态，制动缸压力就可以稳定不变。

常用制动的压力控制是以每台转向架为单位施加的，并根据该转向架的空气悬挂压力(ASP)进行随载荷变化的压力补偿，使 BCP 压力达到所要求的目标值。

本系统采用失电制动、得电缓解的模式，满足故障导向安全的原则。它除了接收由司控器发出的手动控制指令外，还可接收 ATO 指令实施列车自动制动控制；或监控列车的目标速度，为超速时自动实施 ATP 的最大常用制动防护。设计的常用制动平均减速率(100km/h ~ 0)为 $1.0m/s^2$，冲击极限率为 $0.75m/s^3$。

常用制动是空气制动与电制动自动配合的电—空混合制动。

当电制动力不足或丧失时，可由空气制动来补足，或替代所需的总制动力。但本项目空气制动补充的方式采用在以制动单元为单位的所有车上平均分摊空气制动力。

当电制动力减速接近停车前，为保证平稳停车，将以空气制动力来替代快速衰减的电制动力。

常用制动受最大允许纵向冲击率限制。

2. 紧急制动/强迫缓解控制功能

紧急制动的系统为独立系统。

紧急制动线状态由强迫缓解控制板(CMPREL)来检测，当 CMPREL 检测到紧急制动线的失电状态时，会把紧急制动的施加信号发给 EPC 板；EPC 板收到紧急制动的施加指令后，控制 2 根轴上的制动缸压力控制电磁阀使它们都处于失电状态，使制动缸压力达到称重的紧急制动压力水平。

强迫缓解电磁阀使用的是紧急制动电源,当紧急线失电时,强迫缓解功能自动失效。

当 BCU 无电或故障时,CMPREL 板上 BCU 正常的继电器将会复位,接通强迫缓解的电磁阀动作电路。如果紧急制动线有电,BCU 将通过强迫缓解电磁阀使制动缸压力缓解;当紧急制动线失电时,紧急制动仍能施加压力。

紧急制动的压力控制是以每台转向架为单位施加的,并根据该转向架的空气悬挂压力(ASP)进行随载荷变化的压力补偿。该控制功能一直处于激活状态。其紧急制动的最大压力被次级调整减压阀的设定所限制,而最小的空车压力又被主调节阀的弹簧设定所保证,这就使万一电子称重失效时,既可防止紧急制动压力的完全失去,又可避免制动缸压力过量施加的弊端。

紧急制动由纯摩擦制动提供,达到最高制动缸压力 90% 的时间小于 1.5s;而且在 100km/h下的平均减速率为 1.2m/s^2,且不受冲击极限率的限制。

紧急制动功能通过列车控制系统的失电来实施。独立紧急制动控制回路,下列任一情况的发生,将导致紧急制动的触发。

(1)驾驶室中的警惕装置被触发。

(2)按下司机控制台上的紧急制动按钮,同时还产生受电弓降弓的联动保护。

(3)断钩。

(4)当列车处在运行状态下,将方向控制手柄置零位。

(5)紧急制动列车回路控制线中断或失电。

(6)DC 110V 控制电源失电。

(7)ATC 系统发出紧急制动指令。

3. 保持制动功能

(1)具有保持制动(holding brake)功能,列车停稳后,制动系统自动施加能确保超员情况最大坡道下保证列车不发生溜滑的制动力。

(2)启动牵引力克服保持制动的制动力后,车辆发送保持制动缓解指令,保持制动缓解。

4. 车轮防滑保护

当列车制动时检测到滑行使 WSP 被激活时,由架控的制动控制自动转为各轴制动力的单独控制,并同时检测和修正车轮的滑行。每根轴上装有一个速度传感器,一个 CAN 网段内各轴的速度信息可被本制动单元的各阀所共享。

检测低黏着状态的判据如下。

(1)单一车轴上的减速率超限。

(2)每轴转速与车轴最高转速之间的速度差超限。

一旦检测到上述两种情况之一的滑行,控制系统就进行规定间隔时间内的地面速度测试,使计算的实际列车速度得到更新,用以判断并修正车轮滑行的程度,使轨道黏着条件得到恢复,实施了低黏着情况下制动力利用最大化,而又不会对车轮造成擦伤。当根据滑行防护判定的黏着条件恢复到正常时,系统就恢复到初始状态,并停止在规定时间间隔内的地面速度的测试。

为保证防滑控制时的制动装备不会处于长时间的保压或排风，通过看门狗定时硬件，可对连续保压超过 8s，及连续排风超过 4s 的设定进行监控。

5. 制动施加指示

制动时可连续监控每台转向架上Ⅰ轴和Ⅱ轴的制动缸压力（BCP），当 BCP 超出设定值时，将向列车管理系统的接口提供一个硬线通知信号；另外，当制动压力大于 0.4bar 时，将独立于 EP09 系统提供继电器失电的输出指示。

6. 远程缓解

本系统允许在远程位置（如来自驾驶室），对远程缓解电磁阀手动施加 110V 蓄电池电压，来实施常用制动时的远程缓解，此时阀内的供风压力被切断，同时又将制动缸压力排向大气。但当紧急制动或 BCU 因故障失电制动时，它又可通过继电联锁使远程缓解电磁阀自动得电来实施紧急制动的自动缓解，使列车能被牵引至安全区域。

7. 制动缸压力连通控制

通过连通阀，允许将本车两个转向架上的气动 BCP 输出压力连通或切断。在常用制动和紧急制动作用期间，允许按架控方式将两根轴上的 BCP 输出连通；对于轴控的 WSP 系统，在 WSP 起作用时，则将两根轴的 BCP 连通切断，对每根轴进行单独的 BCP 控制。

8. 紧急制动载荷补偿

紧急制动的制动缸压力进行载荷补偿是由 LDP 板来控制的。LDP 板根据空簧压力来计算本转向架的荷重和紧急制动所需的制动缸压力，载荷补偿压力由载荷控制保压（Hold）和充排（App/Rel）电磁阀组来控制。

载荷控制保压和充排电磁阀组通电组合功能见表 8-4。

载荷控制保压和充排电磁阀组通电组合功能　　表 8-4

保压电磁阀	充排电磁阀	功　能
通电	通电	充风
通电	不通电	排风
不通电	通电	保压
不通电	不通电	保压

LDP 板根据载荷补偿压力传感器的反馈信号来控制载荷控制电磁阀，使载荷补偿压力输出达到设定值。载荷控制电磁阀在失电的情况下是保压状态，当制动系统断电后，紧急制动压力仍能保持一段时间不变。

9. 冲动限制功能

施加在制动缸上的升压速率可按用户的要求来设定。

正常情况下（常用制动），通过对紧急制动冲动限制电磁阀的得电控制，使制动充风速率不受限制；但紧急制动时，因紧急冲动限制电磁阀的失电，使制动充风速率受到限制，要求达到制动缸最高压力 90% 的时间为 1.6s。如果用户要求取消冲动限制功能，则可在冲动限制电磁阀的安装处配置一块带排风小孔的遮断板。

10. 故障诊断和监测功能

当诊断系统有故障时,故障信息能够通过 MVB 总线发送给列车监控系统(TCMS),并能够在司机显示屏显示;根据故障的影响程度,提示司机进行适当的处理。

系统故障信息及发生故障前后一段时间的数据,同时在 BCU 中存储。存储信息可以通过通信接口下载分析。

11. 制动优先使用等级

第 1 级:再生制动。

第 2 级:电阻制动,再生制动与电阻制动同属电制动范围。

第 3 级:空气摩擦制动。

12. 混合制动的方式

列车制动采用电制动与空气制动实时协调配合、电制动优先使用、空气制动延时投入的混合制动方式。在本项目中,列车制动优先响应硬线信号,而对网络信号的响应处于备用状态。

列车制动时,EP09G 阀会收到制动指令及制动级别,同时从制动系统 CAN 网络获取各车的载重量、动力大小及工作状态等信息,然后计算出列车所需要的总制动力,并判断各动车的电制动力之和是否满足全列车所需要的总制动力。若电制动力之和已满足列车所需要的制动力,则不再补充空气制动;若电制动力之和不能满足全列车所需要的制动力,则剩余所需要的制动力将平均分配到各个车上,由空气制动力进行补充。EP09G 阀计算出各车的制动力后,通过制动系统 CAN 网络将各车所要施加的制动力发送给各个转向架上的制动控制单元。各车上所能补充的空气制动力的大小将受到黏着极限的限制。

当硬线发生故障时,EP09G 阀将从 TMS 网络上获取制动指令和制动级别、各车的载重信息以及电制动力发挥状态等,然后按上述的方法进行制动力分配。

若在制动过程中出现电制动滑行造成制动力的损失,空气制动不进行补偿,以便于电制动的防滑控制。当电制动滑行时间较长时,制动系统将发出电制动切除信号,由制动系统负责防滑控制,所损失的电制动力全部由制动系统承担。

在电制动力快要衰减时,由 TCU 发出一个电制动退出(衰减)预告信号;BCU 收到电制动退出预告信号后,按预定速率预补空气制动。本项目实施该类混合制动时的速度切换值设定为 ≤6km/h(可调整)。

图 8-19 辅助控制模块

1-溢流阀;2-塞门;3-双脉冲电磁阀;4-压力开关

13. 辅助控制模块

辅助控制模块实现停放制动的施加和缓解功能。

辅助控制模块,如图 8-19 所示。

辅助控制模块的原理,如图 8-20 所示。

总风从 3 口进入后,通过塞门到双脉冲电磁阀;电磁阀接收车辆系统的信号,停放施加排风,停放缓解充风。

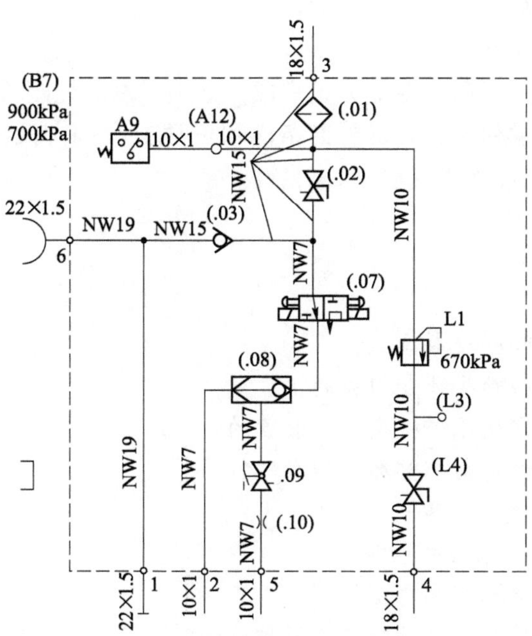

图 8-20　辅助控制模块的原理

B7.01-滤清器；B7.02-塞门；B7.03-单向阀；B7.07-双脉冲电磁阀；B7.08-双向止回阀；B7.09-带电塞门；L1-溢流阀；L3-压力测点；L4-塞门

四、安装和拆卸

1. 安装

安装前，确保制动控制单元已经通过试验台的测试；安装时请遵守车辆厂给出的关于螺栓紧固扭矩的要求；安装时应保证箱盖一侧在车体的外侧；安装后参照车辆厂的文件进行漏泄测试和功能测试。

2. 拆卸

拆卸前，确保排出制动控制单元内所有的压缩空气，并封锁车辆的制动，防止意外情况发生；拆卸时，应使用适当的装置支撑制动控制装置的底部。

拆卸后，为防止污染制动控制装置，应封盖装置背面各气路接口。

五、检查和维护

1. 检查

为保证在车辆运营商指定的运行周期内具有良好的工作状态，必须对装置进行以下检查：

(1)箱体与车体连接螺栓是否紧固。

(2)箱体表面有无机械损伤。

(3)与管路的连接处有无松动。

(4)箱体内外各部件及电子控制各板卡的安装螺栓是否紧固。

(5)箱体内各电缆线有无异常松动及磨损。

2. 维护

制动控制单元的维护,必须由专业人员完成。必须对制动控制单元进行定期维护,保证在正常使用期限内,装置能够保持良好的外部条件和正常工作,来满足使用要求。在维护时,必须对制动控制单元进行功能检测,确保状态良好。

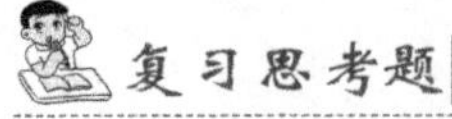

1. EP09 制动系统有哪些技术特点?
2. EP09 制动系统是由哪些部分组成的?
3. EP09 制动系统的空气压缩机是如何管理的?
4. EP09 制动控制系统是由哪些部分组成的?
5. 简述 EP09 制动控制系统电气原理。
6. 简述 EP09 制动控制系统气动原理。
7. EP09 制动控制系统具有哪些功能?
8. EP09 制动控制系统常用制动时是怎样控制的?
9. 如何检查和维护制动控制单元?

单元9　KBGM模拟式电气指令制动系统

教学目标

(1)掌握KBGM制动系统空气控制单元的组成;

(2)了解KBGM制动系统控制过程及作用原理。

建议学时

6学时

单元9.1　KBGM制动系统的组成

德国纳博克制动机公司生产的KBGM模拟式电气指令制动机,用一条电缆贯通整个列车,形成连续回路。模拟式制动系统的操作指令是采用电控制制动系统气压、制动气压再控制制动装置的方法。制动电指令是利用脉冲宽度调制,能进行无级控制。

空气制动装置主要由供气部分、控制部分和执行部分3个主要部分组成。

一、供气部分

供气部分采用VV230/180－2型活塞式空气压缩机;单筒式干燥器;每辆车上有4个风缸,其中包括一个250L的总风缸,一个100L的空气悬挂系统(空气弹簧)风缸,一个50L制动储风缸和一个50L的客室风动门风缸。另外C车上还增加一个50L的再生风缸。供气部分的构造和工作原理见单元9.2。

二、控制部分

控制部分是制动装置的核心,由带有防滑控制的制动微机控制单元ECU(B05/G02)、制动控制单元BCU(B06)、空气控制屏(Z01,部分阀类的集中安装屏)等组成。

1.制动控制单元BCU(B06)

1)制动控制单元的组成和控制关系

制动控制单元BCU如图9-1所示。

制动控制单元BCU是空气制动的核心,主要由模拟转换阀、紧急电磁阀、称重阀、中继阀(均衡阀)、载荷压力传感器(将载荷压力T转换成相应的电信号传输给ECU)、压力开关等元件组成。制动控制单元采用模块化设计,所有的元件安装在铝合金集成板上。这样设计的目的是集成板便于从车上拆卸和更换,维修检查或大修时不会影响车辆的运行。如图9-2所示为制动控制单元气路简图。

a) 内部图

b) 外形图

图9-1 制动控制单元BCU

1-集气板;2-模拟转换阀;3-测试接口;4-托座;5-中继阀;6-载荷压力传感器;7-称重阀;8-预控制压力开关

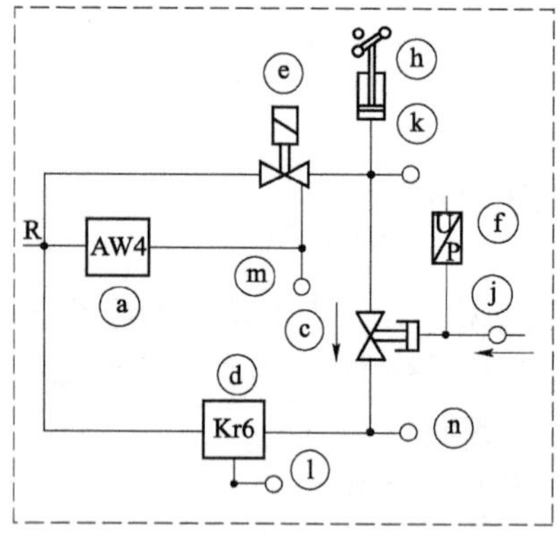

图9-2 制动控制单元气路简图

a-模拟转换阀;e-紧急电磁阀;c-称重阀;d-中继阀(均衡阀);f-载荷压力传感器;h-压力开关;j、k、l、m、n-压力测试接口

如图9-3所示是按气路连通关系绘制的制动控制单元示意图,图中示出了各部件之间的气路关系及其在气路板内的通路,也简略示出了各部件的外形。同时,在气路板上还装置了一些测试口(图中j、k、l、m、n),因此,要测量各个控制压力和制动缸压力,只要在这块气路板上测试即可,便于安装、测试、检修、维护。

BCU的主要作用是将ECU发出的制动指令电信号通过模拟转换阀a转换成与之成比例的预控制压力C_v。这个预控制压力是呈线性变化的,同时,也受到称重阀c和防冲动检测装置的检测和限制,再通过中继阀(均衡阀)d,沟通制动储风缸B_{04}与制动缸的通路,并控制进入制动缸的压力,最后使制动缸C_1和C_3获得符合制动指令的空气制动压力。

制动控制单元的工作原理如下:

当压力空气从制动储风缸B_{04}进入制动控制单元B_{06}后,分成三路:一路进入紧急电磁阀e,一路进入模拟转换阀a,另一路进入中继阀d。其流程如图9-4所示。

2)模拟转换阀

(1)结构。模拟转换阀(见图9-5)又称电气转换阀(或EP阀)。它由一个稳压气室、一个电磁进气阀3(类似控导阀)、一个电磁排气阀2及气电转换器1组成。

(2)作用原理。当微处理机ECU发出制动指令时,进气阀的励磁线圈得电励磁,顶杆克服进气阀弹簧弹力,压开阀芯,打开进气阀,使制动储风缸压力空气通过进气阀进入模拟转换阀输出口,作为预控制压力C_{v1}输出。C_{v1}一路送向紧急阀e,同时C_{v1}也送向气—电转换器和电磁排气阀口,气—电转换器将该压力信号转换成对应的电信号,并馈送回微处理机,微处理机将此信号与制动指令对应的参考值比较。当小于参考值时,则继续开放进气阀口,预控制压力C_{v1}继续增高;当大于参考值时,则关闭进气阀并打开排气阀,压力空气从O口排向大气,预控

制压力 C_{v1} 降低，当预控制压力 C_{v1} 降到符合制动指令的要求时，进气阀和排气阀均处于关闭状态。从模拟转换阀出来的 C_{v1} 压力空气通过气路板内的气路进入紧急阀的旁路。

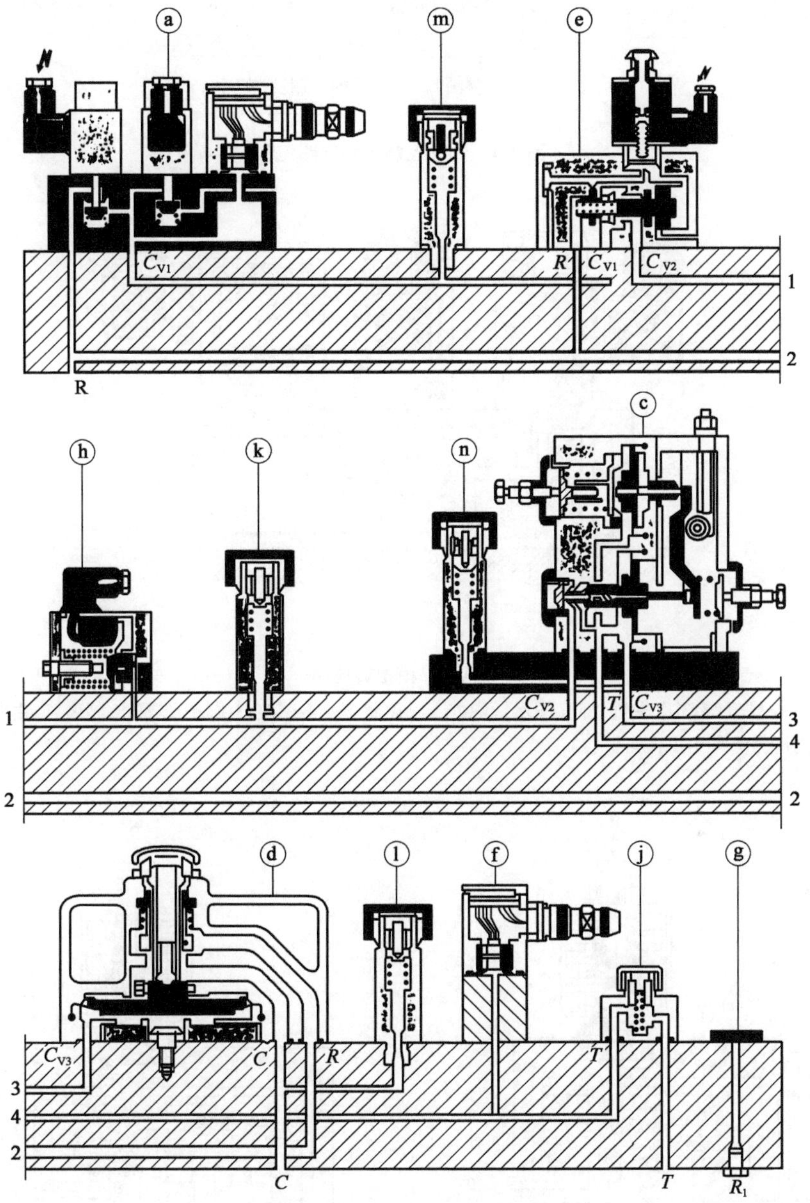

图9-3　制动控制单元示意图

3）紧急阀

紧急阀如图9-6所示。紧急阀是一个电磁阀控制的二位三通阀，它的三个阀口分别通制动储风缸（A1），模拟转换阀输出口（A2）及称重阀输入口（A3）。它主要由空心阀、阀座、空心阀弹簧、活塞、活塞杆、活塞杆反拨弹簧和电磁阀组成。其中空心阀还起到阀口的作用，而活塞杆顶部做成阀口结构。

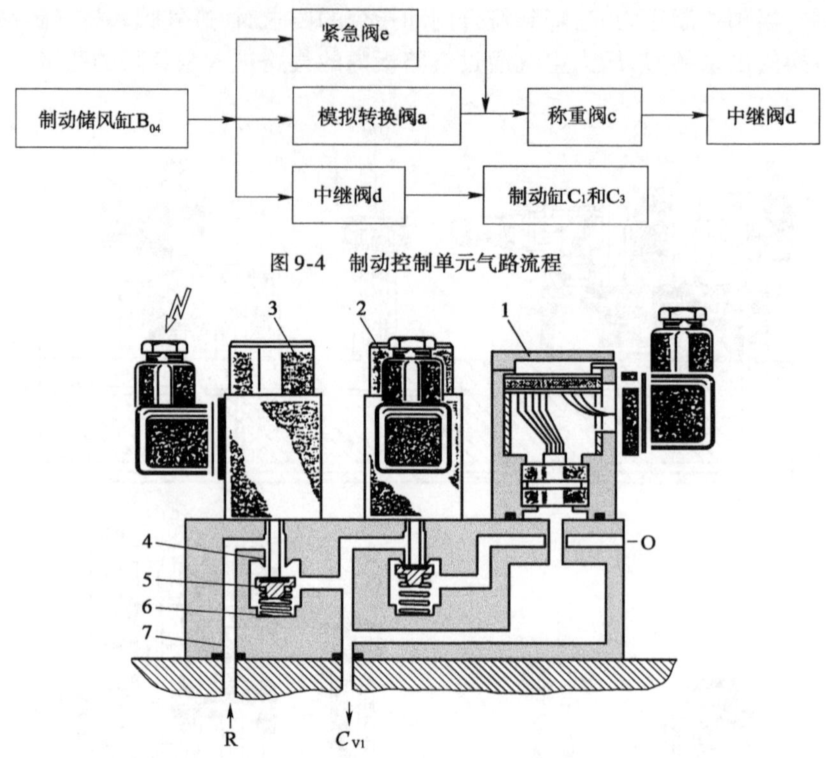

图 9-4 制动控制单元气路流程

图 9-5 模拟转换阀

1-气-电转换阀;2-电磁排气阀;3-电磁进气阀(图示线圈处于励磁状态);4-阀座;5-阀;6-弹簧;7-阀体;R-由制动储风缸引入压力空气;C_{v1}-预控制压力空气引出;O-排气口

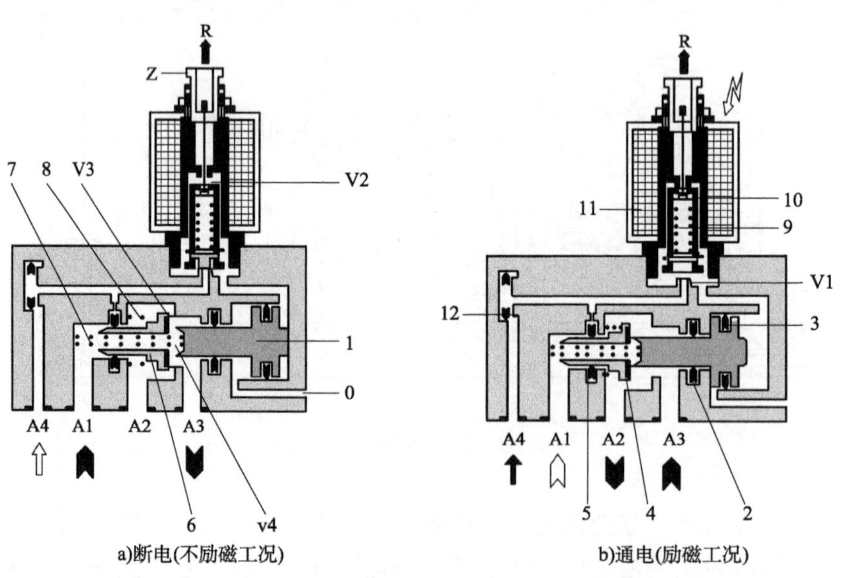

图 9-6 紧急阀

1-活塞及杆;2、3、4、5、12-密封圈;6-空心阀;7-活塞杆反拨弹簧;8-空心阀弹簧;9-电磁阀弹簧;10-电磁阀铁芯;11-电磁阀;V1、V2、V3、V4-阀口;A1-通制动储风缸;A2-通模拟转换阀;A3-通称重阀;A4-控制空气通路;0-排气口;R-通大气

在常用制动时，紧急阀的电磁阀得电励磁，阀芯吸起，打开下阀口 V1，由 A4 输入的控制压力空气送入活塞右侧，推动活塞、活塞杆和空心阀左移，一方面关闭制动储风缸 A1 的气路，另一方面开放 A2 与 A3 的通路，这时由模拟转换阀输出的预控制压力 C_{v1} 便可通过紧急阀输出到称重阀。

在紧急制动时，紧急阀失电，其电磁阀不励磁，电磁阀阀芯在其反力弹簧作用下，关闭下阀口，切断控制压力空气的通路(A4)，活塞右侧压力空气经电磁阀上阀口 V2 排入大气。于是，空心阀在弹簧作用下右移，关闭 A2 与 A3 通路，而活塞在弹簧作用下继续右移，活塞杆顶部离开空心阀，打开 A1 与 A3 通路，制动储风缸压力空气越过模拟转换阀而直接进入称重阀。

4)称重阀

称重阀的结构为杠杆膜板式结构，主要由负载指令部、压力调整部和杠杆部组成。称重阀的作用是根据车辆载重的变化，即根据乘客的多少自动调整车辆的最大制动力。其结构原理，如图 9-7所示。

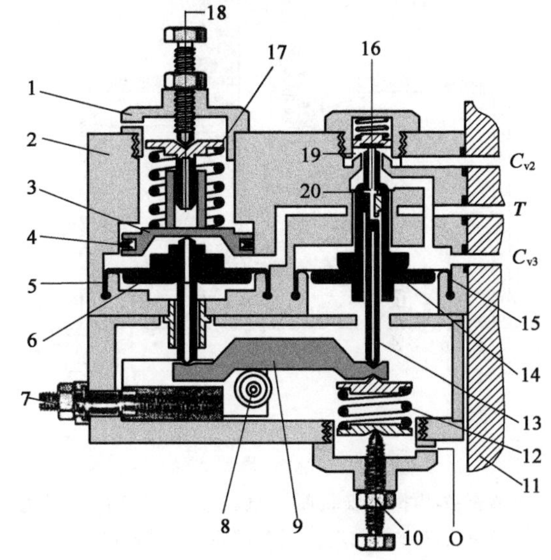

图 9-7　称重阀的结构原理

1-螺盖；2-阀体；3-从动活塞；4-K 形密封圈；5-膜板；6-活塞；7-调整螺钉；8-支点滚轮；9-杠杆；10-调整螺钉；11-管座；12-弹簧；13-空心杆；14-活塞；15-膜板；16-橡胶夹芯阀；17-弹簧；18-调整螺钉；19-充气阀座；20-排气阀座；O-排气口

(1)结构。

①负载指令部：由主动活塞(活塞)、主动活塞膜板、从动活塞、K 形密封圈及调整弹簧、调整螺钉等部件组成。

②压力调整部：由橡胶夹芯阀、均衡活塞、空心阀杆、阀座、调整弹簧和调整螺钉等组成。

③杠杆部：由杠杆、滚轮支点和调整螺钉组成。

(2)作用原理。

与负载成比例的空气压力信号(空气弹簧压力)T 输入到主动活塞的上部，将主动活塞向下推，活塞杆顶在杠杆左端，使杠杆左端下降而右端上升，绕支点沿逆时针方向转动。同时右侧压力调整弹簧的向上作用力，也推动杠杆右端上升，从而使空心阀杆向上运动，推开夹芯阀，开放充气阀口，由紧急阀来的预控制压力 C_{v2} 经充气阀座，成为预控制压力 C_{v3} 输出到中继阀。同时该压力送到均衡活塞(膜板活塞)上方，当均衡活塞上方空气压力和下方空心顶杆压力(即杠杆力调整弹簧力之和)平衡时，夹芯阀在夹芯阀弹簧作用下关闭，停止向中继阀供风。

当乘客减少时，空气弹簧压力 T 下降，均衡活塞上方的空气压力大于下方顶杆推力，于是均衡活塞下移，空心阀杆离开夹芯阀，C_{v3} 压力空气经空心阀杆阀口排向大气，直到均衡活塞上下方压力达到平衡，均衡活塞重新上移，关闭排气阀口。

当空气弹簧空气压力很低，甚至破损而无压力时，从动活塞向上的作用力不足以平衡调整弹簧的力，由两个调整弹簧的作用力使称重阀输出压力保持一定的值。

由于模拟转换阀输出的预控制压力是受微处理机控制的，而微处理机的制动指令本身就是根据车辆的负载、车速和制动要求而给出的。因此，在常用制动中称重阀几乎不起作用,仅起预防作用,以防模拟转换阀控制失灵,而主要作用是在紧急制动发生时体现。由于紧急制动时预控制压力是从制动储风缸直接经紧急阀到达称重阀,中间没有受模拟转换阀的控制,而紧急阀也仅仅作为通路的选择,不起压力大小的控制作用。所以,在紧急制动时,预控制压力只受称重阀的限制,即制动储风缸空气压力经称重阀限制后作为最大的预控制压力输出。

同样,控制压力 C_{v2} 流经称重阀时,也受到阀的通道阻力,压力有所下降,成为预控制压力 C_{v3} 并通过管路板进入中继阀。

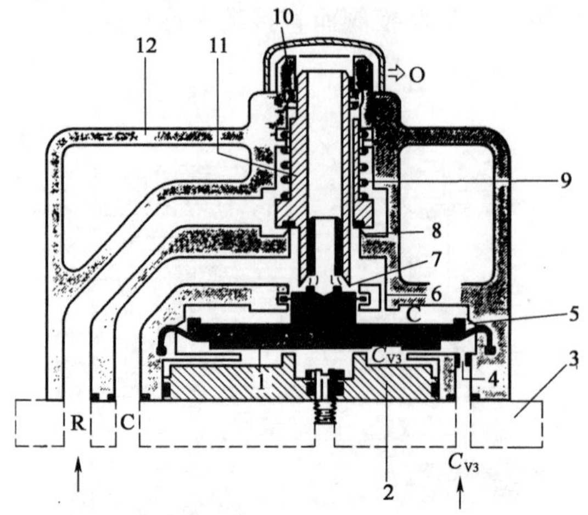

图 9-8 中继阀(均衡阀)的结构

1-膜板;2-均衡阀安装面;3-气路板;4-节流孔;5-活塞;6-节流孔;7-排气阀座;8-进气阀座;9-弹簧;10-K 形密封圈;11-带橡胶阀面的空心导向杆;12-阀体;R-接口通向制动储风缸;C-通向各个单元制动缸;C_{V3}-来自称重阀的控制压力(空气);O-排气口

5)中继阀(均衡阀)

KBGM 模拟制动机的空气制动装置是一个间接控制的直通式制动机。即由制动控制单元 BCU 控制预控制压力,再由中继阀根据预控制压力的大小控制车辆制动缸的充风和排风作用,即均衡阀起到“放大”作用。

(1)结构

中继阀由带橡胶阀面的空心导向杆、膜板活塞(即均衡活塞)、进/排气阀座、弹簧等部分组成,如图 9-8 所示。

(2)作用原理

由节流孔(4)进入中继阀的预控制压力 C_{v3},推动具有膜板(1)的活塞(5)(均衡活塞)上移,首先关闭通向制动缸的排气口[下橡胶面与排气阀座(7)密贴];然后进一步打开进气阀口[上方的橡胶阀面离开进气阀座(8)],使制动储风缸来的压力空气经接口(R)进入中继阀;再经打开的进气阀口、接口(C)充入单元制动缸,使制动缸压力上升,闸瓦压向车轮,列车产生制动作用。同时,该压力经节流孔(6)反馈到膜板活塞(5)上腔 C 的制动缸的压力与膜板活塞下腔的压力 C_{v3} 相等时,关闭进气阀口,制动缸压力停止上升。

从上述可知,中继阀能迅速地进行大流量的充、排气,大流量压力空气的压力变化是随预控制压力 C_{v3} 的变化而变化的,并且两者之压力传递比为 1∶1,即制动缸压力与 C_{v3} 相等,从而实现了小流量压力空气控制大流量压力空气的作用。

同样,模拟转换阀接到微处理机发出的缓解指令后,将其排气阀打开,使具有预控制压力 C_{v1}、C_{v2}、C_{v3} 的压力空气都通过此阀口向大气排出。由于 C_{v3} 压力空气的排出,均衡活塞在其上方的制动缸压力空气作用下向下移动,于是中继阀中的进气阀关闭,排气阀打开,使各制动缸中的压力空气经开启的排气阀排出,列车制动得到缓解。

2. 空气控制屏(Z01)

空气控制屏是一些阀类元件的集中安装屏,这些元件都安装在一块铝合金的气路板上,犹如电子分立元件安装在印刷线路板上一样,便于安装、调试与维修(图 9-9)。

空气控制屏的主要组成元件及其功能如下。

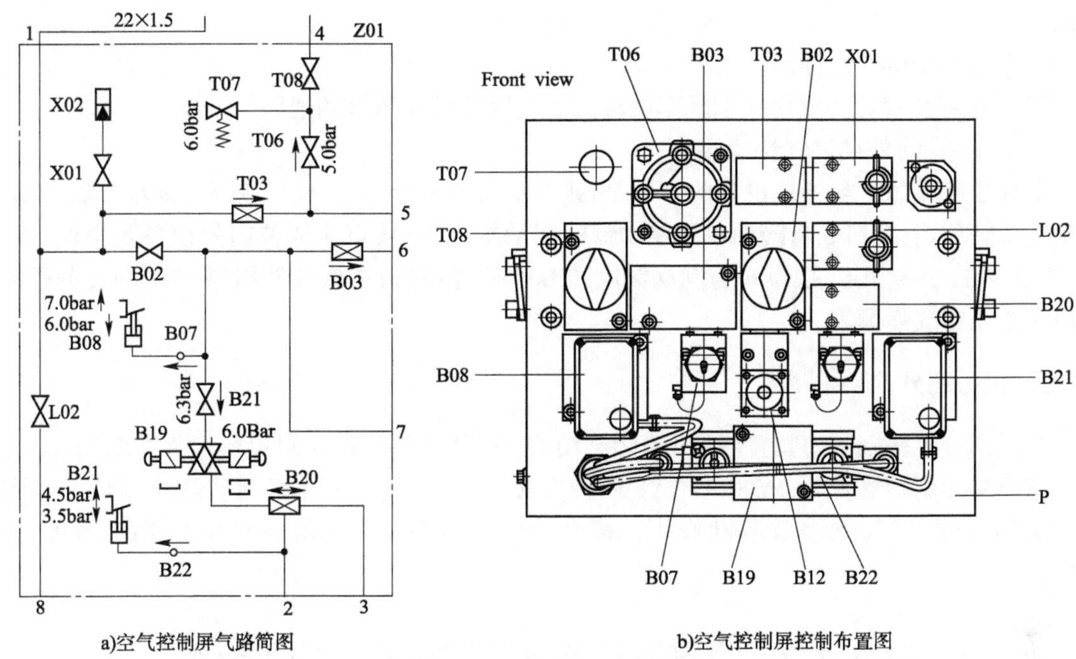

a)空气控制屏气路简图

b)空气控制屏控制布置图

图9-9 空气控制屏的主要组成部件

注:1bar=0.1MPa。

1)制动控制元件

B02——截断塞门,可用来切除制动系统管路与主风管的通路,便于测试与检修。

B03——止回阀,防止制动系统管路的压力空气逆流。

B07——压力测试点,从此处可以得到主风管压力。

B08——压力开关,用于监控主风管压力,当主风管压力低于600kPa时,列车将自动实施紧急制动,并牵引封锁;当主风管压力高于700kPa时,列车解除牵引封锁。

B12——减压阀,将主风管压力空气减压至630kPa。

B19——脉冲阀,用于控制停放制动的施加与缓解。

B20——双向阀,防止常用制动与停放制动同时施加时而造成制动力过大。

B21——压力开关,用于控制停放制动指示灯的动作,当压力低于350kPa时,停放制动指示灯(蓝灯)亮,表示停放制动已施加;当压力高于450kPa时,停放制动指示灯(蓝灯)灭,表示停放制动已缓解。

B22——压力测试点,从此处可以得到停放制动的压力。

2)车门控制元件

T03——止回阀,防止车门控制系统管路的压力空气逆流。

T06——减压阀,将主风管压力空气减压至350kPa,供车门控制系统用。

T07——安全阀,防止车门控制系统压力过大。

T08——截断塞门,可用来切除车门控制系统管路与主风管的通路,便于测试与检修。

3)空气弹簧控制元件

L02——截断塞门,可用来切除空气弹簧控制系统管路与主风管的通路,便于测试与检修。

4)车间外接供气元件

X01——截断塞门,可用来切除车间外接供气管路与主风管的通路。

X02——车间外接供气快速接头。

空气控制屏 Z01 与外接设备的接口是:接口 1 与主风管相连;接口 2 与踏面单元制动器的弹簧制动缸相连;接口 3 与踏面单元制动器的制动缸相连;接口 4 通往门控设备及空调;接口 5 与门控风缸 T04 相连;接口 6 与制动储风缸 B04 相连;接口 7 通往防滑阀 G01 的控制管路;接口 8 通往空气弹簧。

三、执行部分

执行部分由基础制动装置(踏面单元制动器)及滑行保护的控制执行元件防滑阀 G01 组成。踏面单元制动器有 PC7Y 和 PC7YF 两种形式。PC7Y 型不带弹簧制动器,而 PC7YF 型带有弹簧制动器,能起到停放制动作用。每个轮对各装备一个 PC7Y 型和 PC7YF 型单元制动机。

单元 9.2　空气制动系统控制过程及作用原理

一、电子制动控制单元 EBCU

EBCU 是用于控制电—空制动和防止车轮滑行控制的微处理机,是空气制动管理控制的核心。实施制动时,它接收各种与制动有关的信号(如制动指令值 PWM 信号、电制动实际值信号、载荷信号等),计算出一个当时所需气制动力的制动指令,并将其输出给 BCU。同时 EBCU 还实时监控每根轴的转速,一旦任一轮对发生滑行,能迅速向该轮轴的防滑阀(G01)发出指令,沟通制动缸与大气的通路,使制动缸迅速排气,从而解除该轮对的滑行现象,实现 EBCU 对各轮对滑行的单独保护控制。另外,EBCU 还对本列车的气制动系统进行故障诊断及故障显示。

1. 基本结构

电子制动控制单元设计成单层机箱结构形式,共装有 13 块标准的 19 英寸 3U 印制电路板(图 9-10),它们分别是:

SV 板——电源板;CP 板——中央处理器 CPU 板;SSI 板——信号输入/输出板;COM 板——通信板;EPA 板——电气模拟信号输入板;GE 板——速度传感器输入信号处理板;AA 板——电气模拟信号输出板;VA 板(2 块)——防滑控制板;AD 板——模拟信号与数字信号转换板;AE 板——模拟输入信号处理板;T 板——瞬态保护板,主要是速度传感器、防滑阀信号的输入与输出;DI 板——故障诊断板。

其中,SV、SSI、EPA、AA、T 板通过 Harting 接插件与外部电路连接。

2. 基本功能

(1)制动力的计算及分配。在常用制动模式下,电制动与气制动均处于激活状态。电制动力的计算是基于1个动车+1/2拖车质量。驾驶控制器产生的制动指令信号通过脉冲发生器转换成PWM信号,通过列车线传送给列车的牵引控制单元DCU及电子制动控制单元EBCU。各车的EBCU根据PWM信号,并结合DCU传送给它的电制动实际值信号以及本车的载荷压力信号等,计算需补充的气制动力大小,所缺气制动力的2/3由该车的EBCU补充,另外1/3气制动力由A车的EBCU补充,因此保证每个EBCU负责相同的制动力。这样所缺的制动力,则可平均分配到所有的轴上。

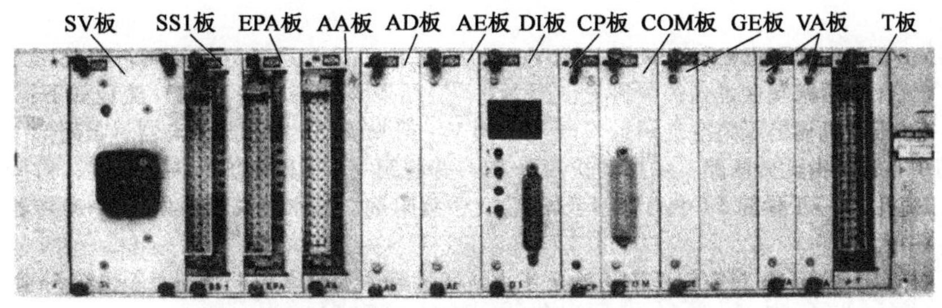

图9-10　电子制动控制单元的结构

(2)保压制动的触发。一般情况下保压制动信号是由DCU触发,同时输出给EBCU,并由EBCU控制自动实施。如果EBCU由于故障未接收到保压制动触发信号,EBCU内部程序可设定在某个速度点自行触发保压制动信号。

(3)快速制动指令的接收。当EBCU接收到快速制动指令时,EBCU将按照其内部设定的最大制动指令的122%计算并产生纯气制动力。

(4)紧急制动的冗余控制。EBCU内部设定了一个紧急制动的冗余控制,如果由于紧急制动电磁阀失效,EBCU将按其内部设定的最大制动的122%计算并产生紧急制动力。

(5)制动指令值PWM信号的接收和监控。EBCU接收并监控制动指令PWM信号,只有当"制动"信号处于激活状态时,制动指令值信号才有效,制动指令值PWM信号正常值处于7.7%~44.1%(对应于0~100%制动指令)。当产生故障时,EBCU内部将以自动设定的100%制动指令取代。

(6)载荷压力信号的接收。载荷压力传感器将0~1MPa的载荷压力转换成2~12V的电压信号给EBCU。EBCU在进行制动计算时,既考虑了车辆的载荷压力信号,又考虑了其旋转质量。从空载状态到超载状态,EBCU假定载荷特性为线性。在载荷压力信号故障状态下,EBCU内部将以自动设定的AW3状态进行制动计算。

(7)制动信号传输时间的缩短。为了减少摩擦制动的空走时间,EBCU 内部在制动作用施加器初始时间有一段陡峭线段,这是由于跃升元件触发器所导致的。跃升元件触发器主要用于紧急制动和常用制动(全气)状态。其条件是:参考速度大于 12km/h、电制动关闭信号、制动信号大于 3%、制动指令信号大于 3% 四者同时具备时,使其输出一个高电平。这个高电平或紧急制动信号可触发一个旁路或门电路,使它同样输出一个高电平来驱动一个开关电路,从而导致制动作用器直接接收负载信号,大大缩短了信号传输时间。

(8)冲击极限。EBCU 内部设定的冲击极限为 $0.75m/s^3$,最大常用制动时的瞬时减速度为 $1.116m/s^2$。

(9)防滑控制。EBCU 有其独立的车轮防滑控制系统。

(10)故障诊断。EBCU 具有诊断及自诊断功能,通过监视产生相应故障信号的 DI 电路板,可以检测产生故障的硬件和软件。一直存在的故障,称为当前故障,即使 EBCU 断电,当前故障代码也会一直保存在存储器中,只有按压 DI 板上"删除"键,故障代码才会被删除。诊断板上显示的故障信号以二位字母/数字的代码显示,所有故障代码及相关数据、发生故障时间等都存储在故障存储器中,故障存储器可存储 1000 条故障信息。

故障代码显示了产生故障的部位,如电路板、电路板中的某个部件、外围设备或信号发生器等。根据故障产生的影响,可将故障分成如下 3 个等级,并通过 EBCU 的 SSI 板上的接触器向 CFSU 输出,并可在驾驶室显示屏上显示。

Failure group 1:轻微故障,该类故障对气制动系统只产生轻微的限制影响,如载荷信号故障等。

Failure group 2:中等故障,该类故障可能产生严重的制动控制系统故障,这种情况要求限速。

Failure group 3:该类故障意味着 EBCU 不能工作。

(11)载荷压力输出。EBCU 根据所接收的载荷压力传感器的信号,输出 4 ~ 20mA(对应于 0 ~ 7bar 的载荷压力)的模拟电流信号给 DCU,DCU 据此信号进行电制动力计算。

二、电—空制动控制系统的功能及其控制原理

整个制动装置的控制采用二级控制,简述为"电控制空气,空气再控制空气",即为"电子控制单元"控制"气路控制单元",控制空气再控制执行空气。电—空制动控制系统,如图 9-11 所示。

1. 电—空制动控制系统

1)制动指令

制动指令是微机根据变速制动要求,即司机施行制动的百分比(全常用制动为 100%)所下达的指令。它可以是各种形式的信号,例如模拟电流、七级数字信号等。广州、上海地铁一号线车辆所使用的是最常用的脉宽调制信号。

2)制动信号

制动信号是制动指令的一个辅助信号,它表示运行的列车即将制动。

3)负载信号

负载信号来自于空气弹簧。它由空气弹簧空气压力通过气—电转换器(压力传感器)转

换成电信号。此信号以客室车门关闭时的储存信号为准。

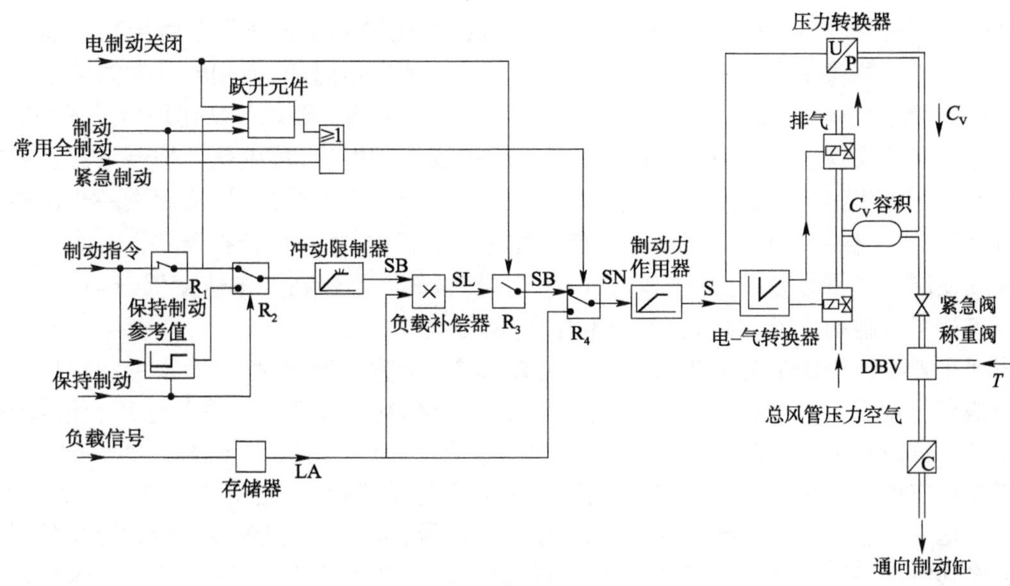

图 9-11　电空制动控制系统方框图

4) 电制动关闭信号

电制动关闭信号为信息信号，它的出现就意味着空气制动要立即替补即将消失的电制动。

5) 紧急制动信号

紧急制动信号是一个安全保护信号，它可以跳过电子制动控制系统，直接驱动制动控制单元(BCU)中的紧急阀动作，从而实施紧急制动。

6) 保持制动

保持制动(停车制动)信号能防止车辆在停车前的冲动，能使车辆平稳地停止。它的功能分下列 3 个阶段实施。

(1) 当列车车速低于 10km/h 时，保持制动开始接受摩擦制动力，而电制动逐步消失。

在保持制动出现后，电制动的减小延迟 0.3s。

动车和拖车的摩擦制动力只可达到制动指令的 70%。

(2) 当车速低于 4km/h 时，一个小于制动指令的保持制动级开始实施，即瞬时地将制动缸压力降低。这个保持制动的级取决于制动指令，这个制动级与时间有关，由停车检测根据最初的状态来决定。

(3) 由停车检测和保持制动信号共同产生一个固定的停车制动级，这个固定的制动级经过负载的修正，与制动指令无关。

停车制动的制动级只能随保持制动信号的消除而消除。

2. 电—空制动控制原理

当微处理机根据制动要求而发出制动指令时，制动信号也伴随着出现。此信号使开关线路 R_1 导通，制动指令就能通过 R_1 和 R_2 到达冲动限制器，以让其检测减速度的变化率是否过大。通过冲动限制器后的制动指令立即又到达负载补偿器，此补偿器实际就是一个负载检测器。它根据负载信号储存器中所储存的负载大小,检测制动指令的大小,然后将检测调整好的指令送至开关线路 R_3。为了防止制动力过大,R_3 只有当电制动关闭信号触发下才导通,否则是断开的。通过 R_3 的指令又被送至制动力作用器(这里的制动力还是电信号),中途还经过 R_4。制动力作用器将指令信号转化为制动力。为了缩短空走时间,作用器的初始阶段有一段陡峭的线段,然后再转向较平坦斜线平稳地上升,直至达到指令要求。从作用器出来的电信号被送至电—气转换器。这个转换器是将电信号转换成控制电流,再由这个控制电流去控制制动单元 BCU 中的模拟转换阀,并且接受模拟转换阀反馈回来的电信号,从而进一步调整控制电流,这就完成了微处理机对 BCU 的控制。在这个过程中,电—气转换器并没有真正将电信号转换成控制空气压力,而是控制 BCU 中的模拟转换阀。当然在列车速度低于 4km/h 时,制动指令将被保持制动的级(与制动指令相对应)所替代。

当列车需要施行常用全制动(即 100% 制动指令)和紧急制动时,最大常用制动信号或紧急制动信号可触发一个旁路或门电路,使它输出一个高电平来驱动开关电路 R_4,使制动作用器直接接受负载储存器的信号,从而大大缩短信号传输时间,并使电—气转换器工作。

需要补充说明的是:制动作用器初始阶段有一段陡峭线段,这是由于跃升元件所导致的。跃升元件是一个非稳态触发器,它可由电制动关闭信号、制动信号及制动指令信号中的任意一个信号将其触发,使它输出一个高电平。同样,这个高电平也可使旁路或门电路触发输出一个高电平,从而使 R_4 动作,导致负载作用器直接接收负载信号,产生一段陡峭的线段。

三、防滑控制系统

防滑系统是制动控制系统的一部分,牵引微机控制单元 DCU(用于电制动)和制动微机控制单元 ECU(用于空气制动)均有独立的防滑控制系统。在常用制动、快速制动和紧急制动状态下,防滑控制系统均处于激活状态。下面介绍制动微机控制单元 ECU 中的防滑控制系统的组成和工作原理。防滑控制系统由防滑电磁阀(G01)、控制中央处理器(G02)、速度传感器(G03.1、G03.2)和测速齿轮(G04)等部件组成。

如图 9-12 所示,在每根车轴上都设有一个对应的防滑电磁阀 G01(排风阀),它们由 EBCU 防滑系统所控制。当某一轮对上的车轮的制动力过大而使车轮滑行时,防滑系统所控制的与

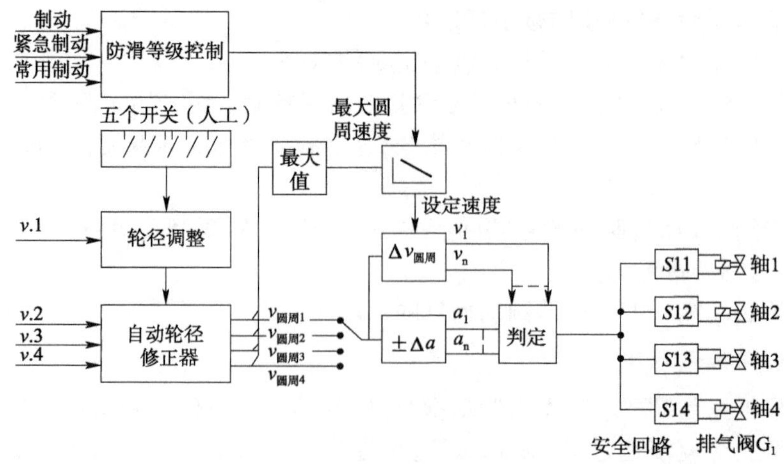

图 9-12 防滑控制系统作用原理

该车轮对应的防滑电磁阀 G01 迅速沟通制动缸与大气的通路，使制动缸迅速排气，从而解除了该车轮的滑行现象。该系统通过 G03.1、G04、G05 始终监视着同一辆车上四个轮对的转速，并对应着四个对应的防滑电磁阀 G01。防滑系统有一安全回路，当防滑阀被激活超过一定时间（5s）时，安全回路起作用，取消防滑控制，并产生一故障信号。

防滑系统用于车轮与钢轨黏着不良时，对制动力进行控制。其作用如下：

（1）防止车轮即将抱死。

（2）避免滑动。

（3）最佳地利用黏着，以获得最短的制动距离。

复习思考题

1. KBGM 制动系统的制动控制单元 BCU 主要由哪些部件组成？
2. 简述 KBGM 制动系统的紧急阀的结构。
3. KBGM 制动系统的称重阀是由哪些配件组成的？
4. KBGM 制动系统的均衡阀（中继阀）是由哪些配件组成的？并说明其作用原理。
5. 制动电子控制单元 EBCU 有哪些基本功能？
6. 简述 KBGM 制动系统的模拟转换阀的结构组成。
7. 简述 KBGM 制动系统称重阀的工作原理。

单元 10　KBWB 模拟式电气指令制动系统

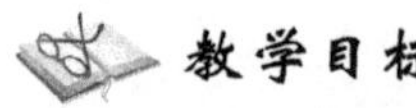
教学目标

（1）掌握 KBWB 制动系统空气控制单元的组成；

（2）掌握 KBWB 制动系统控制过程及作用原理。

建议学时

6 学时

单元 10.1　KBWB 模拟式电气指令制动系统的组成

一、概述

上海地铁 3 号线 AC03 型列车采用 KBWB 制动系统。KBWB 制动系统是由英国原西屋公司（已并入克诺尔公司）生产的模拟式电气指令制动系统，它通过列车总线贯通整个列车，形成连续回路。该系统按照整车模块化原则设计，集成度较高。它将微机制动控制单元、空气制动控制单元、风缸和风源等全部安装在一个架上（图 10-1），其维护简单、质量小，并且有自我诊断及故障保护显示功能。

为了适应城市轨道交通车辆运行速度高、站间距短、启动停车频繁等要求，KBWB 模拟式电气指令制动系统具有反应迅速、制动力大、制动距离短、停车精度高、安全可靠的特点。该制动系统由电制动系统和空气制动系统组成，采用 PWM 信号传递制动指令，是模拟式电气指令制动系统。其制动控制单元的 EP（电空）转换采用 4 个电磁阀对控制室充放气的闭环控制方法。

二、KBWB 模拟式电气指令制动系统的特点

KBWB 模拟式电气指令制动系统除了在上海地铁 AC03 型列车上使用外，还使用于南京地铁一号线的列车上。该制动系统实现了空气制动与电制动的有效配合，在系统上保证了车辆运行的安全。列车制动时不仅满足了电制动优先的要求，并实现了电空混合制动的平滑过渡，还设有冲动限制以提高乘客乘坐舒适度。该系统的主要特点如下。

（1）采用模拟式电气指令制动控制系统，模拟方式为 PWM。

（2）采用“拖车空气制动滞后控制”的制动控制策略，充分利用动力制动。

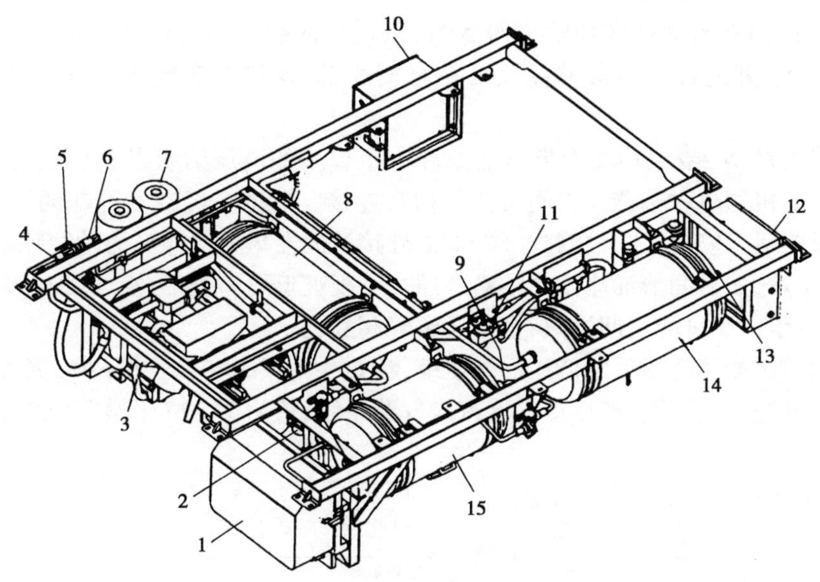

图 10-1　KBWB 模拟式电气指令制动系统集成化布置

1-EP 制动控制板;2-均压阀(L9);3-空压机(A2.1);4-测试口(A2.9);5-空气压缩机开关隔断旋塞(A2.7);6-压力传感器(空气压缩机控制开关)(A2.8);7-空气干燥器(A2.3);8-制动储风缸(A6.3);9-压力调整器(A6.14);10-继电器箱(A6.15);11-主风缸低压开关(A2.11);12-BCE(A6.9);13-主风缸安全阀(A2.6);14-主风缸(A6.7);15-空气弹簧充气缸(A6.5)

(3)采用充气、排气各 2 个电磁阀进行精确闭环控制实现 EP 信号转换。

(4)常用制动采用空重车调整信号加微机计算给定信号。

(5)紧急制动根据空重车调整信号限制冲动,采用单独回路控制、失电控制和纯空气制动。

(6)防滑控制采用动力制动和空气制动分别控制。

(7)整个制动系统采用模块化,结构紧凑,质量小。

(8)制动控制系统具有故障诊断、故障存储及故障显示功能,同时通过网络进行数据交换和监控。

三、空气制动系统构成

KBWB 模拟式电气指令制动系统主要分为供气单元、微机制动控制单元、空气制动控制单元、防滑控制单元、基础制动装置及空气悬挂辅助装置等。

1. 供气单元

每辆带驾驶室的拖车上装有 1 套供气单元(图 10-2),每列车有 2 套。供气单元按驾驶室启用位置定义为主供气单元或辅助供气单元。每套供气单元由空气压缩机组、控制装置及空气干燥器等组成。

1)空气压缩机组

空气压缩机组(A2.1)选用 VV120 型,由 3 个往复式压缩气缸、中间和后冷却器以及驱动电机组成。在 10×10^{5}Pa 的压强下,它能为列车制动系统提供大约 950L/min 的冷却空气。驱动电机由静态辅助逆变器输出的 AC400V/50Hz 的三相交流电源供电。空气压缩机仅安装在拖车上,并通过弹簧索弹性地吊在车辆底部,这样能有效地缓冲并降低对车体的振动。

空气压缩机是 W 结构,由 2 个低压活塞和 1 个单一的高压活塞以及 1 根通用曲轴组成。电机和空气压缩机通过联轴器的中间法兰盘相互连接。活塞在经空气冷却的风缸中运动,润滑方式为飞溅润滑。安装在曲轴箱呼吸器上的外接过滤器单元对溅到曲轴箱呼吸器上的润滑油进行分离、干燥,然后润滑油流回曲轴箱。通过可视玻璃可检查油量。测油杆必须插在可视玻璃里,如果油量太少可能引起过热,也会导致气阀炭化。

空气先通过过滤器过滤后经低压活塞压缩,流过中间冷却器,压力下降,温度升高。高压活塞对低压空气进一步压缩,经后冷却器流入气路系统,最后由空气干燥器(A2.3)干燥。

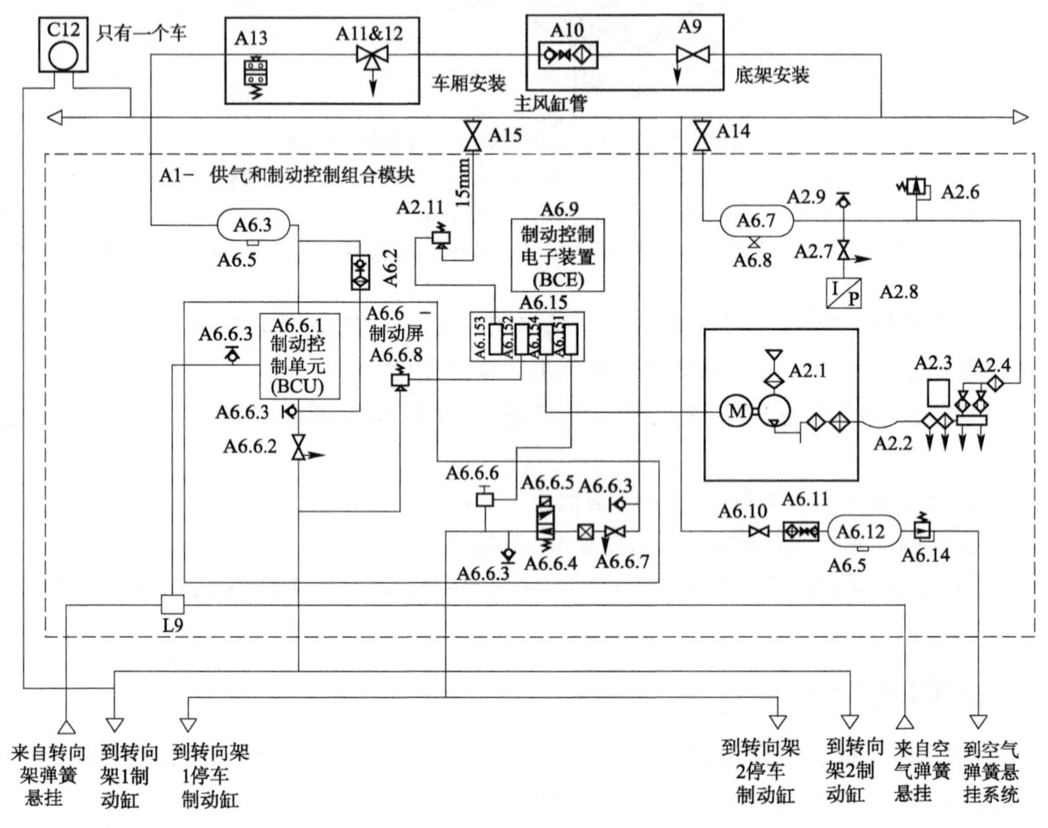

图 10-2 空气制动系统

A2.1-空气压缩机;A2.6-主风缸安全阀;A6.6.1-制动控制单元;A6.6.5-停放制动实施电磁阀;A6.6.6-停放制动缓解电磁阀;A6.7-主风缸;A6.9-制动控制电子装置(BCE)

空气压缩机通过两个安全阀得到过载保护:一个位于低压活塞与中间冷却器之间(压强设定值为 5×10^5Pa);另一个位于高压活塞与后冷却器之间(压强设定值为 14×10^5Pa)。在正常情况下,如果一个压缩机能够满足向列车供气的需求,则仅启动主供气单元的空气压缩机,也就是只启用一台空气压缩机。在辅助模式或降级模式下,需同时启动主、辅供气单元的空气压缩机。主驾驶室的确认信号通过列车 FIP 网络传送给微机制动控制单元(EBCV)。主驾驶室发生变更，空气压缩机的启用也随之变更。以这种方式长期使用，可使空气压缩机的工作周期比较均等。

2)控制装置

空气压缩机的启/停控制是通过微机制动控制单元(EBCU)来实现的。每个供气单元和制动控制组合模块配有一个压力传感器(A2.8)，用于检测总风管(靠近主空气压缩机侧的主风缸)的压力并且传送信号给 EBCU。EBCU 根据压力传感器显示的总风管压强信号(通常在 8.4×10^5Pa ~ 9.5×10^5Pa)来决定空气压缩机的启/停和启用台数，并通过控制空气压缩机电机继电器的吸合或断开来实现。如果监测到主风缸压强持续下降到 0.6×10^5Pa，列车安全保护系统会自动触发紧急制动。

该供气单元还装有安全阀(A2.6)来保证制动系统安全。安全阀动作压强为 10.5×10^5Pa，防止因供风自动控制系统故障而导致主风缸(A6.7)过压。

3)空气干燥器

供气单元采用双塔再生式空气干燥器对压缩空气进行干燥，双塔交替工作。在正常工况下，首先只有一个空气干燥塔增压，2min 后停止向该塔增压，另外一个空气干燥塔立即开始增压 2min，每一个空气干燥塔都轮流工作 2min。如果某空气干燥塔工作时间不到 2min，空气压缩机就停机了，那么空气干燥器的计时器便会记下该塔的已工作时间。当空气压缩机再次启动时，计时器将从中断时刻开始计时，因此两个空气干燥塔的工作时间是均等的。

整个供气单元集中在一个安装框架内，空气压缩机吊挂在框内，双塔再生式空气干燥器则安装在框外的横梁上。干燥空气充入主风缸后再经由主风缸管送入各节车的主风缸，再分别进入制动储风缸和空气悬挂风缸等。

2. 微机制动控制单元

每节车都装有一套微机制动控制单元(EBCU)用于制动控制，它是双列车线需求信号、空气制动控制单元(BCU)和牵引系统之间的界面和桥梁。EBCU 控制所有空气制动的常用制动，包括随需求信号和车辆载荷变化而变化的压力值。如果使用电制动，EBCU 为电制动和空气制动的混合控制提供了界面划分，以形成一个完整的制动系统。

EBCU 还提供正常运行管理和故障检测，这些信息通过 FIP 数据传给 TIMS 系统。数据线也可通过便携式计算机接口作简单的诊断和维修。

常用制动时，EBCU 接收所有车辆的空气弹簧平均压力信号，根据该信号计算出该车辆制动所需的制动力，同时将反映车辆质量的载荷信号传送给 FIP 网络系统，拖车载荷信号通过 FIP 网络传送到动车的 EBCU 和牵引控制装置。动车的载荷信号也通过 PWM 线传送到相应的牵引控制电子装置；牵引控制电子装置经过综合计算后将决定制动力的分配。对于动车，动力制动系统和空气制动系统是同时存在的，这两种制动系统都是由司机控制器或 ATO 自动驾驶装置控制。无论采用哪种控制，动车随时都能得到连续的动力制动和空气制动。如果制动需求值超过动力制动能力，这时空气制动根据总的制动力要求补充动力制动不足的部分。混合制动的制动缸压力可以不一样，只要动力制动和空气制动的和达到制动所需的值即可。

EBCU 还对空气压缩机(A2.1)和空气干燥器(A2.3)进行控制。

3. 空气制动控制单元

安装在拖车 A 和动车 B、C 上的制动控制单元(BCU)由于车辆载荷不同而略有不同。

制动控制单元(BCU)可分为 3 个部分,即 EP 控制板、称重阀和主控阀,如图 10-3 所示。

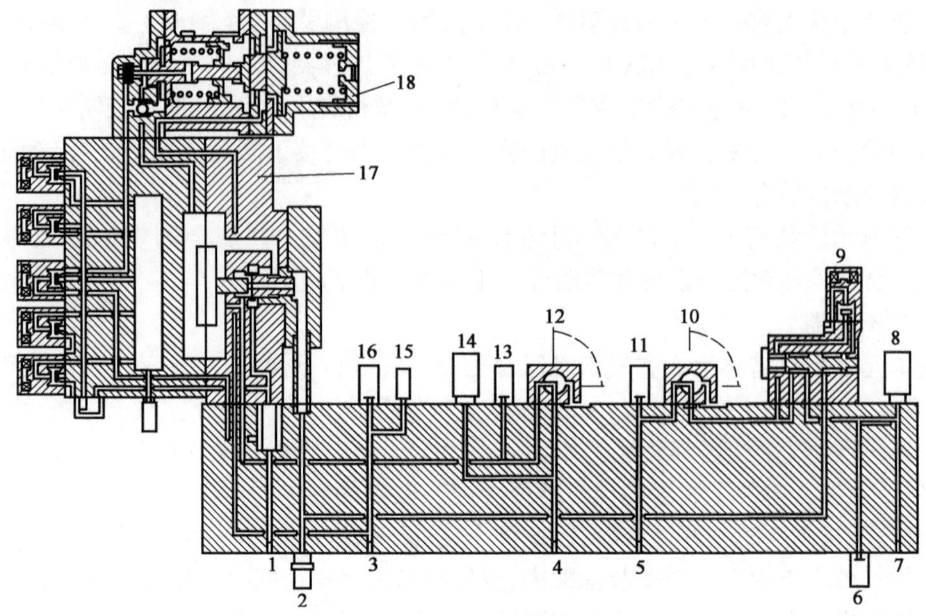

图 10-3 制动控制单元(BCU)

1-制动风缸接口;2-制动机消声器;3-空气簧接口;4-制动机压力接口;5-主风缸压力接口;6-停车制动测试点;7-停车风缸接口;8-停车制动缓解开关;9-停车制动消声器;10-停车制动截断塞门;11-主风缸测试点;12-主风缸截断塞门;13-制动机压力测试点;14-制动机压力开关;15-空气簧压力转换器;16-空气簧压力测试点;17-主控阀;18-称重阀

1)EP 控制板

EP 控制板是制动控制单元的基座。它是一个阳极氧化铝的管道接口座,除了管道接口外,座上还安装了称重阀、主控阀等其他部件。

EP 控制板的钢盖涂灰色油漆,装在管道接口座的前端,以保护其中设备。钢盖由两个不锈钢插销定位锁住,盖上还有两个安全挂钩,以保证在插销失效时钢盖不会跌落。

在管道接口座的背面有 5 个气路连接口,分别连接主风缸(MR)、空气弹簧(AS)、制动储风缸(BSR)、停放制动风缸(PB)和单元制动风缸(BC)。每个接口都是内螺纹 BSP 型接口。除了这些接口,还有一个制动风缸排气端口,该端口前装有一消声器。

管道接口座的背面有两个 19 路的电气接口插座,空气压力转换信号接口 C_1,BCU 制动信号接口为 C_2。

管道接口座的背面还有一个 M10 的安装孔,用于安装接地线;在端盖上部有两个 M6 的安装孔,用于元件接地的端口。

管道接口座有 4 个压力测试点,其中 1 个在背面,3 个在前面。压力测试点可以在不拆除端盖的情况下使用。其测试对象为空气弹簧压力、单元制动机风缸压力、主风缸压力和停放制动风缸压力。

2）称重阀

称重阀是一种混合压力限制装置，它接收来自空气弹簧系统的控制压力信号，限制 BCU 向单元制动机输出的空气压力。如果空气弹簧压力信号因某种原因消失，称重阀就假定超载性能，BCU 给出最大超载信号使列车紧急制动。称重阀有三种规格，可根据车辆载质量进行选择。

称重阀的构造，如图 10-4 所示。其上部有一个进气阀，与紧急电磁阀连通。来自制动储风缸的压力空气通过紧急电磁阀进入进排气阀的进气阀座。进排气阀下是一个输出口，通往控制腔室 Y。此外，还有一个输出压力室和一个检测阀与输出口相通。阀体中间是两个膜板腔室，主膜板与上膜板之间是排气腔室，里面有一个可上下移动的排气杆。排气杆中间有排气通道，并有一个主弹簧使其具有恒定的向上作用力。上膜板与下膜板之间是一个控制腔室，来自空气弹簧的压力空气就进入这个控制室。下膜板也有一个活动阀片，有个偏置弹簧使它具有向上作用力。当称重阀无来自空气弹簧压力信号时，上膜板、主弹簧、主膜板和排气杆叠加在一起，形成一个向上的力，用排气杆的排气阀座口顶开进排气阀，使从紧急电磁阀来的压力空气通过进气阀座口进入输出压力室并通过输出口进入控制腔室 Y。这时进入控制腔室 Y 的空气压力最大，可产生最大紧急制动力。

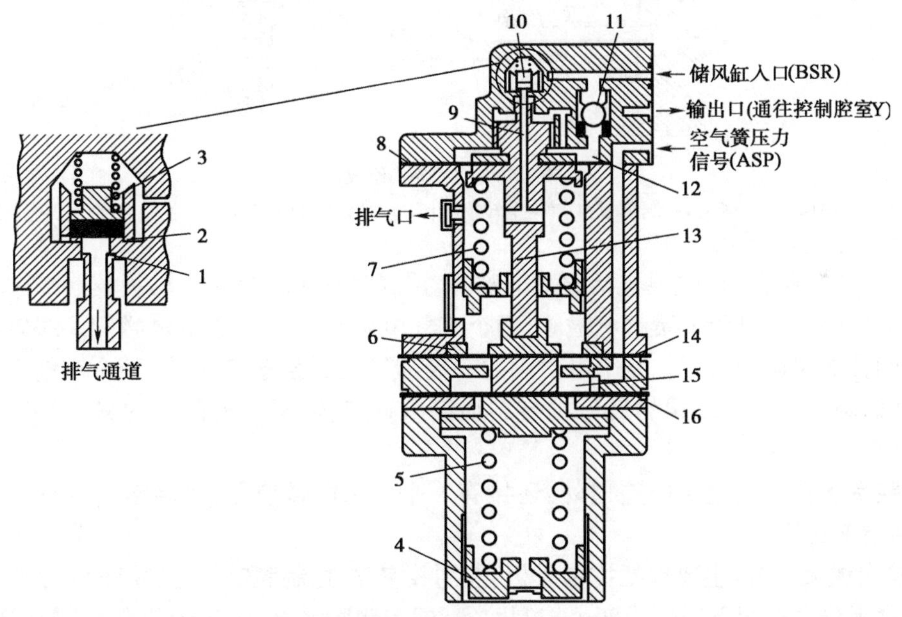

图 10-4　称重阀的构造

1-排气阀座口；2-进气阀座口；3-进排气阀；4-偏置弹簧座；5-偏置弹簧；6-膜板圈；7-主弹簧；8-主膜板；9-排气通道；10-进排气阀；11-检测阀；12-输出压力室；13-排气杆；14-上膜板；15-控制腔室；16-下膜板

当称重阀有来自空气弹簧压力信号时，上膜板和下膜板都与中间滑动块分离，它们之间充满压力空气。压力空气对下膜板和偏置弹簧有向下反作用力，对上膜板和排气杆仍有向上作用力，但作用力减小，并与空气弹簧压力信号成正比。这时进入腔室 Y 的空气压力随空气弹簧压力变化，可以产生与车辆负载成正比的制动力。

3)主控阀

主控阀与气—电转换器、制动储风缸、空气弹簧、单元制动机和称重阀等制动设备气路连接。

主控阀(图10-5)实际上由两部分组成:一部分是电—气转换部分,类似于KBGM电空制动机的EP阀;另一部分是输出放大部分,类似于(KBGM)的均衡阀。

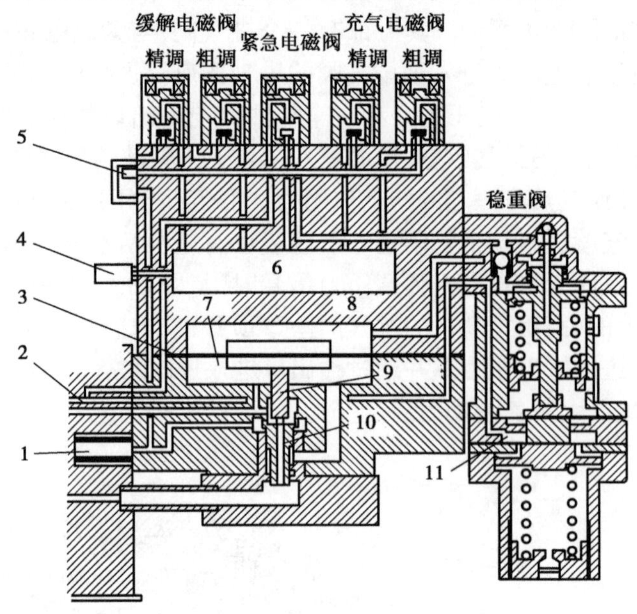

图10-5 主控阀的组成

1-制动储风缸;2-通向单元制动机;3-控制膜板;4-气—电转换器;5-过滤网;6-控制腔室X;7-控制腔室A;8-控制腔室Y;9-操纵杆;10-充排气阀;11-空气簧压力信号

(1)电—气转换部分:主要包括五个电磁阀、控制腔室X和气—电转换器。

五个电磁阀分别是两个缓解电磁阀、两个充气电磁阀和一个紧急电磁阀。缓解电磁阀和充气电磁阀分成粗调和精调。五个电磁阀的一端都与控制腔室X连接,两个缓解电磁阀的另一端通大气;两个充气电磁阀的另一端与制动储风缸连接;紧急电磁阀的另一端则与称重阀连接。

控制腔室X除了与电磁阀连通外,还接有一个气—电转换器,将腔室内的气压转换成电信号,反馈给EBCU。

(2)输出放大部分:主要包括控制膜板、控制腔室Y、控制腔室A、操纵杆和充排气阀。

控制膜板将主控阀下部隔成两个控制腔室,即控制腔室Y和控制腔室A。控制腔室Y通过称重阀与控制室X连接。

控制腔室A内上部有一个操纵杆固定在控制膜板下面,下部有一个充排气阀。操纵杆在控制膜板的动作下,向下可顶开充排气阀的上口并堵住充排气阀的排气通道;向上则关闭充排气阀并打开排气通道。当充排气阀上口被顶开时,制动储风缸和控制腔室A与单元制动机连接,根据控制腔室Y的压力向单元制动机输出给定的制动压力空气,施加制动。当充排气阀上口关闭时,制动储风缸和控制腔室A与单元制动机的连接被切断,排气通道被打开,单元制动机的制动压力空气从排气通道排出,制动缓解。

单元 10.2　KBWB 模拟式电气指令制动系统的作用原理

一、BCU 的工作原理

常用制动时，EBCU 发出充气指令，两个充气电磁阀得电，开始对控制腔室 X 充气。在充气过程中，气-电转换器不断地把控制腔室 X 内的压力转换成电信号并反馈给 EBCU。EBCU 也不断发出调整指令，直到控制腔室 X 内的压力与指令值精确一致。这时紧急电磁阀处于得电状态，控制腔室 X 与称重阀的进排气阀相通。如果有来自空气弹簧的压力信号，上膜板和下膜板都与中间滑动块分离，它们之间充满压力空气。排气杆将顶开进排气阀进气阀座口，使控制腔室 X 的压力空气经输出口进入控制腔室 Y。控制腔室 A 的操纵杆在控制膜板的动作下，向下顶开进排气阀的上口并堵住充排气阀的排气通道，制动储风缸和控制腔室 A 与单元制动机连接，根据控制腔室 Y 的压力向单元制动机输出给定的制动压力空气，直到控制腔室 A 和控制腔室 Y 平衡，充排气阀的上口关闭，并仍堵住进排气阀的排气通道，施加的制动力与 EBCU 发出充气指令一致，如图 10-5 和图 10-6 所示。

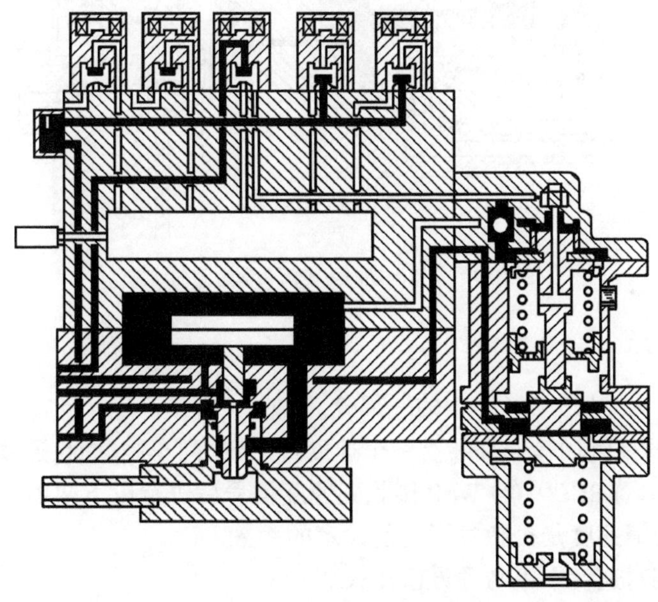

图 10-6　常用制动时主控阀和称重阀的状态

称重阀主要用来限制过大的制动力。由于控制腔室 X 内的压力受 EBCU 的控制，而 EBCU的制动指令本身又是根据车辆负载、车速和制动要求给出的，因此，在常用制动中称重阀几乎不起作用，仅起预防作用，以防主控阀的五个电磁阀控制失灵。

称重阀的主要作用是在紧急制动时发挥(图 10-5 和图 10-7)。在紧急制动时，紧急电磁阀失电，压力空气从制动储风缸直接经紧急电磁阀到达称重阀，中间未受主控阀的控制，而紧急电磁阀也仅仅作为通路的选择，不起压力大小的控制作用。这时，如果有来自空气弹簧的压力信号，上膜板和下膜板都与中间滑动块分离，它们之间充满压力空气，称重阀的排气杆顶开进排气阀进气阀座口,压力空气从制动储风缸进入输出控制室和控制腔室 Y。输出控制室里的压力克服主弹簧和上膜板与中间滑动块间压力,将排气杆向下压,直到上膜板与中间滑动块间的压力消失,进排气阀进气阀座口关闭。控制腔室 Y 的压力比常用制动时要高,并且空气弹簧的压力信号越强,控制腔室 Y 的压力也越大。控制腔室 A 的操纵杆在控制膜板的动作下,向下顶开进排气阀的上口并堵住进排气阀的排气通道。制动储风缸和控制腔室 A 与单元制动机连接,根据控制腔室 Y 的压力向单元制动机输出给定的制动压力空气,直到控制腔室 A 和控制腔室 Y 平衡,进排气阀的上口关闭并仍堵住进排气阀的排气通道,施加的制动力即为受称重阀限制的紧急制动压力。

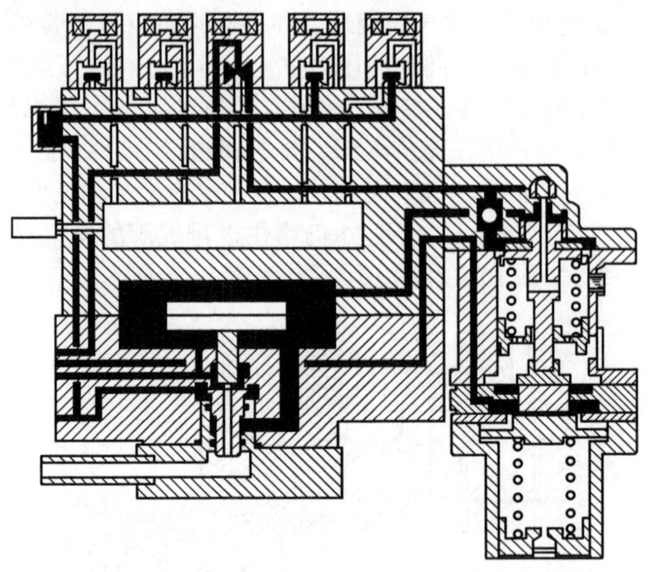

图 10-7 紧急制动时主控阀和称重阀的状态

二、防滑控制单元

防滑控制单元(WSP)是 EBCU 中的一部分。

列车每根车轴的一侧轴箱内都装有一个速度传感器,列车制动时,速度传感器将检测到的速度信号送入 EBCU。EBCU 中的 WSP 接收到速度信号后进行以下两项计算和比较:

(1)一根车轴的减速度是否超过了先前设定的参数。

(2)所有车轴相对速度水平与预设值比较。

一旦 WSP 监测到某根车轴减速度过快或是某根车轴转速与最大转速的车轴转速之差超出某个值,即判断该轴滑行,应进行防滑控制。在进行防滑控制时,防滑控制单元通过减小该车轴的制动缸压力来控制车轮滑行的深度。WSP 通过对制动压力的修正能自动将车轮转速调整到最佳水平,以便最大限度地利用黏着系数。

实际上,列车的微机牵引控制 PCE 和 EBCU 各有一套车轮滑行监测和防护系统。当实施电制动时,PCE 会通过减小电制动力来防止车轮滑行;同时向 EBCU 提供一个 EDB 低电位信号,防止 EBCU 用增加空气制动力来补偿。但如果滑行信号持续时间超过 2s,将取消电制动,只采用空气制动。

在空气制动时,防滑控制是通过 EBCU 对安装在转向架上双防滑阀的通气和排气的控制来实现的。双防滑阀实际上是两个完全对称的单防滑阀的组合,因此每个转向架只要配置一个,就能控制两个轮对。双防滑阀的结构,如图 10-8 所示。

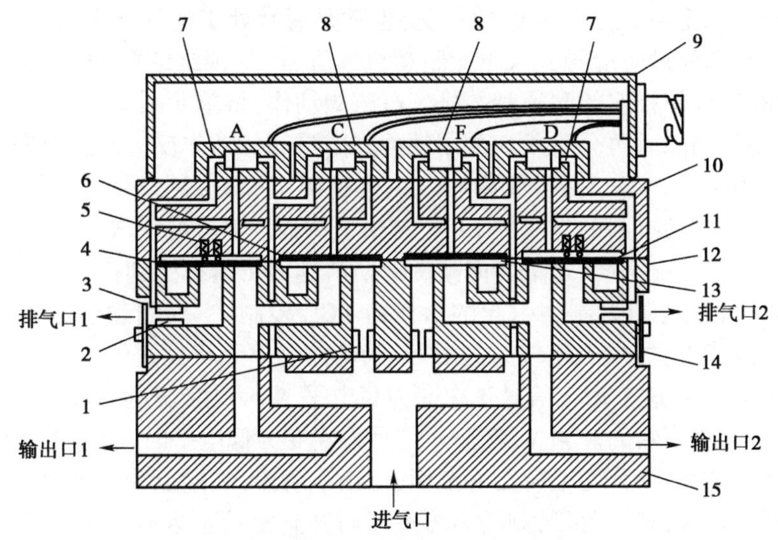

图 10-8　双防滑阀的通气和排气控制

1-进气塞块;2-排气塞块;3-排气阻塞盘;4-膜板排气阀 1;5-弹簧;6-膜板通气阀 1;7-排气电磁阀;8-通气电磁阀;9-盖头;10-膜板盖;11-膜板排气阀 2;12-阀体;13-膜板通气阀 2;14-排气阻塞盘;15-管板

单防滑阀上部有两个电磁阀:一个称为通气电磁阀,另一个称为排气电磁阀。通过对通气电磁阀和排气电磁阀的得电和失电组合,可以形成防滑阀的 3 种工况,即通气、保压和排气。

1)通气工况

排气电磁阀 A 失电(阀板向左),使压力空气穿过底部的进气口,再经过排气电磁阀作用到膜板排气阀的顶部,加上弹簧的向下顶力,膜板排气阀下压关闭排气口 1 和输出口 1。同时,通气电磁阀 C 也失电(阀板向左),穿过底部进气口的压力空气不能进入通气电磁阀 C。通气电磁阀 C 的另一端通排气口 1,不能作用在膜板通气阀(13)上。进气口的压力空气顶开膜板通气阀的底部,把阀芯抬离阀座,进气口和输出口 1 形成通路,从 BCU 来的压力空气通过防滑阀,被送到单元制动机的风缸内。

2)保压工况

排气电磁阀 A 失电(板阀向左),压力空气从进气口穿过,作用在膜板排气阀(11)顶部。在弹簧的顶压下,该压力关闭膜板排气阀,并关闭排气口 1 和输出口 1。同时,排气电磁阀 C 得电(阀板向右),穿过底部进气口的压力空气进入通气电磁阀 C,作用到膜板通气阀(6)顶部,关闭膜板通气阀,并关闭了进气口和排气口的通路,使防滑阀保持压力,也就是保证了单元制动机风缸的压力。

3)排气工况

通气电磁阀 C 得电(阀板向右),压力空气进入通气电磁阀 C,作用到膜板通气阀(13)顶部,关闭膜板通气阀,并关闭了进气口和排气口的通路。同时,排气电磁阀 A 得电(阀板向右),从膜板排气阀顶部来的进气压力被切断。原先进入单元制动机风缸的压力反过来克服弹簧的向下顶力,顶开膜板排气阀,使输出口的压力空气从排气口排出。膜板排气阀顶部的压力也经排气电磁阀 A 排入大气。从进气口来的压力空气不能通过防滑阀,而原先进入单元制动机风缸的压力空气被排放到大气中去。

防滑阀在通常情况下处于不通电的状况,也就是通常处于通气状态。这时,从 BCU 主控阀来的压力空气全部经过防滑阀进入单元制动机风缸,产生预定的制动力。如果哪个轮对出现滑行,那么 EBCU 会使相应的防滑阀的排气电磁阀动作,将单元制动机风缸中的部分空气排向大气,待滑行现象消除后再分阶段恢复制动力。防滑阀的动作反应速度由安装在进、排气口内的阻塞盘的大小决定。由于防滑阀串联在制动通路上,紧急制动期间防滑功能依然有效。当紧急制动缓解时,制动缸内的空气经 EP 控制板上的消声器排向大气。

为确保制动系统的安全性,每个转向架的双防滑阀输出量都受到控制,且每个速度信号都被监视。在正常情况下,动力制动引起的滑行由 PCE 控制;空气制动引起的滑行由 BCU 控制。在动力制动模式下,如果出现较大的滑行,制动控制单元将发送给 PCE 的 WSP 信号设为高电平。当 PCE 探测到这个输入信号正在变为高电平,制动力就迅速降为零。当制动力保持为零时,电制动一直是失效的。当 WSP 输入信号再次变为低电平时,制动力就会逐渐恢复。

在防滑控制时,制动力分两个阶段逐渐回升:第一阶段,以接近冲击极限的速率回升,直到制动力已经达到设定值;第二阶段,制动力再逐渐回升到滑行出现时的制动力值,到达这一点时,防滑控制就完成了。这个滑行修正的参数能达到优化系统控制的目的,并将反复出现滑行的可能性降到最低。

三、制动控制过程

KBWB 模拟式电气指令制动系统采用模拟电—空联合制动控制方法。其控制原理,如图 10-9所示。电气指令由驾驶台上的司机控制器 DCH 发出,采用 PWM 方式调制,能进行无级控制。每个 EBCU 控制同一节车的两个转向架。

1. 输入信号

(1)制动指令线:根据司机手柄的位置由 Encode 编码器所下达的指令,是两个脉宽调制信号(2PWM)。

(2)制动信号 LV:高电平时保持制动命令,防止车辆停车前的冲动,使车辆平稳停车。

(3)负载信号的传递线:拖车载重信号将通过 FIP 线传输到动车的 EBCU 装置。

(4)紧急制动控制信号:跳过电子制动控制信号系统,直接驱动 EBCU 中的紧急阀动作的安全保护信号。

(5)保持制动信号:防止车辆在停止时溜车。

2. 控制原理

(1)司机控制器或 ATO 发出制动信号,制动列车线被激活,发出制动指令。动车 PCE/EBCU 及拖车 EBCU 经过对电制动信号、电制动实际值和电制动滑行等综合计算后进行判断,如果运行速度在 18km/h 以上,使用的主要制动模式是电制动,而以空气制动为辅。

(2)控制制动力大小的电流信号被编码器编译成两个 PWM 信号,PWM 信号由 PWM 列车线输出。

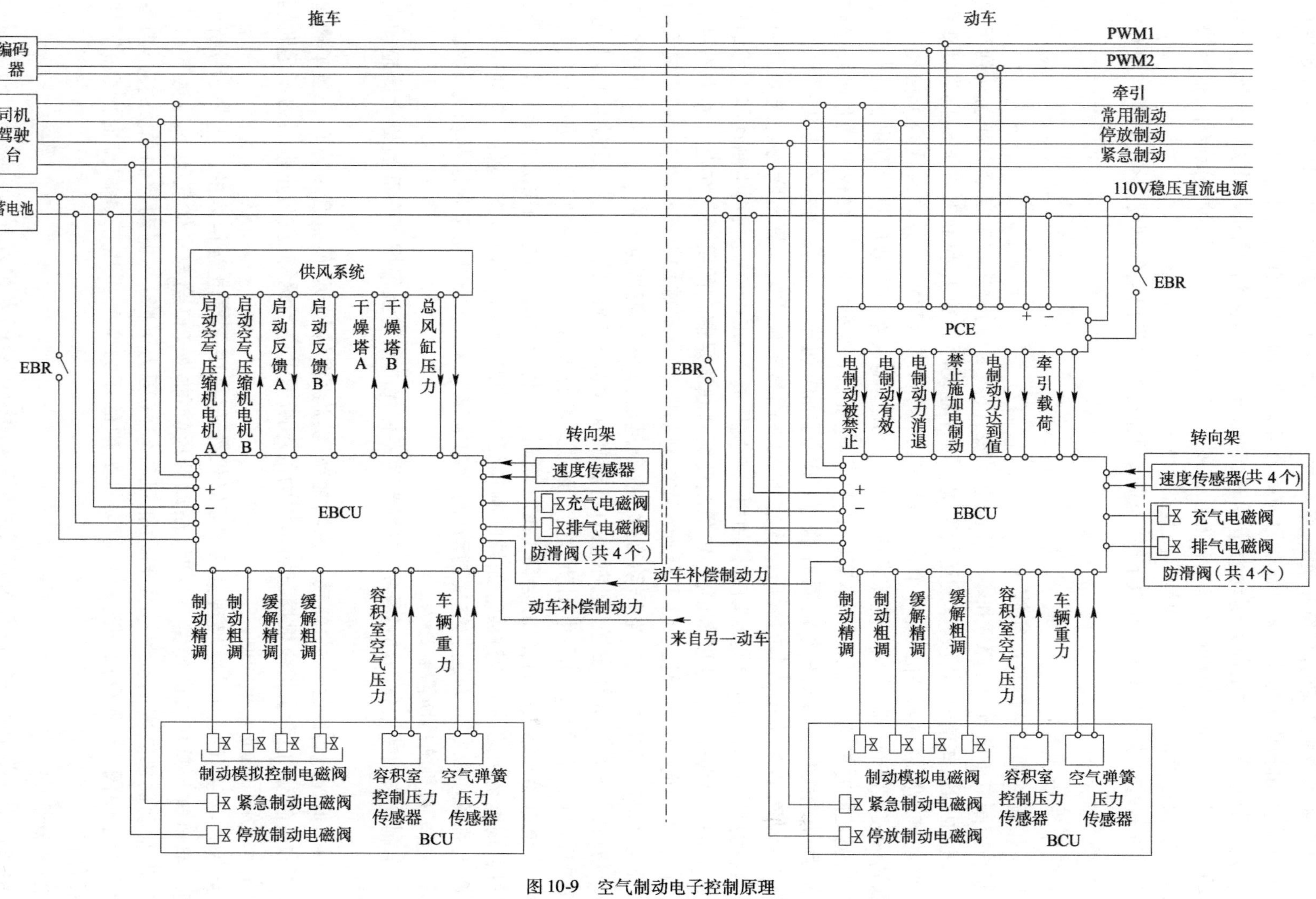

图 10-9　空气制动电子控制原理

(3)PWM信号触发牵引系统单元的逆变元件,使所有电机减速。为了使制动力效果最好,同时兼顾冲击极限的限制,总的制动力应综合考虑空气制动的载荷要求。

(4)当司机手柄上发出最大制动力指令时,制动列车线被激活,它将提供最大制动力(快速制动),达到紧急制动的性能(1.3m/s^2的减速度)。除非列车线LV被设为低电平,否则快速制动将一直保持激活,但快速制动是可恢复的。

(5)列车运行速度在18km/h以下时,电制动取消,BCU发出空气制动指令,制动控制功能由BCU独立完成。

3.控制过程

1)常用制动和快速制动的实施

制动控制电子装置(EBCU)和牵引控制电子装置(PCE)同时接收来自牵引和制动列车线的信号,并根据这些信号判定列车的运行工况。列车制动时,EBCU和PCE会同时接收到双份PWM制动减速度脉宽调制信号(一个来自PWM1,一个来自PWM2),并判断这两个信号的大小,取其中较大值作为制动减速度需求值。拖车EBCU则根据本车载质量计算出所需制动力的大小,但是此时拖车EBCU控制本车的BCU只施加一个极小的制动力(仅使闸瓦刚好接触车轮踏面,并不加到需求压力),同时通过FIP网络向动车PCE发送本车的载质量信号(PWM)。动车PCE根据动车的载质量再加上50%的拖车载质量计算出所需电制动力的大小。电制动时再生制动和电阻制动交替使用。在网压高于DC1800V时,再生制动能平稳地转到电阻制动。在整个运行速度范围内,电阻制动能单独满足制动的要求。在电制动力不足的情况下,动车和拖车分别根据各自车辆所接收的制动指令,同时施加空气制动。如果电制动有效,PCE会给本车EBCU发送“电制动有效”指令,禁止EBCU施加空气制动。当电制动施加到需求值后,PCE向EBCU发送“电制动力已施加××”的PWM信号。如果电制动力足够,EBCU控制BCU不动作。如果电制动力达不到减速度要求,EBCU会控制BCU进行空气制动补偿。当电制动开始关闭时,PCE会向EBCU发送“电制动关闭”信号,EBCU立即进行补偿,最终可实现电空制动的平滑过渡。如果电制动无效,PCE会给本车EBCU发送“电制动被禁止”指令,那么EBCU立即施加空气制动;同时向拖车EBCU发送“动车补偿制动力无效”指令,通知拖车自行施加所需制动力。

在电制动失效或紧急制动过程中,空气制动将替代电制动且根据列车载质量全部施加空气制动。

当列车低速运行时,由空气制动代替电制动,实施“保持制动”使整列车停车。当车辆起动时,“保持制动”由牵引指令根据车辆牵引力的不断增大进行缓解;应防止牵引力不足时制动先完全缓解而造成列车倒退。

如果某车空气制动缓解出现故障,可以操作安装在车端电器柜内的三通阀,隔断该车制动储风缸与总风管的通路。这时,制动储风缸的进气口会与车体底架下的排气口相通,排出制动储风缸内的空气。当制动储风缸空气压力下降后,制动控制单元主控阀旁通管上的止回阀(检测阀)打开,单元制动机缸内的压力空气经由三通阀排向大气,实现强迫缓解。

2)紧急制动

电器控制线路中有一个EBR触点与列车自动保护(ATP)及模式开关等联锁。列车运行中 EBR 触点始终吸合，紧急制动列车线与紧急制动电磁阀常得电，EBCU 不控制紧急制动电磁阀。但是，一旦触发紧急制动，EBR 触点断开，动车 EBCU 接收到紧急制动信号后立即向 PCE 发出“禁止电制动”信号。在紧急制动期间，所有动车的牵引电源被立即切断，只有当列车完全停下来后才可以缓解。紧急制动的触发条件是：司机控制室内的警惕装置起作用；按下司机控制台上的紧急制动按钮；列车脱钩；紧急列车线环路中断或失电；主风缸压力过低；ATC 系统发出紧急制动指令等。

紧急制动电磁阀是一种双入口大口径电磁阀，常带电。在正常状态下，紧急制动电磁阀与制动储风缸相通的入口关闭，与控制腔室 X 相通的入口打开。一旦紧急制动触发，紧急制动电磁阀失电，与制动储风缸相通的入口立即开启，而与控制腔室 X 相通的入口关闭。制动储风缸内的空气经空重车调整阀进入主控阀控制腔室 Y，顶开进排气阀，快速响应紧急指令，施加紧急制动压力。紧急制动力的大小由空重车调整阀根据车辆载荷来进行调整。

3）停放制动

停放制动不受 EBCU 控制，司机按下停放制动按钮，停放制动列车线与停放制动电磁阀失电，立即施加停放制动。当司机再次按下停放制动按钮时，停放制动列车线得电，只要总风管空气压力高于某设定值，将压力空气送入停放制动缸便能克服停车弹簧压力，使停放制动缓解。

EP 控制板内有一个停放制动缓解压力开关来显示停放制动的施加和缓解，司机可通过控制停放制动电磁阀来实施停放制动，以测试停放制动的性能及状态。

四、列车制动力分配

因为一列车中既有动车又有拖车，动车能进行动力制动和空气制动，拖车只能进行空气制动，所以存在各车之间制动力协调的问题。同时，根据动力制动优先的原则，应最大限度地利用动车的电制动，尽可能少地采用空气制动。因此，列车制动力的分配十分重要。

上海明珠线 AC03 型列车采用的是“拖车空气制动滞后控制”（分散式滞后充气制动控制）。这种控制方法是：拖车所需制动力由动车的电制动承担，根据空电联合制动运算，不足部分也由动车的空气制动力先补充，最后才使用拖车的空气制动。列车制动开始，首先由全部动车进行电制动，如果动车电制动力不能满足制动减速度的要求，那么动车上的空气制动先进行补充。但动车空气制动的补充受到该车载质量的限制，因为电制动力的设定不能超过空气制动力的黏着限制，而空气制动力的黏着限制比电制动的期望黏着系数低得多。AC03 型列车设计规定：如果动车电制动力不能满足制动减速度的要求，那么动车空气制动立即进行补充，动车上的电制动力和空气制动力的总和最大可利用到 15% 的黏着。在超载工况（一般指车载量达到 AW3 工况）下，如果动车总制动力不能满足制动减速度的要求，拖车空气制动立即自动补足。

因此，当列车减速度为 1.0m/s^{2}时，动车空气制动力限定只能使用到 10.2% 的黏着，不足部分立即由拖车自动补充。当列车运行速度低于 5km/h 时，电制动全部关闭，这时只有空气制动。当列车运行速度低于 0.5km/h 时，空气制动力开始减小。当列车完全停车时，空气制动力减小到常用全制动力的 70%，并一直保持到列车重新开始牵引为止。

在电制动正常关闭之前，每辆动车的 PCE 会向本车 EBCU 发送电制动关闭的信号，EBCU

根据该信号逐渐增加空气制动进行补足。

复习思考题

1. KBWB 模拟式电气指令制动系统有什么特点?
2. KBWB 制动系统的空气制动控制单元是由哪几部分组成的? 各部分有什么作用?
3. KBWB 制动系统主控阀的结构组成是什么?
4. 简述 KBWB 制动系统制动控制单元 BCU 的工作原理。
5. 简述 KBWB 制动系统常用制动的工作原理。
6. 简述 KBWB 制动系统紧急制动的工作原理。
7. 简述 KBWB 制动系统停放制动的工作原理。
8. 简述 KBWB 制动系统制动力的分配原则。

单元 11　$EPAC_2$ 制动系统

教学目标

(1)掌握 $EPAC_2$ 制动系统的结构组成;

(2)掌握 $EPAC_2$ 制动系统的原理。

建议学时

4 学时

$EPAC_2$ 制动系统,由法国法维莱公司设计生产,用于我国上海地铁 6 号线、8 号线、13 号线,深圳地铁 4 号线,南京地铁南延线,哈尔滨地铁 1 号线等地铁线上。$EPAC_2$ 制动系统是基于单管的电空制动系统。该系统可以实现车控和架控两种方案。$EPAC_2$ 制动系统是架控式制动系统,它是一个紧凑的制动单元,能根据收到的制动命令实现电空常用制动和紧急制动。下文以上海地铁 13 号线的 $EPAC_2$ 制动系统为例加以介绍。$EPAC_2$ 制动系统缩写及其含义,如表 11-1 所示。

$EPAC_2$ 制动系统中缩写及其含义　　表 11-1

缩写(ACRONYMS)	含义(DESCRIPTION)
AGTU	压缩空气供应和空气处理设备 Air Generation and Treatment Unit
ATC	自动列车控制 Automatic Train Control
ATP	自动列车保护 Automatic Train Protection
AW0	空载 Tare
AW3	重载 Crush
BCU	制动控制单元 Brake Control Unit
BFC	基于摩擦制动的制动设备,即基础制动 Brake Friction Concept
BM	制动控制器 Brake Manipulator
ED	电制动 Electro Dynamic brake
EP	电控式制动 Electro Pneumatic brake
EPAC	公共交通集成控制系统 Mass Transit Integrated Control
FMEA	故障模式和影响分析 Failure Mode and Effect Analysis
LCC	全生命周期成本 Life Cycle Cost

续上表

缩写(ACRONYMS)	含义(DESCRIPTION)
LCU	本地控制单元 Local Control Unit
MC	主控制器(牵引) Master Controller (traction)
MJF	大故障 Major Fault
MP	总风管 Main Pipe
PWM	脉宽调制信号 Pulse Wave Modulation signal
RAMS	可靠性,可用性,可维护性和安全性 Reliability, Availability, Maintainability and Safety
TBU	踏面制动单元 Tread Brake Unit
TC	列车控制 Train Control
TCU	牵引控制单元 Traction Control Unit
TIMS	列车接口和监控系统 Train Interface and Monitoring System
VVVF	牵引控制逆变器 Traction Control Inverter
UIC	国际铁路联盟 Union Intérnationale Chemins de Fer
WSP	防滑保护 Wheel Slide Protection

单元 11.1　$EPAC_2$ 制动系统的结构

一、制动模式

(1)电制动。电制动也叫动力制动,牵引电机的反馈制动不会产生磨耗。只有动车有电制动,而拖车上因无牵引电动机,也就无电制动。

(2)机械摩擦制动。机械摩擦制动直接作用到车轮上。机械制动在动车和拖车上都有。

(3)停放制动。电空空气控制的弹簧式停放制动,实施停放制动功能。

二、制动系统的功能

1. 车辆制动系统的基本作用

(1)接收司机、乘客或者安全系统的制动指令,在特定的时间或者距离内按照既定的列车制动系统的性能,降低列车速度至需要的速度。

(2)保持列车停留在静止的位置。

2. 车辆制动系统的功能

为实现上述两个基本作用,车辆制动系统应具有以下制动功能。

(1)常用制动:司机施加制动或者 ATP 系统希望能保证运行在最高速度内。正常来说,其用于控制任何正常速度和载荷条件下的车辆运行和快速停车。

(2)快速制动:它是一种和紧急制动减速度相同的常用制动,快速制动时,可以实现空气制动和电制动的混合制动及防滑控制,安全回路不断开。

(3)紧急制动:它保证在需要的时间内提供预期的制动力。司机可以施加紧急制动,使列车在最短的距离内停车,规避潜在的危险。

(4)停放制动:它防止列车在静止状态突然溜车;用来保证车辆安全停车。

(5)保持制动:它可用于坡道启动时不溜车。在此工况下,即使制动系统处于制动状态,牵引仍能被激活。

(6)回送模式:它在和双管制车辆连接后,允许地铁列车施加制动。

三、制动系统组成

每辆车都有一个总风缸,由总风管(MP)进行充风。总风管如同列车管线,车辆与车辆之间由截断塞门和软管连接。如果某个空气压缩机故障(车辆级),则总风管给辅助风缸充风。

总风缸能够给制动系统、停放制动系统、空气悬挂设备、风笛装置供风。

辅助风缸给制动系统供风。总风管的压缩空气由带排水阀的过滤器来清洁,然后通过一个单向阀来避免总风管压力下降后,辅助风缸内的风向总风管逆流。通过传感器和测试点可获得主要气路元件的压力信息。

常用制动的控制和紧急制动一样,都是由 $EPAC_2$ 内部的模块来实现。$EPAC_2$ 的紧急制动和常用制动都是基于单个转向架的控制,而防滑则是基于单轴的控制。

$EPAC_2$ 的输出压力输送到转向架制动缸,并能通过 $EPAC_2$ 基座上的测试点来检查制动缸压力。

$EPAC_2$ 内部没有集成停放制动模块,但是提供了单独的面板实现停放功能,并且此面板负责单辆车的空气悬挂系统的供风。两个空气弹簧压力的平均值作为车辆载荷,用于常用制动和紧急制动的载荷信号。

$EPAC_2$ 配备有一些测试点(TP1、TP2、TP4、TP5)来测量相关的压力。这些测试点配置在铝合金基座上。

四、$EPAC_2$ 制动控制系统

制动系统是一个单管制动系统,它包括了单独的制动模块,每个制动模块都是基于转向架控制的。$EPAC_2$ 和列车控制系统的通信通过 MVB 网络(正常模式)和硬线(紧急牵引模式)来实现。$EPAC_2$ 之间通过法维莱的总线(ECHELON)进行信息传输。

1. 内部气路结构

内部气路结构,如图 11-1 所示。

$EPAC_2$ 是在架控制动系统 EPAC 的基础上演变的新一代架控系统。$EPAC_2$ 制动系统不是一成不变的,根据需要对功能模块进行重新组合,确定最终的配置形式(车控或架控)。

2. $EPAC_2$ 进气口和出气口

AR 来自辅助风缸;LPP 来自悬挂;PR 来自停放供风;BC 去制动缸;MP 来自主风管;BPT 来自列车管(仅用于回送功能);PB 来自于停放制动管。

$EPAC_2$ 模块将气路和相关的电子控制集成在一个防水的箱体中。

压缩空气通过总风管输送到 $EPAC_2$。$EPAC_2$ 出风口通过特殊的管路连接到每根轴上的制动器(制动缸)上。

$EPAC_2$ 的供电和数据通信通过特定的电气连接(一个或者更多的连接器)。

$EPAC_2$ 能够根据列车总线传输来的制动指令实施转向架级的常用制动控制。

通过载荷补偿,$EPAC_2$ 施加需要的制动力。另外,从车辆过来的信息,例如瞬间电制动力,作为混合制动的一部分用于混合制动。

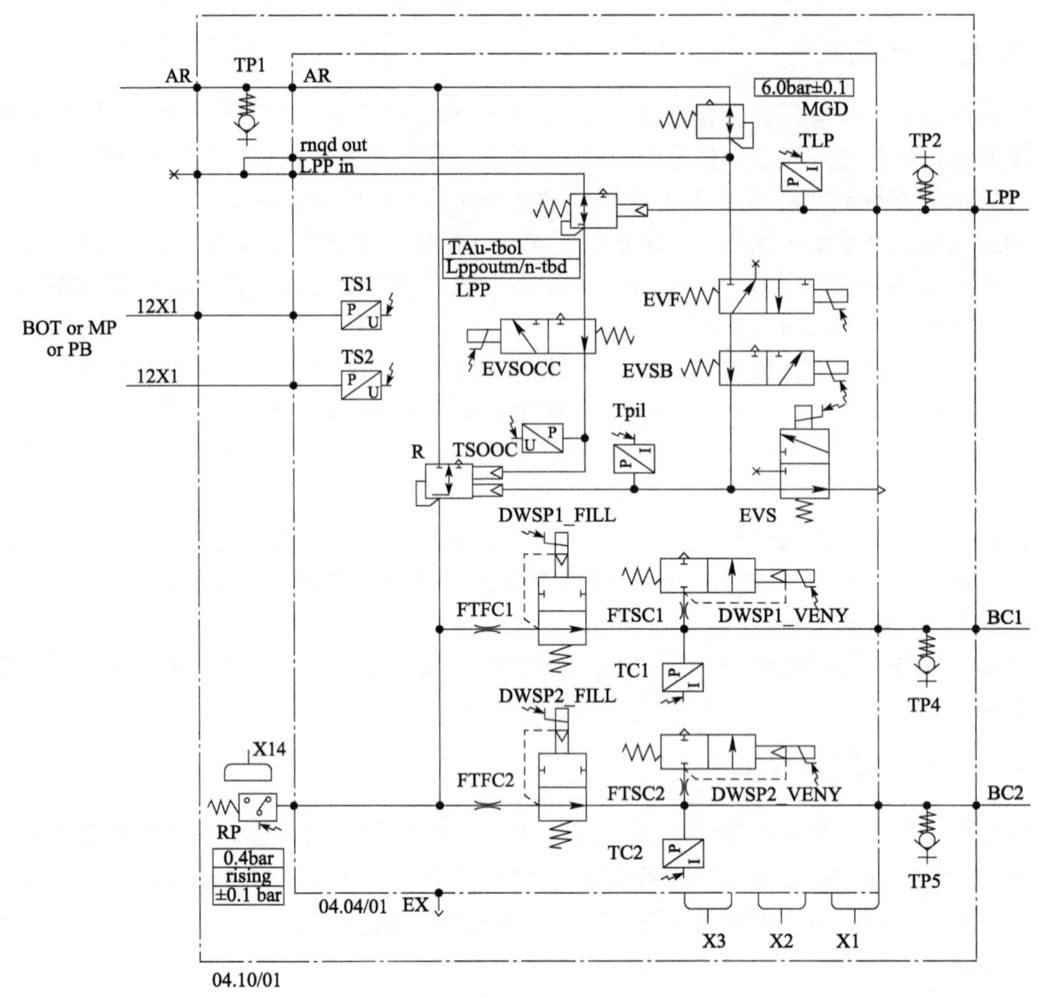

图 11-1 $EPAC_2$ 内部配置(气路图)

注:1bar = 0.1MPa。

$EPAC_2$ 通过电磁阀产生预控压力(电磁阀,压力传感器构成了电子控制的闭环),然后再通过中继阀输出压力。预控压力控制支路可以有不同的配置,不同的控制逻辑。

正逻辑产生预控压力(例如得电制动);反逻辑产生预控压力(例如得电缓解);反逻辑产生预控压力(同上, 此外增加强迫缓解功能)。

上海地铁 13 号线采用的逻辑是正逻辑产生预控压力,并增加了远程缓解阀功能。此逻辑为 $EPAC_2$ 内部逻辑,与车辆控制方案无关。

通过控制两个耦合的 EVF 和 EVS 阀来实现要求的制动反应时间。

$EPAC_2$ 通过 TC1 和 TC2 传感器检测单轴的制动缸压力，向列车提供单根轴的制动状态（制动/缓解）和单个转向架的状态。

制动缸的最大压力由内置的减压阀（MGD）来限制。

可通过 EVSB 阀（远程缓解）缓解常用制动，但是远程缓解只是缓解常用制动，并不会影响紧急制动的功能。紧急制动仍然可以根据情况缓解或者施加。

3. 紧急制动力的可选方案

紧急制动的压力几种可选方案如下。

（1）根据实际的重量产生紧急制动力（通过气路信号）。

（2）通过外部的分配阀。

（3）通过外部分配阀，且实现载荷补偿。

（4）直接限制在一个预设压力值。

紧急制动的预控压力实际上由内置的压力传感器（Tsaf）进行监控。

$EPAC_2$ 读取转向架两根轴的速度，并对单根轴进行防滑控制。

防滑的排风阀内置在 $EPAC_2$ 内部，因此它需要靠近转向架安装。

WSP 控制中内含一个硬件模拟计时电路来控制单根轴防滑阀得电纠正滑行的时间，如果超时，防滑阀会自动失电，保证制动重新施加。

$EPAC_2$ 需要安装在一个独有的基座上，如图 11-2 所示，并靠近转向架安装。

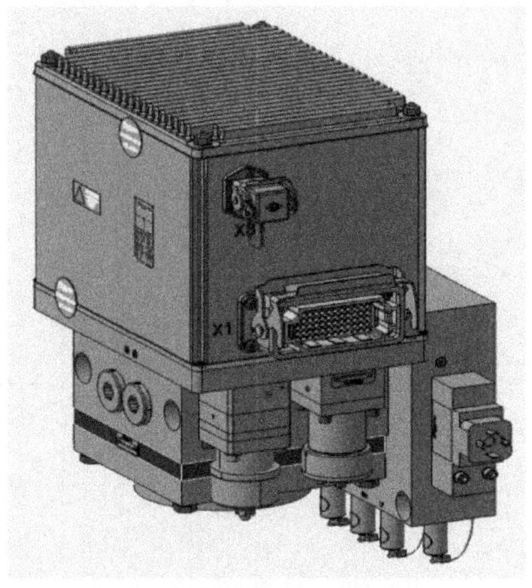

图 11-2　带基座的 $EPAC_2$

微处理器控制的系统能实现对系统命令和大量的系统数据的反应。

$EPAC_2$ 的系统功能充分考虑了牵引电机的特性、车辆参数（载荷）、制动模式和系统可用性等。

要求的操作模式应用在应用程序内，这个程序通过从制动系统和车辆与牵引逻辑收到的输入信号来识别操作模式。

$EPAC_2$ 可内置备用传感器 TS1、TS2、TS3、TS4 根据项目情况而定。

单元 11.2　$EPAC_2$ 制动控制原理和空气悬挂供风设备

一、$EPAC_2$ 制动控制原理

1. 电空常用制动

$EPAC_2$ 内部包含了 EVF、EVS 电磁阀（施加和缓解阀），3 个压力传感器 TA、TLP、Tpil 和主中继阀（R）。$EPAC_2$ 控制施加电磁阀和缓解电磁阀来对制动缸进行充风和排风。

动车 M 制动系统，如图 11-3 所示；拖车 Tc 制动系统，如图 11-4 所示。

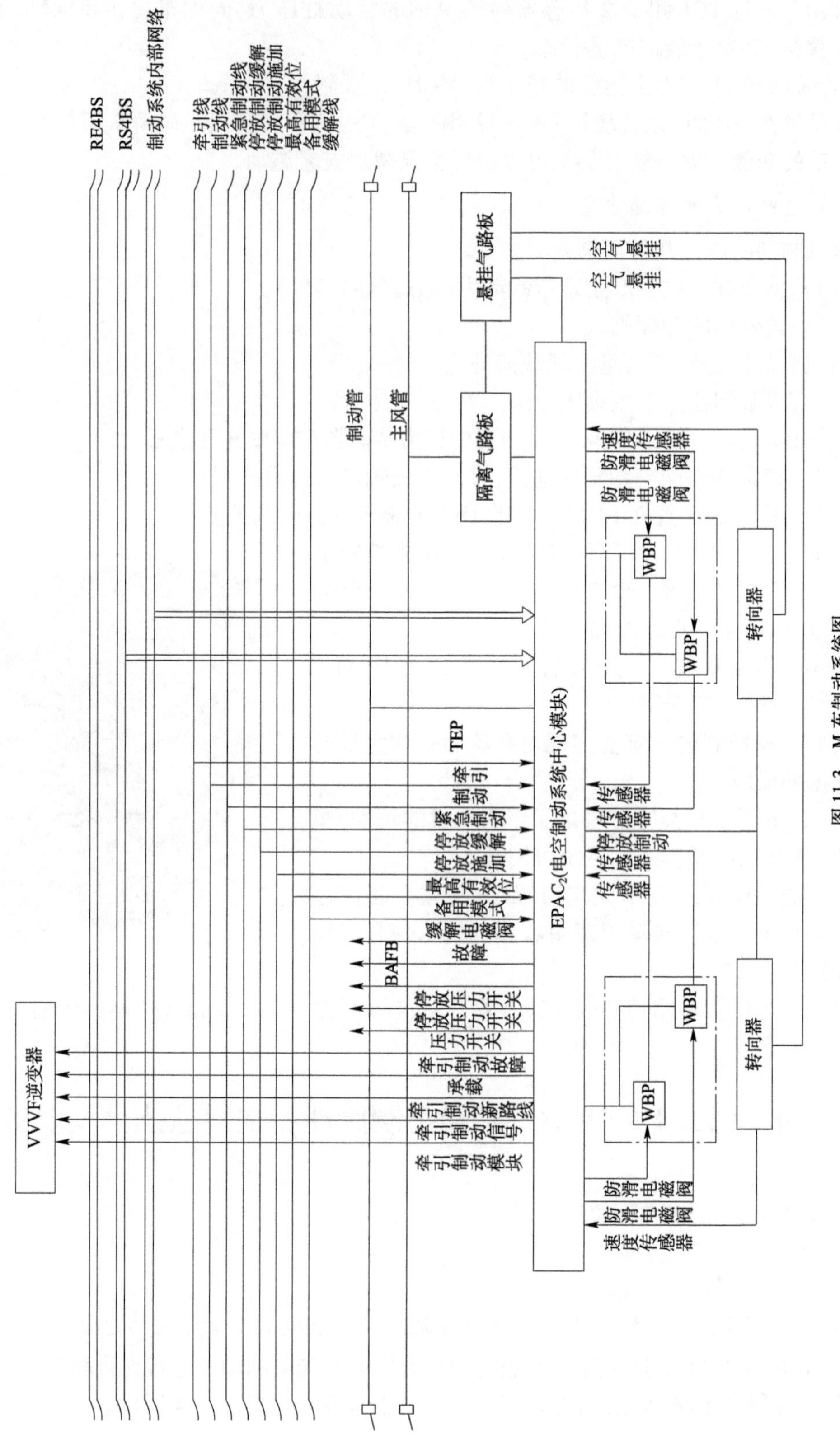

图 11-3　M 车制动系统图

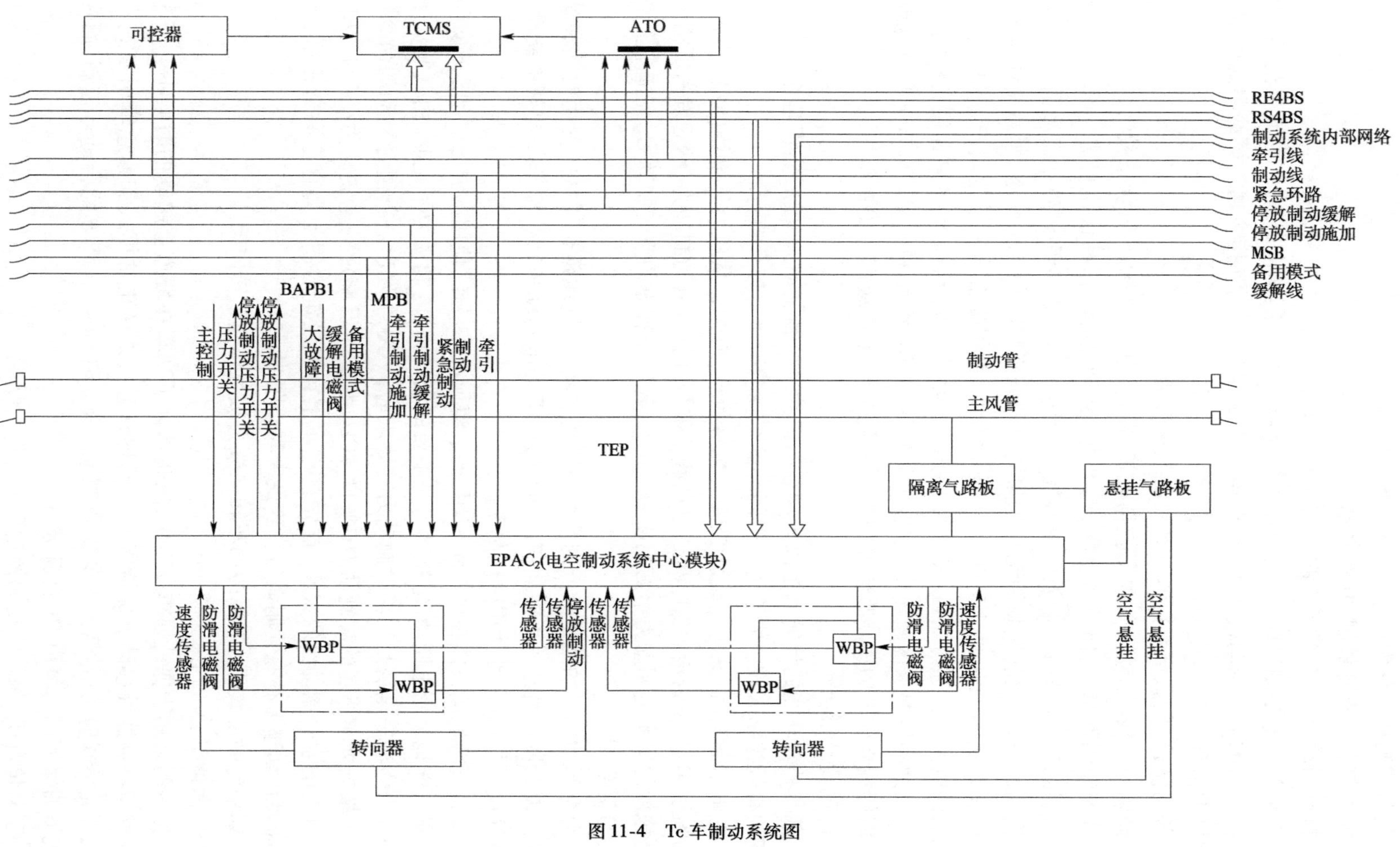

图 11-4　Tc 车制动系统图

制动控制功能分为:

输入信息要求施加制动(制动指令的产生)。

执行制动指令,最终产生制动缸的输入压力。

在正常的电空制动模式中,来自司控器或ATO的制动指令通过MVB发送给$EPAC_2$。

在正常的电空制动模式中,来自司控器或ATO的制动指令通过硬线发送给$EPAC_2$,主要包含以下信息:

备用模式(紧急牵引),紧急牵引状态被激活。

制动列车线(制动),如果司控器处于"制动"状态,制动逻辑状态激活。

快速制动列车线,如果司控器处于"快速制动"状态,激活快速制动。

牵引列车线(牵引),如果司控器处于"牵引"的状态,牵引逻辑状态激活。

安全回路列车线(紧急制动),如果司控器处于"紧急制动"状态,紧急制动状态激活。

$EPAC_2$从TCMS(通过MVB)收到制动命令,并根据混合制动逻辑施加制动。每个变流器所施加的电制动力通过MVB发送给$EPAC_2$。为了达到所需的制动减速度,空气制动可以结合电制动以达到所要求的减速度;或者电制动不可用(因为故障或者列车速度过低或者较慢的反应时间或者较低的线路吸收能力),采用纯空气制动满足制动要求。

1)载荷补偿功能

载荷补偿功能的目的就是以车辆载荷函数来控制制动力,最后实现整个载荷范围内的减速度的有效控制。该功能通过一个闭环的车辆载荷压力信号执行。

在电空制动时,该功能通过$EPAC_2$软件执行,$EPAC_2$从压力传感器(TLP)读取载荷信号,然后通过MVB发送给VCU;VCU根据载荷信号计算所需的制动力,然后发送所需的总制动力和已施加的单车电制动力给$EPAC_2$;$EPAC_2$计算所需补充的空气制动力,在拖车上平均补偿。

2)混合制动

混合制动的目的就是降低闸片和线路的磨耗,尽量地延长耗材的使用时间和减少灰尘的污染。混合制动就是尽可能地使用动车转向架的电制动来替代拖车转向架的制动力,保证制动减速度,尽可能少地使用摩擦制动。

交叉混合制动只能在列车级使用,如上海地铁13号线使用的混合制动逻辑如下:

尽可能地使用电制动;电制动力是主要的制动力,电制动力不足时,由气制动来补充。当电制动力无法完全满足车辆对制动力的要求时,VCU会发出进行混合制动的命令。此时$EPAC_2$会根据列车所需的总制动力(来自VCU)和此时已施加的电制动力(来自VCU),计算出所需补充的空气制动力的大小,首先在拖车上补充设定的制动力直至黏着极限,如果仍然不够,需要在动车上补充气制动力直到最大黏着限制。

如果电制动故障:故障的动车转向架会被视作拖车转向架。

3)保持制动

保持制动用于保证列车安全停站,也保证了列车在坡道上起动的时候不会溜车。也用于保证列车不会意外移动。保持制动在两种驾驶模式(正常模式和紧急牵引模式)下都可用。人工驾驶模式时,正常情况下的保持制动由FT和Siemens双方配合进行控制,而在紧急牵引模式下的保持制动将由FT自身进行。

正常情况下,保持制动的控制可分为两种情况:

$EB_0=1$,即制动时,全电制动可使列车速度至零;

$EB_0=0$,即制动时,在列车速度至零过程中需进行混合制动。

列车是否处于 EB_0 模式下,仅取决于所有牵引变流器的工作情况:当所有牵引变流器都正常工作时,EB_0 模式将被激活;而一旦有一台或更多牵引变流器发生故障,列车将退出 EB_0 模式。

在 EB_0 激活的情况下,VCU 会向 $EPAC_2$ 发送"disable stopping Brake"信号,在速度较低时,电制动力将下降。当 VCU 检测到零速时,VCU 将向 $EPAC_2$ 发送"stopping brake request"指令,当保持制动完全施加后,电制动将被切除。其具体情况,如图 11-5 所示。

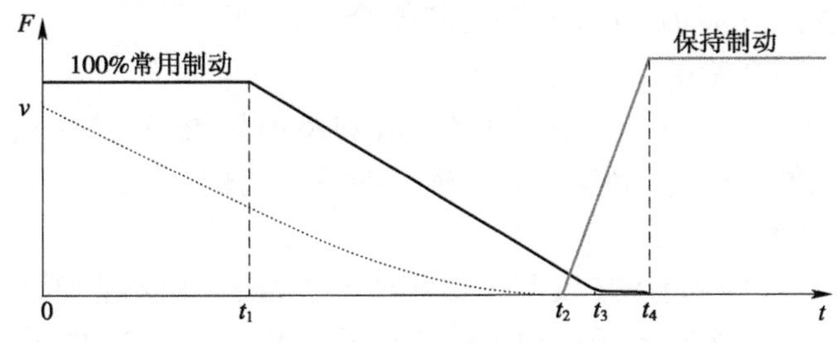

图 11-5　EB_0 下的保持制动

t_1:电制动力开始呈线性下降;

t_2:VCU 检测到零速,并向 $EPAC_2$ 发出"stopping brake request"指令,$EPAC_2$ 收到该指令之后,需要 1.2~1.5s 的建立时间产生空气制动;

t_3:列车完全停稳;

t_4:保持制动完全施加,电制动被切除。

在 EB_0 未被激活的情况下,列车无法完全靠电制动打到零速,在停车过程中 VCU 会向 $EPAC_2$ 发送"stopping brake request"指令。在一个短暂的延时后,空气制动将开始被建立起来,在此过程中电制动的下降速率将与空气制动的上升速率保持一致,当 $EPAC_2$ 检测到零速后将施加保持制动。为了将此过程中的冲击极限控制到最小,在空气制动完全取代电制动,且列车达到零速,但保持制动尚未施加的时候,制动系统所施加的气制动力将会迅速地减小,尔后开始施加保持制动。保持制动力的大小是根据载荷补偿确定的,而非一个固定值,即制动力大小是变化的,这样有助于将停车过程中的冲击控制到最小。整个非 EB_0 模式下的保持制动具体施加过程,如图 11-6 所示。

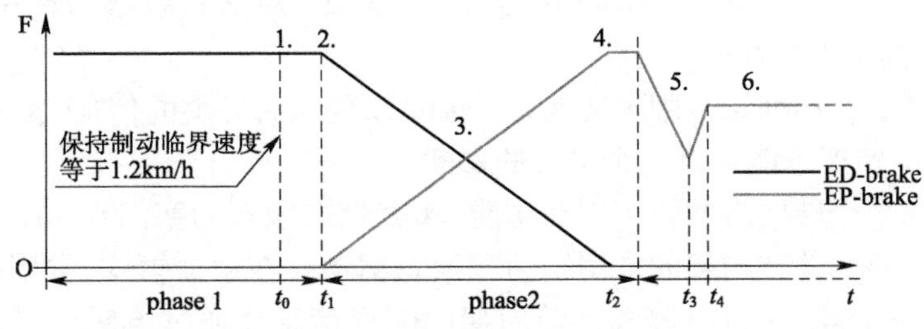

图 11-6　非 EB_0 下的保持制动

t_0:VCU 向 $EPAC_2$ 发出"stopping brake request"指令;

t_0-t_1:施加气制动前的时间延时;

t_1-t_2:电空制动开始转换,空气制动将逐步取代电制动;

t_3:$EPAC_2$ 检测到零速,开始施加保持制动;

t_4:列车停稳,保持制动施加完成。

保持制动缓解过程:

VCU 计算各牵引电机的牵引力值;

牵引力必须能够保证列车不会后溜;

发出牵引命令;

无制动命令;

VCU 向 $EPAC_2$ 发出"release holding brake"指令;

保持制动缓解,列车开始牵引。

保持制动通过产生一个部分的最大常用制动(典型值是70%,这个值通过制动计算确认,是一个软件设定值,该值可调)。制动力和车辆载荷成正比例。

4)监测和隔离常用制动

常用制动功能通常有内部监测(仅用于诊断和维护目的)和外部监测两种监测模式。

制动系统内部具备监测功能,每个 $EPAC_2$ 通过安装在 $EPAC_2$ 内部的传感器 Tpil、TLP、TS1 等监测常用制动的压力,同时通过 TC1/2 监测防滑阀下游的压力(在 $EPAC_2$ 内设置了压力传感器,每根轴一个压力传感器)。所有的压力传感器监测不同的压力,如表 11-2 所示。

每车的监控压力传感器 表 11-2

传感器	监测压力	反馈给车辆的信息
Tpil ($EPAC_2$)	常用制动控制压力	MVB
TLP ($EPAC_2$)	悬挂压力	MVB
TS1 ($EPAC_2$)	辅助风缸压力	MVB
TC1	轴 1 制动缸压力	MVB
TC2	轴 2 制动缸压力	MVB

如果压力超出了范围(太低或者太高),这些信息需要将发送到 MVB 总线。

如果 Tpil 监测到的压力超出范围,那么相关的转向架上的制动缸压力会被自动置零。

对于没有 MVB 总线的 $EPAC_2$,通过 FT 内部总线将监测到的压力信息传输给带有 MVB 总线的 $EPAC_2$,这些信息在整列车范围内都可以获取。总之,每个 $EPAC_2$ 都会存储内部的故障信息,以方便维护。如果 $EPAC_2$ 不可用(馈电或 $EPAC_2$ 故障),这些信息在 MVB 总线上无法获取,$EPAC_2$ 内部也无法获取。

外部的监测通过在整列车范围内读取每个 $EPAC_2$的压力开关的信息,这些信息在 MVB 故障或 $EPAC_2$ 故障的情况下能提供一个可靠的诊断。

如果要求隔离单个转向架的常用制动功能,那么带电触点的塞门 04.09 或者相应车上或车下隔离塞门能隔离相关转向架的常用制动和紧急制动。在救援模式,常用制动和紧急制动可以通过隔离电磁阀 04.33 进行隔离。转向架的隔离信息会通过电触点,传输到列车控制。列车将该信号传输给 $EPAC_2$,以产生用于控制的 MJF 信号。

2. 快速制动

快速制动是一种减速度类同于紧急制动的常用制动。因此混合制动和 WSP 都是可用的。

安全环路也是保持长的电缆解模式。

快速制动命令通过 MVB 或列车线发送给 $EPAC_2$。司机可以通过司控器触发快速制动，在快速制动位置，施加一个最大的制动力，100% 的减速度。快速制动和常用制动的操作一样（仅制动力的大小不同），因此监测和隔离与常用制动一致。

3. 紧急制动

在紧急制动模式下，列车必须在最小的距离内停车。司机可以通过操作紧急制动装置进而使安全环路断开来施加紧急制动。如果安全环路断开，安装在 $EPAC_2$ 内部的电磁阀 EV-SOCC 失电，紧急制动施加。

该项目通过减压阀给 LPP 阀供风，实现载荷补偿。此信号驱动中继阀 R 的预控腔室，将等同的压力充入制动缸。紧急制动不受其他设备影响。

作为冗余，每个 $EPAC_2$（如果可用）通过常用制动控制支路产生一个类似于最大的摩擦制动压力的压力（与紧急制动对应的减速度）。

如果额外的重量（悬挂压力大于 AW3 的压力），安全支路的中继阀的预控压力跟随 LPP 阀的特性，通过 $EPAC_2$ 内置的 MGD 阀来限制最大的压力。

由于载荷不一致而导致制动缸压力不一致，每个转向架都需要单独的 LPP 阀。因此每个 $EPAC_2$ 根据动车还是拖车的类别，安装在相应的转向架上。

紧急制动有两种不同的监测办法，即内部监测（仅用于诊断和维护目的）和外部监测。

内部和外部的紧急制动监测可以通过下述和常用制动同样的方式来实现。紧急制动的隔离方式和常用制动一样。如果 $EPAC_2$ 在紧急制动模式下仍然工作，那么基于 LCC 的目的，将计数和记录所有的紧急制动。

4. 停放制动

停放制动功能通过司机手动控制司机室内的按钮来激活。通过一个气路控制停放制动缸：司机台上的停放制动按钮通过列车线激活双稳态电磁阀（集成在隔离面板上）。

停放制动设计用来保护列车在静止状态下不溜车。此功能通过每根轴上的停放缸来实现。

为了施加停放制动，必须激活双稳态电磁阀。防叠加阀集成在制动缸上，防止常用制动和停放制动叠加施加。

停放制动支路的压力通过 MVB 总线向 TIMS 传输信息。两个压力开关（PBHigh 和 PBLow）给列车计算机提供了停放制动的状态（完全缓解或完全施加）。

停放制动有外部监测和内部监测两种监测方式。

外部监测是基于整列车的，读取停放制动面板（04.22）上压力开关的信息。若 MVB 故障或 $EPAC_2$ 故障，此监测功能还可以提供可靠的诊断信息。制动系统的可用压力开关的命名，如表 11-3 所示。

列车上的监控压力开关　　表 11-3

开关	监测的压力	车辆逻辑信息
$PB_{高}$	完全缓解停放制动的压力	硬线
$PB_{低}$	完全施加停放制动的压力	硬线

$EPAC_2$可以通过备用的转向架 2 的压力传感器 TS2 监测停放制动状态。这个值可以通过 MVB 传输到 TCMS。

带电触点的塞门(06.04)能实现停放制动的隔离,并且不影响相关转向架的常用制动和紧急制动的可用性。停放制动的隔离通过电触点发送信号给列车。若停放制动连接软管破裂,为保证运营,停放缸必须进行机械隔离。

5. 防滑保护

防滑保护是一个防止轮对制动时抱死的设备,避免滑行造成轮缘擦伤,但是制动距离会因为防滑而相应地延长。在上海地铁 13 号线项目里,防滑控制基于单根轴。系统通过测速齿轮和传感器来测量每根轴的速度。在系统层次,每个 $EPAC_2$ 都会计算整列车的参考速度。每个 $EPAC_2$ 控制相应转向架上的两根轴,因此单个转向架有两个速度传感器。

参考速度(VRS)的计算有可能是短时间错误的,尤其是两根轴长时间滑行。为了提高 VRS 的精度,$EPAC_2$ 需要通过 Echelon 网络参考其他 $EPAC_2$ 测量到的车轴速度。

无论制动内网中有多少根轴的速度信息,$EPAC_2$ 只使用 4 根轴的速度信息来计算列车参考速度:两值来自于相连的速度传感器,另外的两值来自于网络。

网络值的选择可以遵循下面的原则:轴 2 速度来自于 $EPAC_{2\,n-1}$,轴 1 信息来自于 $EPAC_{2\,n+1}$。

如果单根轴的速度和参考速度的差值和程序设置的极限值相差过远,$EPAC_2$ 操作防滑排风阀来实现需要的黏着值。

6. 回送

列车和双管制列车联挂,制动指令来自于列车管,并处理。Tc 车 $EPAC_2$ 使用内部传感器 TS_2 来读取列车管压力,并产生相应的制动力(使用常用制动模式)。其他的 $EPAC_2$ 通过 FT 内部总线获取 Mp 车 $EPAC_2$ 的制动指令。回送功能由回送硬线信号激活。

7. 隔离和停放制动面板

隔离面板包含过滤器可清洁来自于总风管的空气,2 个减压阀、1 个溢流阀和 2 个带排风的隔离塞门,分别用于隔离停放制动和悬挂供风。隔离面板安装在每车的中央框架上。隔离和停放制动面板,如图 11-7 所示。

二、风源系统

1. 风源系统的安装

为了便于安装,将风源及空气处理设备被安置在 Tc 车内的中心框架上。如图 11-8 所示。它包括了螺杆式空压机和空气处理系统,它为制动系统的各项功能提供压缩空气。

空气干燥系统过滤了压缩空气内的油和水,保证进入到总风管和总风缸内的风是干燥、清洁的。

空压机有三相电机(380V/50Hz)通过联轴节驱动。

本空压机为螺杆式空压机:输出流量大致为 950Nl/min,输出压力是 9.0bar。

风源系统含一个进气过滤器。

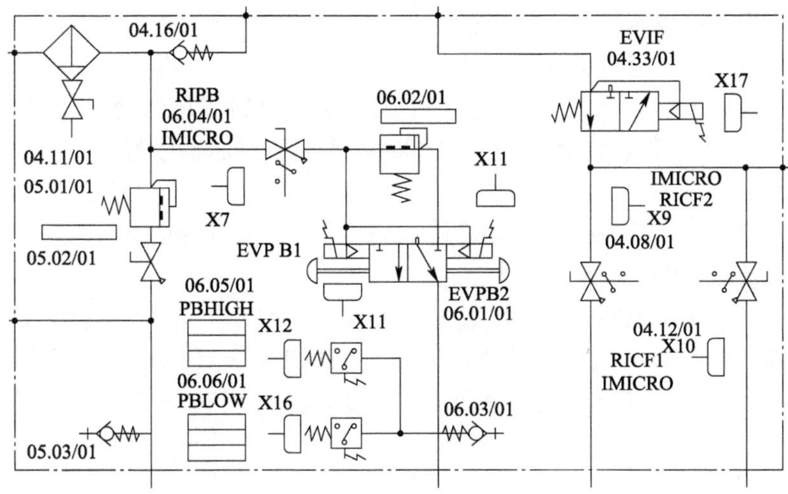

图 11-7　隔离和停放制动面板

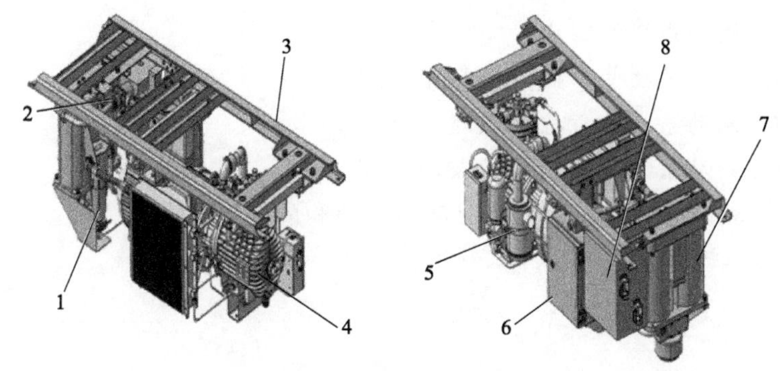

图 11-8　AGTU 框架的 3D 视图

1-过滤器;2-最小压力阀;3-框架;4-螺杆式压缩机;5-空气过滤;6-压力开关盒;7-空气干燥器;8-电气盒

2. 工作原理

空压机吸入大气空气,通过过滤器,并将其压缩到 1MPa。通过不同的中间部件,例如冷却器、前过滤器和干燥器后,将其送至出口。

由电动机驱动的风扇产生足够的空气流量,确保装置的冷却。

经过冷却阶段处理后,压缩空气到达干燥器,最高的温度为 +15℃,依照环境温度。

空气处理单元里,空气首先分离出水和油凝析液,然后在干燥塔里干燥。

之后,空气通过最小压力阀,到达出口部。压力信号用小管路传到压力开关面板,同时采取。

3. 控制原理

上海地铁 13 号线的空气压缩机启停由 VCU 控制,VCU 综合判断主风缸的压力、辅助系统的容量,并且根据单双日,如果相应 SKS(A11A/12A_02)模块输出为 1 时,该压缩机启动。

每列车配备两套完整的供气系统 AGTU(安装在两个拖车上),VCU 对空压机进行主辅模式设置。在正常情况下:

单双日信号为 1 的空压机为主空压机;

单双日信号为0的空压机为辅空压机;

单双日信号每隔一个运行工作日转换一次。

当一个被设置为主的空压机发生故障时,VCU在检测到满足启动空压机的条件后,会在列车两端Tc车的SKS模块(A11A/12A_02)同时输出空压机启动信号,从而启动辅空压机,达到继续运营的需求。

空压机的启动有VCU控制,$EPAC_2$通过MVB将总风压力传送给VCU,VCU根据此值控制车上两台空压机的启停。

当总风压力小于0.84MPa时,VCU通过相关SKS(A11A/12A_02)输出信号,控制主空压机启动。当总风压力小于0.75MPa时,VCU通过相关SKS(A11A/12A_02)输出信号,控制辅空压机启动。(主空压机已启动)当总风压力大于0.95MPa时,主辅空压机均停止工作。

复习思考题

1. 试述$EPAC_2$制动系统的组成。
2. 试述$EPAC_2$制动系统紧急制动的控制原理。
3. 试述$EPAC_2$制动系统防滑控制原理。
4. 试述$EPAC_2$制动系统快速制动的控制原理。
5. $EPAC_2$制动系统是如何实现常用制动的监测和隔离的?
6. $EPAC_2$制动系统是如何实现停放制动的监测和隔离的?

单元 12　ERV 制动系统和国产液压制动系统

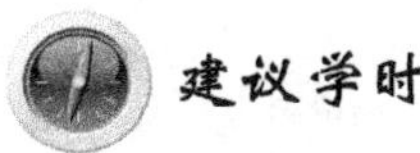
教学目标

(1)掌握 ERV 制动系统的气路原理；

(2)掌握 ERV 制动系统制动控制单元内部结构和功能；

(3)了解液压制动系统的组成和功能。

建议学时

4 学时

单元 12.1　ERV 制动系统简介

ERV 和 IERV 制动系统是由中车集团株洲机车厂和美国西屋制动机公司联合研制的，ERV 制动系统为车控式，IERV 制动系统为架控式。车控式 ERV 制动系统是首次应用于长沙轨道交通 2 号线上。这里只对车控式 ERV 制动系统的核心控制部件和原理进行介绍。

1. ERV 制动系统的气路原理

长沙地铁 2 号线 ERV 制动系统的气路原理如图 12-1 所示。每节车装配一个制动控制模块，它主要包括一个主风缸 MR，一个制动风缸 BR，一个悬挂风缸 SR 和制动控制单元 BCU。

主风缸 MR 储存用于制动系统及其他用风装置的压缩空气。主风缸的风经过塞门 BV1、过滤器 FV 分成 3 路。

(1)一路经单向阀 CV1 到制动风缸，为制动控制单元供风。制动风缸通过截断塞门向制动控制单元 BCU 供风，制动控制单元根据悬挂系统反馈的载荷压力及速度传感器反馈的速度信号对踏面制动单元进行气压控制。制动控制单元内集成压力传感器和压力开关，用于监测空气制动和停放制动状态。

(2)一路经过停放脉冲阀 EV 给停放制动缸供风。停放制动的施加和缓解是通过停放脉冲阀来进行控制的。该脉冲阀通过车辆电路来操作，且在电路失效时也可通过阀上的手动按钮进行控制。

(3)还有一路经溢流阀 OV，单向阀 CV2、辅助风缸 SR、减压阀 RV 和塞门 BV2 给空气悬挂系统供风。

截断塞门用于切除整节车或单个转向架的空气制动。

每根轴配置一个防滑阀,由制动控制单元进行控制,对输出到踏面制动单元的压力进行修正,减小滑行时的制动缸压力。每根轴配备两个踏面制动单元,其中一个带停放制动功能,是空气制动和停放制动的执行部件。

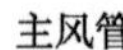

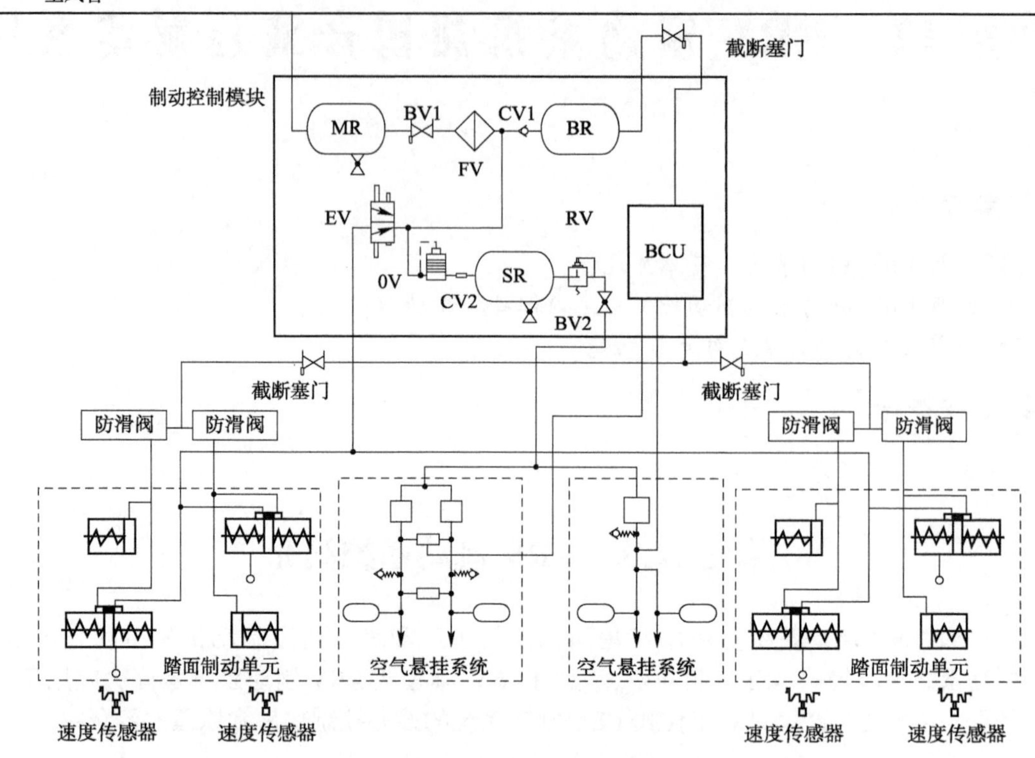

图 12-1　车控式 ERV 制动系统的气路原理

2. 制动系统配置

长沙地铁 2 号线采用由两个列车单元(TC-MP-M)组成的 4 动 2 拖六辆编组列车。每节车配置一个制动控制单元 BCU,负责本节车的空气制动控制,如图 12-2 所示。

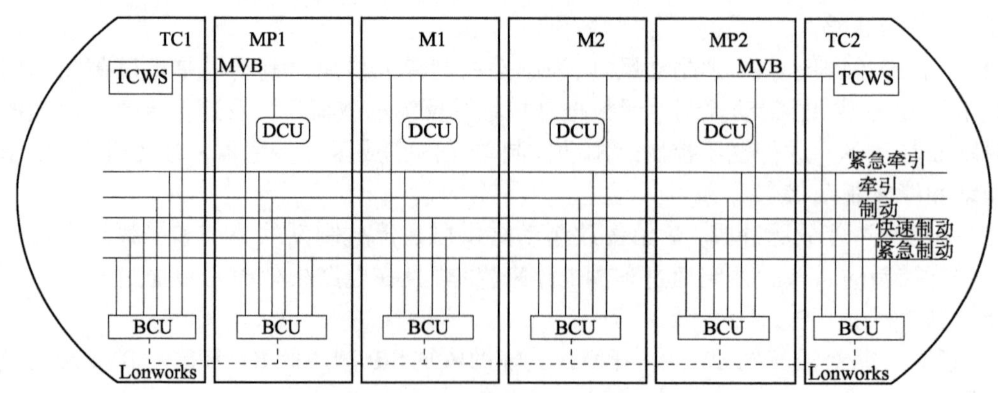

图 12-2　车控式 ERV 制动系统配置

每个 BCU 都连接到 MVB 车辆总线上,通过 MVB 进行信息的传递。同时,各 BCU 通过 Lonworks 网络连接,进行空气制动内部的信息传递。

BCU 不仅接收 MVB 传递的制动指令,同时也接收列车线指令(牵引、制动、快速制动、紧急制动、紧急牵引),进行制动控制。

3. 制动控制单元内部结构和功能实施方式

制动控制单元是制动缸压力的控制装置,内部包括电子制动控制单元 EBCU、电子中继阀、变载荷阀 VLV 等主要控制部件。

EBCU 是基于微处理器的电子控制单元,采用标准机箱,分为电源板、控制板、防滑控制板等控制插板,具有常用摩擦制动控制、电空混合制动控制、故障诊断、网络通信、车辆状态指示与通报等功能。

电子中继阀受电子控制单元控制,内含多个控制电磁阀,是制动缸压力输出控制的执行部件。中继阀 RLV 通过输入少量的预控制压力,控制输出到制动缸的大气流。紧急电磁阀 EMTMV 和紧急切换阀 EMTV 用于紧急制动和常用制动的切换。制动施加阀(AMVH、AMVL)和制动缓解阀(RMVH、RMVL)为高速电磁阀,用于常用制动压力的粗调和细调,与压力传感器 BCCT 一起进行常用制动压力的闭环控制,从而准确地输出所需要的制动缸压力。

变载荷阀用于提供与空气弹簧压力成比例的调节供给(RS)压力,该压力为当前载荷下的紧急制动压力。

制动控制单元内部气路原理如图 12-3 所示。

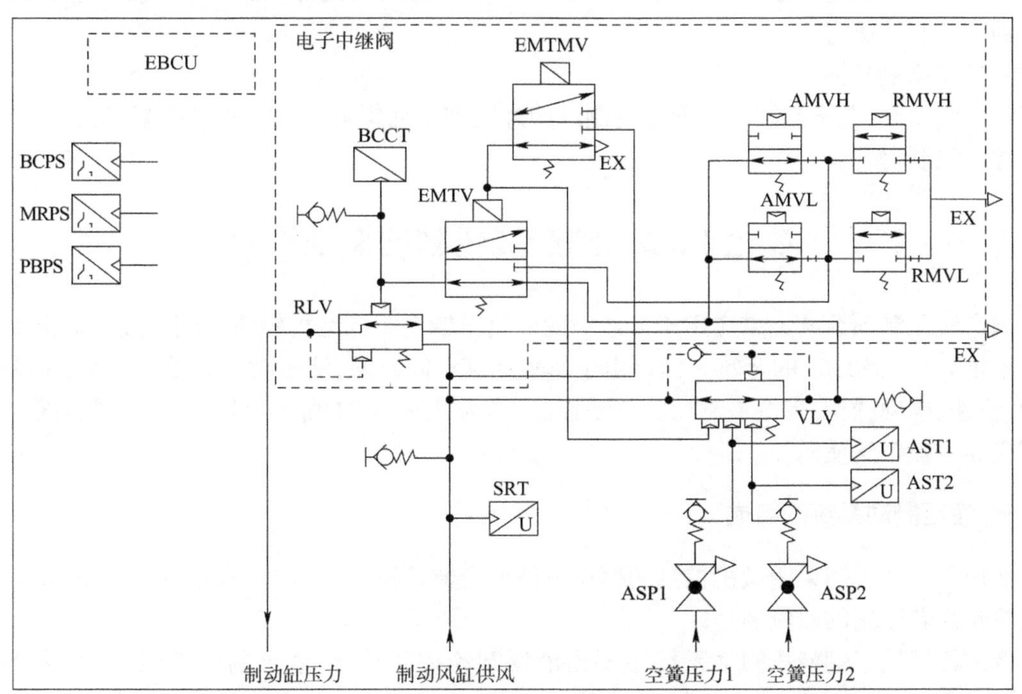

图 12-3　制动控制单元内部气路原理

1)常用制动实施方式

常用制动时,电子制动控制单元根据本车应施加的制动力计算出制动缸压力目标值,通过对制动施加阀和缓解阀的控制,将 RS 压力调节到制动缸压力目标值,作为预控制压力。预控制压力通过紧急切换阀的常用控制口输入到中继阀 RLV 的控制口,使中继阀输出常用制动压力到制动缸。

缓解时,制动控制压力通过制动缓解阀排出,制动缸压力随即通过中继阀排出,制动缓解。

2)紧急制动实施方式

紧急制动时,紧急制动电磁阀 EMTMV 失电,紧急切换阀 EMTV 将 RS 压力直接连通到中继阀 RLV 的控制口,使得中继阀输出紧急制动压力到制动缸,从而施加紧急制动。

紧急制动缓解时,紧急制动电磁阀得电,紧急切换阀将中继阀控制口的预控制压力从制动缓解阀排出,制动缓解。

3)防滑控制功能

电子控制单元内的防滑控制板上的防滑程序根据车轴速度信号来检测制动滑行。当检测到滑行时,通过对防滑阀内的保压电磁阀和排气电磁阀进行控制,来减小滑行轴的制动缸压力,从而减小该轴的制动力,使车轴速度尽快恢复。

4)载重补偿功能

常用制动的载荷补偿由电子控制单元内的控制板控制。控制板根据空气弹簧压力传感器(AST1、AST2)检测两个转向架的空气弹簧压力,计算车辆实际重量,修正制动缸压力目标值。

紧急制动的载荷补偿直接由变载荷阀实现,变载荷阀输出的 RS 压力直接调整为当前载荷下的紧急制动压力。

5)冲动限制功能

常用制动时,电子控制单元通过对制动施加阀和制动缓解阀进行实时控制,使制动缸压力按照冲动限制上升。

单元 12.2　国产液压制动系统简介

国产液压制动系统大多应用于低地板的轻轨车辆上。低地板轻轨车辆一般指地板距轨面高度不足 250 ~ 350mm 的轻轨车辆。由于车辆底部空间有限,液压制动凭借设备小,制动效果平稳、快速、准确,能实现电液制动的自动控制,作为补充制动的液压制动已在世界各国的城市轨道交通中被广泛使用。

一、液压制动系统的组成

低地板轻轨车辆采用微机控制的模拟电液混合制动系统,除传统的黏着制动外,还增加了不受轮轨黏着限制的磁轨制动。

低地板轻轨车辆液压制动系统主要由液压制动控制单元、电子制动控制单元、阀控制单元、液压制动夹钳、制动盘、磁轨制动、速度传感器组成。图 12-4 是三辆车(两动一拖)的液压制动系统组成。

二、液压制动系统的功能

液压制动系统主要包括常用制动、紧急制动、安全制动、保持制动及停放制动等功能，不同制动方式的组合实现不同的制动功能，如表 12-1 所示。

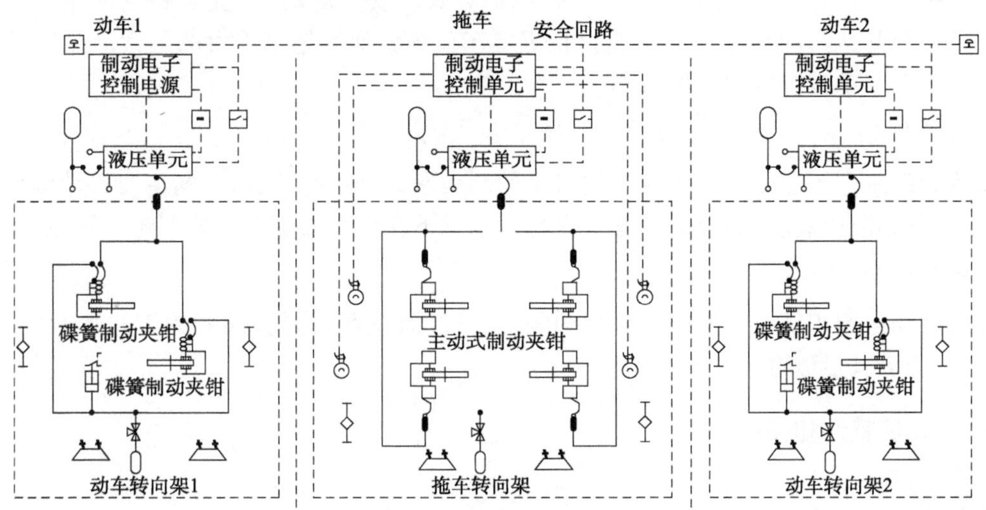

图 12-4　液压制动系统组成

制动逻辑表　　表 12-1

制动方式	电制动	液压制动(拖车)	液压制动(动车)	磁轨制动	撒砂
常用制动	√	√			
紧急制动	√	√	√	√	√
安全制动		√	√	√	√
保持制动		√	√		
停放制动			√		

1. 常用制动

常用制动采用电液混合制动，优先使用电制动，当电制动力不足或者失效时，由液压制动补足或者替代，尽可能减少基础制动的负荷。制动力控制以整列车为单位进行，牵引控制单元 TCU 进行制动计算，车辆控制单元 VCU 进行制动管理。EBCU 通过 CAN 总线将实时采集的拖车荷载发送给 VCU，VCU 转发给 TCU。TCU 根据制动指令和列车总的荷载情况计算出所需制动力，并据此施加电制动力。同时将实际电制动力与列车所需制动力进行比较，将比较结果反馈给 VCU。如果电制动力能够满足列车制动需求，拖车不施加液压制动；当电制动力不能满足列车制动需求时，VCU 通过 CAN 总线将需要补充的机械制动力发送给 EBCU，EBCU 据此施加液压制动。当 CAN 总线失效时，EBCU 根据制动指令的硬线信号和本车的荷载计算出需要的机械制动力，并据此施加液压制动。制动力的增加和减小根据冲动限制设定的速率进行，每辆车所承担的制动力受黏着力限制。

2. 紧急制动

紧急制动是电制动、液压制动和磁轨制动的联合制动，是在司控器放到最后一位时施加的制动。紧急制动时,EBCU 无须 VCU 控制,直接根据本车荷载施加不超黏着力的最大液压制动力,既可以保证制动力,又不至于轻易发生滑行。

3. 安全制动

安全制动环路为独立的系统,采用常带电的方式。安全制动时,安全制动环路失电,制动的施加过程与紧急制动类似,EBCU 直接根据本车荷载施加不超黏着力的最大液压制动力,但不同的是安全制动没有电制动的参与。

4. 保持制动

保持制动是列车短时间静止或进站采用的制动形式,通常车速低于阈值时自动施加,由动车、拖车的基础液压制动来完成,能够确保超员情况下在最大坡道上保证列车不发生溜滑。

5. 停放制动

停放制动是列车长时间静止时采用的制动形式,通过释放弹簧储能的方式控制停放制动力的施加,能够满足坡道停放需要。

三、EBCU 软件和硬件

1. 软件

软件主要包括主程序、制动控制子程序、防滑控制子程序。

(1)主程序。

进行一系列外设初始化后,循环进行数据化解析、标志位的设定、制动状态机的转换、定时的制动及防滑控制等。

(2)制动控制子程序。

制动控制子程序每 30ms 为 1 个控制周期,每个控制周期读入当前制动缸压力采样值,与制动缸压力目标值进行比较,调节 PWM 输出对制动缸压力进行精确控制,并且可以判断制动力不足、制动缓解等故障。

(3)防滑控制子程序。

防滑控制子程序每 10ms 为 1 个控制周期,每个控制周期根据速度传感器的信号计算轴速、轴减速度,确定基准速度,计算各轴与基准速度的速度差,综合轴减速度和速度差,判断当前车轮的状态,并根据当前状态调整压力输出,充分利用轮轨之间的黏着。

2. 硬件

EBCU 采用标准 3U 机箱,前面板出线,电路板为插板形式,主要由电源模块、开关量输入输出模块、防滑制动控制模块、网络通信模块、故障记录及人机接口模块等组成。

(1)电源模块。

电源模块包含完整的电磁兼容和过欠压保护电路,给 EBCU 提供稳定的工作电源。额定输入电压为 DC 24V,允许波动范围为 DC 16.8 ~30V。

(2)开关量输入输出模块。

开关量输入输出模块包括 10 路带光电隔离的 DC 24V 开关量输入通道和 6 路 DC 24V 开关量输出通道。每个输入通道都具有输入防反保护,同时带有逻辑自检电路,可以检测电路故障。每个输出通道都具有输出短路保护，同时都带有状态反馈自检电路，可以检测输出状态。该模块负责采集全列车控制硬线指令以及温度开关、压力开关的状态反馈和输出制动系统故障指示信号。

(3)防滑制动控制模块

防滑制动控制模块主要包括4路模拟量输入、4路频率输入和8路阀驱动模块。模拟量输入模块的主要作用是通过传感器将液压制动控制单元、制动缸中的压力值以及载荷信号转换为4~20mA的电信号，利用采样电阻转换为电压信号、再经过信号放大和滤波处理，最后经由电压跟随器传至主控CPU。频率输入带光电隔离，同时带有逻辑检测电路，可以检测信号故障，用于速度信号的采集。功率驱动模块采用驱动芯片，可以快速将主控CPU输出的PWM信号精确地转换为DC24V的驱动信号，为压力调整的比例阀提供驱动电流。

(4)网络通信模块。

网络通信模块采用CAN总线，是一架构在控制局域网路上的高层通信协议。CAN包括寻址方案、通信子协议及由设备子协议所定义的应用层。CAN支持网络管理、设备监控及节点间的通信，其中包括一个简易的传输层，可处理资料的分段传送及其组合。数据链路层及物理层通常用CAN来实现。

(5)故障记录及人机接口模块。

故障存储及人机接口模块具有4个按键和4位LED数码管，可显示状态和故障信息，还提供了128KB的故障信息存储空间，设置了与便携式测试装置通信的RS232数据接口，通过专用的测试软件，可以监控列车运行过程中的各种状态信息，如制动曲线、滑行信号以及电液混合信号等。

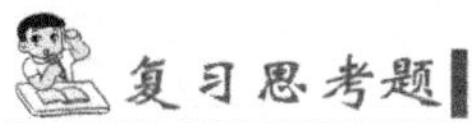

1. 根据ERV制动系统的气路图说明气路原理。
2. 试述ERV制动系统的内部结构。
3. ERV制动系统的常用制动功能是怎样实现的？
4. ERV制动系统的紧急制动功能是怎样实现的？
5. 简述低地板城市轨道交通车辆的液压制动系统的组成和主要功能。

单元 13 制动系统和制动部件检修及常见故障处理

教学目标

(1)掌握供气设备的检修方法;
(2)掌握制动控制单元和微机制动控制单元的检修方法;
(3)掌握制动系统各种制动部件的检修要求;
(4)掌握空气制动系统的常见故障,学会处理这些故障。

建议学时

8 学时

单元 13.1 制动系统及制动机部件的检修

一、供气设备的检修

1. 空气压缩机的检修

上海地铁列车多采用 VV120 型空气压缩机。对空气压缩机的检修要求如下。

1)空气压缩机的分解

(1)先把空气压缩机单元从车体上拆下。

(2)然后将空气压缩机与电动机分解开。

(3)分解空气压缩机。

2)空气压缩机各零部件的清洗

(1)压缩机分解后所有金属部件,用碱性清洁剂清洗。

(2)橡胶件清洗,需要用温热的肥皂水,以减少对橡胶件的腐蚀,再用清水冲洗,最后用压缩空气吹干。

(3)清洗空气压缩机外表及冷却器叶片,并对需要润滑的零部件进行润滑。

3)检查内部零件是否有损坏

清洗完成后,首先要对压缩机的零部件进行目测检查,检查是否存在裂纹、变形或锈蚀等损伤。

4)重要部件的检修

对于下列重要的部件，还必须进行详细的检查和测量，并根据需要，给予修复或更换。

(1)曲轴检修。

①检查曲轴有无裂纹。

②检查曲轴的螺纹是否有损坏。

③检查连杆支承点有无磨耗，某些轻微拉伤可经抛光修复。

④如果支承点磨耗严重或是褪色严重，或是实际尺寸已超出极限，则要更换整个曲轴。

(2)活塞和活塞销检修。

①检查活塞表面，如出现较大的拉伤，则要更换整个活塞。

②检查活塞销有无拉伤和擦伤；其表面应该平滑无拉伤，否则应更换活塞销。

③如果活塞或活塞销的实际尺寸超出了其报废尺寸的极限，则应更换该活塞或活塞销。

注意：如果要更换活塞，应整套更换连杆活塞总成，包括活塞环、活塞销和保持圈。在空气压缩机大修时，以下部件必须更换：轴承、针套，连杆轴承的导向环，活塞环、吸气排气阀、锁紧环、弹簧垫圈、轴密封环、密封圈、O形环和轴承环等。

5)空气压缩机测试

在空气压缩机装配完成后，应检验空气压缩机的功能是否正常。因此需要有专用试验台对空气压缩机单元的相关功能进行测试。在试验中，主要测量、控制下列参数。

(1)吸气口温度(即环境温度)。

(2)第一级压缩(低压压缩)后温度(未经冷却)。

(3)第一级压缩(低压压缩)后温度(经冷却)。

(4)第二级压缩(高压压缩)后温度(未经冷却)。

(5)第二级压缩(高压压缩)后温度(经冷却)。

(6)空负载情况下的输出压力。

(7)满负载情况下的输出压力。

(8)电动机转速。

注：先将空气压缩机热机运行20min，空气压缩机油至热油状态，热后放油，注意热油防止烫伤。将3L空气压缩机油注入空气压缩机冲洗，启动空气压缩机，将油打热后放出(注油和放油时，应对角注放)。然后再注入3L空气压缩机油冲洗，打热后放出。冲洗完毕后，将3.5~3.7L空气压缩机油注入空气压缩机。新油加注更换完毕。

新车运行3000km，更换空气压缩机油，其他车辆空气压缩机运行2000h或一年更换机油，也可视机油乳化情况提前更换。

2. 空气干燥器的检修

空气干燥器无须特殊保养，一般只做常规检查。由于空气干燥器里没有移动部件，因此一般不会有磨损的问题。如果发生故障需要修理时，须作如下检修。

(1)空气干燥器分解检查。拆开空气干燥器，必须首先要对分解后的干燥过滤器零部件进行清洁，并检查是否有裂纹、变形或锈蚀等损伤。

(2)干燥剂更换。如果在排水阀的出口处有白色沉淀物或干燥剂过饱和，必须检查干燥剂，如有必要则更换。一般来说，干燥剂每四五年需要更换一次。

(3)拉希格圈清洗。用于吸油的拉希格圈，可以用碱性清洁剂清洗，再用清水清洗，最后用压缩空气吹干即可。

(4)进行功能测试。干燥过滤器组装完成后,应对它的功能进行测试,测试应在专用试验设备上进行。试验主要检查干燥器是否有泄漏、排泄功能是否正常、消声器的工作效果是否好等情况。按照设计要求,经过干燥的压缩空气,其相对湿度应小于35%。这是必须要测试的项目,可以使用压力露点计或相对湿度计来检查其是否达到要求。

3. 干式空气滤清器的维护及更换说明

(1)遵守产品安全手册要求,检修工作只允许由受过专业培训的人员在授权车间进行,使用KNORR原装备件,必须保证在两次检修之间供气设备功能正常。

(2)内置干式空气滤清器可通过观察作为附加装置的真空指示器,当发现滤清器内侧脏污时要及时保养维护。

(3)压缩机运行1000h或最迟12个月后更换干式空气滤清器。

二、制动控制单元BCU的检修

1. 部件外观检查

对BCU中的各个部件,如称重阀、模拟转换器、紧急电磁阀、中继阀(均衡阀)、压力传感器、预控压力开关和整个测试接头进行外观检查及清洁。

2. 功能测试

在各个单独元件完成检查作业后,应对整个BCU单元进行整体的功能测试。测试需要在BCU专用试验台上进行。

BCU试验台采用单片机控制,用单片机模拟EBCU的电气控制信号,模拟各种制动工况,控制气制动单元执行相应的动作,并用高精度压力传感器测量预控制压力C_{V1}、C_{V2}、C_{V3}和制动缸压力C,以检测各项功能是否正常。

根据制动控制单元的结构,主要检测内容分为以下两部分。

1)综合测试

(1)常用制动测试。主要在紧急电磁阀得电的情况下,检测制动缸的压力是否与EBCU给出控制压力一致,并给出特性曲线。

(2)紧急制动测试。主要检测在紧急制动的情况下,制动缸的压力与载荷压力的关系是否一致,并给出特性曲线。

2)分项测试

(1)模拟转换阀检测。测试模拟转换阀的输出压力C_{V1}与给定的控制电压是否一致,并给出模拟转换阀特性曲线。

(2)压力开关检测。当预控制压力C_{V2}变化时,压力开关的回环特性是否与设定值相同。

(3)空重车调整阀检测。主要为当载荷压力T为0.285MPa时,测试预控压力C_{V3}与C_{V2}的对应曲线,以及当载荷压力T变化时预控压力C_{V3}的特性曲线。

(4)中继阀检测。主要检测制动缸压力C与预控压力C_{V3}是否一致,并给出中继阀的特性曲线。

(5)紧急电磁阀测试。检测紧急电磁阀是否正常工作。

(6)压力传感器检测。检测压力传感器的输出是否与压力成正比,并给出压力传感器的特性曲线。

3. BCU部件检修

1)模拟转换阀检修

模拟转换阀的主要检修内容与一般电磁阀相同。

(1)分解。分解工作需要使用专用标准工具。

(2)清洁。

①用化学清洁剂在一个70~80℃的热清洁池中清洗所有金属部件(不包括橡胶金属组合件),然后用压缩空气吹干。

②励磁线圈和电枢应用一块浸过温肥皂水的抹布擦洗,随后立即用压缩空气吹干。吹干后立即给电枢轻轻地涂一层硅脂400,之后擦掉电枢上多余的硅脂。

(3)检查。

①应仔细检查已清洁部件的外观。如果出现裂纹、变形、腐蚀或螺纹变形等损伤,且受损部件外观检查后不能继续使用,则应更换。

②对于某些部件,除必须进行目检以外,还须进行其他附加检查,主要部件如下:

励磁线圈:仔细检查励磁线圈的保护层是否断裂,触针是否被锈蚀或已变形。更换受损的励磁线圈。

磁铁架:检查磁铁架内阀座的状况,若阀座损坏,则应更换磁铁架。

电枢:检查电枢的阀座的状况,如果凹陷情况达到或超过0.3mm,就应更换电枢。

压缩弹簧:压缩弹簧应符合规定的自由高和压缩高要求,并且其弹力值必须符合有关技术要求。

③每次检修时均应更换非金属环(O形环)、垫圈和夹紧销。

(4)组装。

①组装工作需要使用专用标准工具进行。

②组装前应给O形环和电枢涂上少许硅脂400。电枢上多余的硅脂要擦掉。

③应按与拆分工作相反的顺序组装。各紧固扭矩应符合有关技术要求。

(5)测试。

①应按相关的检验技术要求说明对模拟转换阀进行检测。

②进行检测时须注意有关在电、气动设备上进行作业的安全规范。

③如果检验结果正常,则要在检查后贴上不易脱落的检验标志。

2)紧急电磁阀检修

(1)紧急电磁阀的分解。

①修理紧急电磁阀时除拆卸克诺尔K环时需要用到一个安装专用钩外,不需要任何特种工具。

②如果紧急电磁阀的外表面很脏,则须在开始工作前先除去不洁物。工作步骤一定要按照相应的检修指南进行。在分拆时请注意不要损伤密封面和阀座。

(2)清洁。

①用化学清洁剂在一个70~80℃的热清洁池中清洗所有金属部件(不包括橡胶金属组合

件),然后用压缩空气吹干。

②在清洗铝合金部件时,清洁剂的腐蚀率必须符合有关技术规定。

③在温肥皂水中清洗活塞、阀盘、导向套管、环、撑条和垫圈,并立即用清水冲洗,然后用压缩空气吹干。

④原则上橡胶环在检修后都将被更换,无须清洗。

(3)检查和修理。

①应当对已清洁的部件认真进行一次目检。如果查出部件有断裂、变形、腐蚀或螺纹变形等严重影响部件继续使用的损伤,则应予以更换。

②有些部件除了必须目检外,还须进行其他附加的检查或返修工作。

外壳:阀座上和外壳孔内的轻度划痕可通过二次抛光除去。必须符合规定的尺寸和活塞表面粗糙度,否则应更换新的外壳。

活塞(整体):应使用环规检查活塞是否符合图样技术要求的控制尺寸;检查活塞的阀座和活塞裙是否受损。如果有划痕,就应将活塞连同整个阀套一起更换(成套备件)。

阀盘:检查橡皮阀座是否受损,若橡皮凹进0.4mm或凸起0.2mm以上,则必须更换阀盘。

检查阀套的环及阀门套管的撑条是否受损,若有划痕,则应将整个阀套连同活塞及整个阀门套管一起更换(成套备件)。

压缩弹簧:应符合技术要求中规定的弹簧长度和弹力要求。

③每次检修之后都应更换克诺尔K环以及所有安全环和O形环。

④如果型号铭牌已不清晰,也应予以更换。

(4)组装。

①在组装紧急电磁阀之前,应给所有克诺尔K环、O形环以及各个滑动面和导向面涂上少量通用润滑脂。安装克诺尔K环时,需要用安装专用钩。

②紧急电磁阀的组装应按照图样要求并按照与拆分相反的顺序进行。

③应用8N·m的扭矩将阀用电磁铁的螺母拧紧。

(5)检测。

①电磁阀的检测应按照检测说明来进行,进行检测时须注意有关在电气动设备上进行作业的安全规范。

②若检测结果合格,则应贴上不易脱落的检验标志。

3)称重阀的检修

(1)称重阀的分解。

①修理称重阀时,除拆卸克诺尔K环时需要用到一个安装专用钩外,不需要任何特种工具。

②若称重阀的外表面不洁净,则须在开始工作之前先除去脏物。其工作步骤一定要按照所给顺序。在分拆时注意不要损伤密封面和阀座。

(2)清洁。

①所有金属部件用化学清洁剂在一个70~80℃的热清洁池中清洗,然后用压缩空气

吹干。

②在清洗铝合金部件时，化学清洁剂腐蚀率必须符合有关技术规定。

③橡胶或塑料的外皮可用一块浸了肥皂液的湿布擦洗。然后马上用清水再擦一遍，用压缩空气吹干。

(3)检查。

①应对已清洁的所有部件认真地进行一次目检。如果查出部件有裂纹、变形、腐蚀或螺纹变形等影响部件继续使用的损伤，就应换上新的部件。

②铭牌若变得模糊不清时，则须更换。

③有些部件除必须进行目检以外，还须进行其他附加的检查或再加工工作。

外壳：阀座及衬套内表面上的轻度划痕可通过二次抛光除去，必须符合尺寸和表面粗糙度的要求，否则应换上新的外壳。

压缩弹簧：弹簧的压缩长度及弹力必须符合相关技术要求，否则应更换压缩弹簧。

阀盘检查：检查阀座橡胶密封件是否受损，如果橡胶密封圈凹进 0.4mm 或凸起 0.2mm 以上，就必须更换阀盘。

阀杆及弹簧座及支撑面检查：阀杆、弹簧座及所有支撑面的轻度划痕可通过二次抛光除去，必须符合尺寸和表面粗糙度的技术要求，否则更换。

滚针轴承及球形衬套检查：运转不均匀或运转滞涩时需更换。

(4)组装。

①组装限压阀之前，应给所有环形以及各个导向面和滑动面涂上少量通用润滑脂。

②使用标准螺栓扳手用手拧紧螺旋塞及圆柱头螺栓。

③按照与分拆相反的顺序组装。

(5)检测。组装完毕后应将限压阀置于试验台上，按照规定的检验项目进行检验和设定。并粘贴检验合格标识。

4)均衡阀的检修

(1)均衡阀的分解。

①拆分均衡阀时应使用由标准工具和厂家提供的一个安装专用钩，用于拆卸及安装克诺尔 K 环；一个取膜器用于拆卸及安装罐式隔膜。

②若均衡阀的外表面很脏，则须在开始工作前除去脏物。工作步骤一定要按照所给顺序。在分拆时请注意不要损伤密封面和阀座。

(2)清洁。

①必须注意清洗剂生产厂家给出的使用说明。清洁零部件时不允许损伤密封面和阀座。

②检修时更换所有齿形垫圈、密封环和 O 形环。

③用化学清洁剂在一个 70 ~ 80℃ 的热清洁池中清洗所有金属部件(不包括橡胶金属组合件)，然后用压缩空气吹干。在清洗铝合金部件时，化学清洁剂腐蚀率必须小于 $420mg/m^2h$。

④将阀门导管和阀门体在微温的肥皂水中清洗，然后马上用清水冲净并用压缩空气吹干。将滤筛用适当的清洗剂清洁。

(3)检查修理。

①应对已清洁的所有部件认真地进行一次目检。如果查出部件有裂纹、变形、腐蚀或螺纹变形等影响部件继续使用的损伤,就应予以更换。

②如果铭牌变得模糊不清时,必须更换。

③检查控制室的表面粗糙度和阀门套筒的阀座及损伤情况,必须符合规定的尺寸和表面粗糙度,否则应更换控制室。检查喷嘴孔 D_1、D_2以及克诺尔 K 环的放气孔是否通畅。

④检查阀内的压缩弹簧,当弹簧长度为 17mm 时,弹力必须至少为 74N,否则应更换压缩弹簧。

⑤检查阀门导管尺寸和表面粗糙度必须符合规定的要求,否则应更换阀门导管。

⑥检查均衡阀各阀座橡胶密封件是否受损。若橡胶凹进 0.4mm 或凸起 0.2mm 以上,则应更换。

⑦检查阀门体滑动面的接触面的表面粗糙度。尺寸和表面粗糙度必须符合规定的要求,否则应更换阀门体。

⑧检查导管面的表面粗糙度和螺纹的状况。若发现表面粗糙度不符合规定的要求或螺纹有损伤,则必须更换螺纹衬套。

⑨检查克诺尔 K 环的进气孔和 B1、B2 是否通畅。

(4)组装。

①各个部件都必须经过检验合格并备好。

②在组装之前要给罐式隔膜、克诺尔 K 环、扁平密封圈、O 形环、压缩弹簧、阀门导管和阀门体滑动面、控制室中的罐式隔膜的阀盘等部件的外表面涂少许通用润滑油。

③组装均衡阀应按照与分拆相反的顺序进行。

(5)检测。

①进行检测时须注意在电气动设备上进行作业时的相关安全规范。

②检查均衡阀时须按照相关的检验说明进行。

三、制动微机控制单元 EBCU 和防滑系统的检修

1. 制动微机控制单元的检修

制动微机控制单元的检修,除了正常的清洁以外,需要对 EBCU 的功能进行测试。以下是测试操作过程。

(1)启动手动测试界面。

(2)选择“Trailer Car”/不选择“Parking Brake”/选择“Holding Brake” = T。

(3)当速度信号为 0km/h,ECU 把 C_V压力调到 0.2MPa 左右。

(4)“Holding Brake” = F,C_V压力减到 0 MPa。

(5)把红色“V_1”滑块慢慢向上拖动,直到列车速度变为 20km/h;检查速度信号的 Analong Output 的值是否相应变大。

(6)选择 Digital Input 的“Brake” = T 并且用鼠标点击“Brake Demand”的上升按钮;检查 C_V压力值是否随着 Brake Demand 值增加。

(7)给车轮 2 一个单独速度信号。检查 ECU 是否规律性地给相应减速轴的防滑阀发送数

字信号。

(8)设置操作模式 V1 = V1... V4 为 ON。用鼠标拖动 V_1 滑块直到速度信号为零。设置 Brake Demand 值为 0%。并 Digital Input 的"Brake" = F。

(9)检查 C_V压力减到 0MPa。

(10)退出手动测试界面。

2. 防滑系统的检修

1)防滑电磁阀分解

(1)除了标准工具之外还需要用到一个微调转矩扳手(5N·m)。

(2)有些部件在拆下后或在每次检修时,原则上都应以新的部件来替换。这些需替换部件应该在分拆设备时挑出另放。

(3)按照规定的步骤拆卸该阀。

2)清洁

(1)用化学清洁剂在一个 70~80℃的热清洁池中清洗所有金属部件(不包括橡胶金属复合件),接着用压缩空气吹干。在清洗铝合金部件时,化学清洁剂腐蚀率必须符合有关规定。

(2)必须注意清洗剂生产厂家给出的使用说明。

(3)在温肥皂水中清洗阀用电磁铁的电枢、排气阀和阀门支架,并立即用清水冲洗,然后用压缩空气吹干。

(4)用一块干布清洁阀用电磁铁的线圈架。

(5)用石油醚(即清洁用去污轻汽油)清洁滤网。

(6)防滑阀外表面上腐蚀产物和程度严重的脏污可用金属软刷除去。

(7)原则上检修时必须更换的部件不需要清洗。检修时所有橡胶部件和隔膜都需要更换,无须清洗。

3)检查

(1)应对已清洁的部件认真地进行一次目检。若查出部件有裂纹、变形、腐蚀或螺纹变形等影响部件继续使用的损伤,则须更换。

(2)有些部件除必须进行目检以外,还须进行其他附加的检查或再加工工作,必须符合规定的尺寸和表面粗糙度的要求,否则应更换相应的部件。

①外壳及阀座:外壳及阀座上轻度划痕可通过二次抛光除去。必须达到表面粗糙度要求,否则应更换。

②阀用电磁铁:检查金属密封面和电枢的橡胶阀座是否有损伤,如果有损伤或橡胶凹下、隆起 0.3mm 以上,就须更换阀用电磁铁;检查线圈盒是否有损伤或裂缝,并检查接地连接情况;检查电枢套筒的内阀座以及电枢座孔的状态是否完好,电枢套筒在线圈盒中必须能轴向灵活转动,外壳上的孔与电枢套筒的直径之间的游隙必须至少为 0.2mm。

③压缩弹簧:弹簧长度及弹力必须符合相关的技术规定,否则应更换压缩弹簧。

(3)对于带喷嘴的防滑阀,还要检查喷嘴是否损坏。必要时更换喷嘴。

(4)若铭牌已模糊不清则应更换。更换铭牌时要使用新的带槽铆钉。

4)组装

(1)按照与分拆相反的顺序进行组装。组装必须按有关规范进行。

(2)待用的阀用电磁铁必须已经过检修及检验合格后备用。

(3)安装阀用电磁铁时必须根据电接触销的位置将其正确放置。电枢的衔铁弹簧不允许装错。

(4)组装之前应给所有密封环、O 形环、压缩弹簧以及各个滑动面和导向面涂上少量润滑脂。

(5)组装防滑阀时,应按照规定的拧紧力矩拧紧螺纹连接件。

5)检验

防滑阀的检验应按照相关的检验说明来进行。在通过检验的防滑阀上贴上一个不易脱落的检验标志。

四、单元制动机的检修

由于城市轨道交通车辆转向架上带有动力,车体底架下方与转向架之间没有足够的空间来安装类似于铁路车辆的基础制动装置,因此城市轨道交通车辆都采用单元制动机。

1. 单元制动机定期检查

(1)目测检查锁紧片、橡皮保护套、闸瓦卡簧及其各螺栓、扭簧轴销卡簧。要求均无异常,卡簧无断裂、脱落。

(2)检查管路及紧固件。要求管路无泄漏,紧固件完好无松动。

(3)检查闸瓦。要求闸瓦最低处厚度大于或等于 12mm,要求闸瓦未磨耗到限时,测量闸瓦踏面间的间隙,调整间隙至 12 ±1mm;然后检查停车制动功能(包括人工缓解在内)。

2. 单元制动机定期检查测试

(1)对制动机做外观清扫。

(2)松开闸瓦连接螺栓、螺母,取下挡圈环,抽出扭簧心轴,取下吊臂。

(3)拧下定位弹簧螺套,对弹簧片进行清洗;清洁后,在弹簧片上涂薄层润滑油。

(4)将制动单元吊至试验台上进行功能及泄漏测试。

(5)安装吊臂扭簧、心轴扭簧,并将挡圈环扣好,其中扭簧和心轴涂上薄层润滑脂,螺杆表面涂润滑脂。

(6)将闸瓦托连接螺栓插上,并将螺母拧紧。

(7)检查、清洁皮腔,并对其润滑。

(8)更换闸瓦。

3. 单元制动机大修分解清洗作业

(1)对于制动机的金属部件可以用化学清洗剂;清洗剂在不同的温度下都能保持较好的清洗和除油性能,最好能在 70 ~80℃清洗,在这个范围内清洗效果比较好;清洗完成后应立即用压缩空气吹干。

(2)橡胶件和塑料要全部更换。

(3)保持外表面干燥的前提下用钢丝刷除去外表面上的锈迹和附着物。

4. 单元制动机部件的检查与修理

(1)在清洗完所有部件后,首先进行目测检查。更换损坏的零件,如裂纹、严重腐蚀或螺纹变形。其中，必须更换的部件有：六角螺母、簧环、软管夹、皮腔、O 形圈、垫片、环、弹簧垫片、止动螺栓、轴衬、干燥轴衬、外包装、密封环、滑块、挡圈、轴衬、过滤器、弹簧、弹簧垫圈等。

(2)除目检外，一些重要的部件还须进行特别检查。

①箱体：检查箱体有无受损以及受损程度大小，若有必要则参考图样。尺寸要求和表面粗糙度要符合图样规定；检查轴承销孔的磨损情况，不得大于 0.2mm。磨去细微擦痕，粗糙度要符合标准。孔径内表面不能有深的裂纹，否则要更换。

②心轴：把推力螺母旋进心轴，测量轴向间隙。若超过 0.8mm，则须更换心轴。可以在心轴上装上杆头，一边啮合，一边测量行程。若行程小于 0.6mm，则须进行更换。

③推力螺母：把推力螺母旋进一根新的心轴，测量轴向间隙。如果超过 0.8mm，就应更换螺母。

④压簧：压缩至 16mm 时，压力要达到 200N，否则更换压缩弹簧。

⑤调整螺母：检查调整螺母的密封表面，磨去细小擦痕。

⑥活塞：测量活塞内孔直径，不能超过规定的尺寸。密封表面要符合粗糙度要求，否则要更换。把心轴放在活塞的空心处，心轴必须能朝一侧倾斜 5°，并留有间隙使其不会碰到活塞。如果两者接触，活塞上空心处将变形，活塞要更换。检查活塞的环形槽，密封表面要符合粗糙度要求。检查深槽推力球轴承，深槽推力球轴承的动作必须平稳、自如。一根新的管子旋进心轴，测量间隙，如果超过 0.3mm，就要更换心轴。检查风缸轴上轴承点，要符合规定的最大直径和粗糙度要求，否则要更换。检查风缸活塞接触面，要符合规定的最大尺寸和粗糙度要求。

在装配前，对有特殊要求的一些零部件需要进行润滑，采用的润滑剂及润滑方法一定要严格遵守制造商的相关规定。以 PC7YF 为例，重要的润滑操作有：装配前，所有内部零件和表面，包括箱体、密封圈、O 形圈上涂一层 Fuchs RenolitHLT2 润滑脂或等效润滑脂；箱体和风缸的活塞接触面要用手或油脂枪润滑；用刷子润滑时，确保刷毛没有黏结在接触面上，销子和螺钉铰接处的滑动面也要润滑；安装在调整螺母上的零件，摇杆头上的心轴需要用 Staburags NBU 30 PTM 润滑脂或等效油脂润滑。

5. 试验

单元制动机组装完成后，需要进行试验。其主要的测试项目如下。

(1)压力试验。

(2)泄漏试验。

(3)调节性能试验。

(4)制动力试验。

(5)紧急缓解试验。

单元 13.2　空气制动系统常见故障处理

一、气路/机械故障

1. 管路/接头漏气

(1)故障现象。对于空气制动系统，管路或接头处有漏气现象是一种很常见的故障。

(2)原因分析。主要原因是橡胶老化、断裂、安装不到位或螺纹连接不当,造成密封不严而漏气。

(3)故障排除方法。更换已老化的橡胶气管或密封元件,并重新对阀件或管路进行安装紧固,然后用专门的泄漏试验剂或普通的肥皂水检查密封情况。若无泄漏则故障排除。

2. 压力值偏差

(1)故障现象。城市轨道交通车辆出现过常用制动压力、快速制动压力均符合标准值要求的范围,但大部分列车的紧急制动压力值偏高。

(2)原因分析。经检查发现,紧急制动压力值偏高是由于车辆运行较长一段时间后,制动控制单元 BCU 中称重阀的调整螺钉松动而造成的。

(3)故障排除方法。通过调整称重阀的调整螺钉 B、A,重新整定其特性曲线的 P_0及 α 的大小,从而实现校正经称重阀调整的输出压力值,即紧急制动压力值。

3. 闸瓦间隙调整器自动调整距离有偏差

(1)故障现象。车辆架修时要进行踏面制动单元试验。其中包括闸瓦间隙调整器试验。在常用制动时,每次作用所测得的推杆头的调节量应小于预设的有效踏面制动行程推出行程 5mm,但调节量会出现 1 ~2mm 的偏差。

(2)原因分析。经分析发现,长时间运用的踏面制动单元,由于内部调节衬套和进给螺母之间啮合面有磨损以及压缩弹簧力有可能改变,导致调节量出现偏差。

(3)故障排除方法。更换内部调节衬套和进给螺母之后,重新试验,结果正常。

4. 空气干燥器故障

(1)故障现象。经常在空气干燥器消声器的排泄口发现白色沉淀黏附物。

(2)原因分析。经研究分析为干燥剂已过饱和,再生能力达不到要求。

(3)故障排除方法。更换干燥剂后故障排除。

5. 闸瓦破损/断裂

(1)故障现象。在实际运用中,闸瓦出现断裂、崩缺和掉块等现象。

(2)原因分析。正常情况下,投入运营使用的闸瓦摩擦表面应平整、均匀。但在实际运用中,闸瓦因为本身材质问题或因为制动力过大而出现断裂。若长时间使用,则会进一步加剧断裂深度而崩缺或掉块。

(3)故障排除方法。更换闸瓦后故障排除。

6. 弹簧力不足

(1)故障现象。在车辆架修中,进行带停车制动的踏面制动单元试验时,发现弹簧力不符合试验要求。

(2)原因分析。经分析判断,弹簧力逐步减小,从长时间运用来看这属于正常现象,但对弹簧制动力明显偏小的应及时更换弹簧,以确保停车制动力满足车辆运用需求。

(3)故障排除方法。更换新的弹簧后故障排除。

7. 空气压缩机机油乳化

(1)故障现象。空气压缩机中的润滑油出现严重乳化,即润滑油内含有水分。

(2)原因分析。经分析,原因为用风量小,导致空气压缩机工作时间少于设计值,致使空气压缩机油温度不高,水分无法排除。

(3)故障排除方法。通过扩大干燥器排风孔增大空气压缩机的用风量,可以基本消除油乳化现象。

空气压缩机组的常见故障及处理方法见表 13-1。

空气压缩机组的常见故障及处理方法　　表 13-1

故障现象	故障原因	处理方法
空气压缩机不工作	时间继电器损坏	更换
	接触器损坏	更换
	热继电器动作或损坏	复位或更换
空气压缩机不工作	压力开关损坏	更换
	中间继电器损坏	更换
	温度开关故障	更换
	空气压缩机本身故障	查清故障点按空气压缩机故障明细处理
压力下降至 750kPa 主空气压缩机不工作	中间继电器损坏	更换
	BCU 无信号	检查 BCU 输出是否正常
干燥器排水电磁阀不工作	排水电磁阀损坏	更换
	中间继电器损坏	
干燥器定时排水失效	时间继电器损坏	更换

二、电路的故障

1. 压力开关失效

(1)故障现象。在列车正常运营中,曾发生过因为压力开关失效而导致列车清客、救援的情况。

(2)原因分析。压力开关根据使用环境的不同,设定了不同的压力上限值和下限值,通过内部微动开关的动作来实现压力信号的转换。微动开关是封闭式结构。比如,车辆空气压缩机打风压力的控制由设定 7.5 ~9bar 的压力开关 A13 来实现。由于压力开关故障会造成空气压缩机打风不止或者是打风超过设定范围值。经拆检分析,主要是由于封闭式微动开关内部的触点严重氧化导致接触不良。

(3)故障排除方法。更换微动开关后故障排除。

2. 电气元件故障

(1)故障现象。在 DI 电路板面板上显示出故障代码。

(2)原因分析。EBCU 具有诊断及自诊断功能,可以检测产生故障的硬件和软件,并在 DI 电路板面板上显示相应故障代码。部分常见的故障代码及含义见表 13-2。通过查找相应的故障代码,就可以基本分析出故障原因。

例如,显示代码 12 表明该节车第一轴速度传感器有故障;防滑电磁阀测试时显示代码 3F,表明 VA 电路有故障。

(3)故障排除方法。根据 EBCU 上故障代码分析结果,更换相应的元器件排除故障。

部分常见的故障代码及含义 表 13-2

故障代码	故障分类	故障等级	代码释义
01	—	—	与 PCB SS1 相关的外围设备故障。 通常用于表示发现的外围设备故障,要了解详细信息需看其他故障代码
0A	—	—	与 PCB VA1 相关的外围设备故障,见故障代码 01
0F	—	—	功能故障。 一般情况下,若发生功能故障,会看到首位带有 F 标志的故障代码,如 F1
BO	04	3	C_V压力信号故障,偏压。 基准电压不能读取,可能是短路,检查线路
B3	04	3	C_V压力(负载)信号故障,溢出。 基准电压不能读取,可能是短路,检查线路
B4	04	1	LOAD 负载信号故障,溢出。 基准电压不能读取,可能是短路,检查线路
B9	05	1	PCB AE 故障,模拟通道 1 偏压(B 车电制动实际值),电制动力实际值不能读取
F3	0F	2	功能故障:紧急电磁阀。 紧急制动时紧急电磁阀不动作
F4 (F5)	0F	1	功能故障:C_V压力开关。 C_V压力开关永久闭(开)
12 22 32 42	09	1	轴 1(2/3/4)速度传感器故障。 一般性表示,详细情况参见其他故障代码
3F 4F	0B	1	防滑阀 3/4 延时太长。 测试时,测量安全计时器的延续性,计时器过迟停止防滑阀。测试 3 次后仍有故障,换 VA2 板

复习思考题

1. 叙述空气压缩机的检修方法。
2. 双塔式空气干燥器常见故障有哪些? 检修要求有哪些?
3. 说明对空气制动控制单元部件的检修方法。
4. 叙述对防滑控制单元和 EBCU 检查测试的操作过程。
5. 如何对单元制动器进行检查测试?
6. 空气制动系统的空气气路故障有哪些? 怎样进行故障处理?
7. 空气制动系统的电路有哪些常见故障? 怎样排除故障?

参考文献

[1] 邓之明. 轨道车辆制动工程[M]. 北京:中国铁道出版社,2006.

[2] 彭俊彬. 动车组牵引与制动[M]. 北京:中国铁道出版社,2007.

[3] 张振淼. 城市轨道交通车辆[M]. 北京:中国铁道出版社,2007.

[4] 李元福. 客车故障排查与事故处理[M]. 北京:中国铁道出版社,2007.

[5] 董锡明. 高速动车组工作原理与结构特点[M]. 北京:中国铁道出版社,2007.

[6] 夏寅荪. 机车车辆及城市轨道车辆电空制动机[M]. 北京:中国铁道出版社,2007.

[7] 张曙光. CRH_5型动车组[M]. 北京:中国铁道出版社,2008.

[8] 曾青中,韩增盛. 城市轨道交通车辆[M]. 成都:西南交通大学出版社,2009.

[9] 殳企平. 城市轨道交通车辆制动技术[M]. 北京:中国水利水电出版社,知识产权出版社,2009.

[10] 北车集团科协和长春客车厂老年科协. 城轨车辆技术与应用[M]. 北京:中国铁道出版社,2009.

[11] 人力资源和社会保障部,广州地铁公司. 车辆检修工[M]. 北京:中国劳动社会保障出版社,2009.

[12] 阳东,卢桂云. 城市轨道交通车辆检修[M]. 北京:机械工业出版社,2010.

[13] 应云飞,秦娟兰. 城市轨道交通车辆制动系统[M]. 成都:西南交通大学出版社,2011.